AF474776

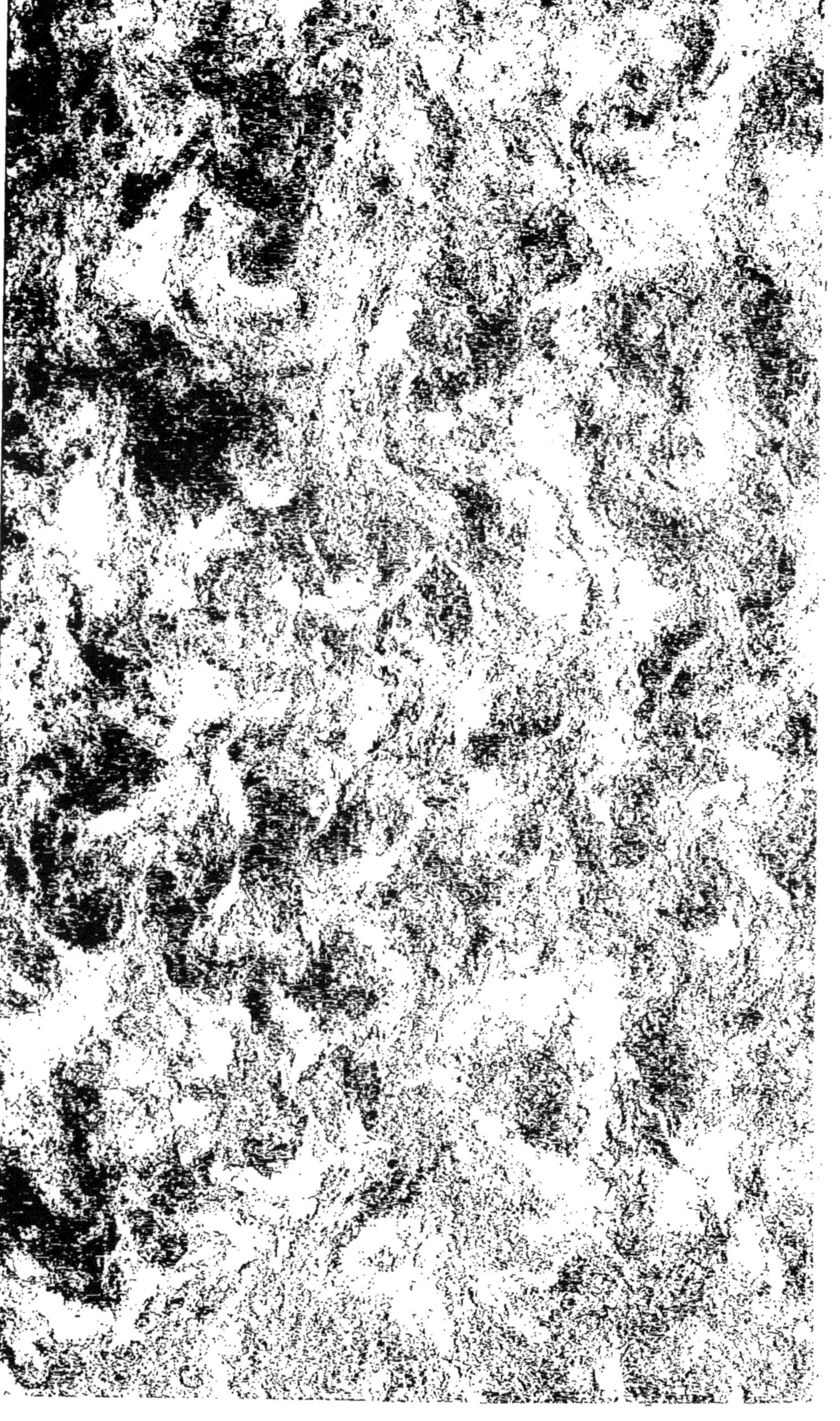

SOUVENIRS

D'UN OFFICIER POLONAIS

Il a été tiré vingt-cinq exemplaires numérotés sur papier de Hollande. — *Prix :* **7 fr.**

Paris. — Imp. E. Capiomont et V. Renault, rue des Poitevins, 6.

BARON ERNOUF

SOUVENIRS

D'UN

OFFICIER POLONAIS

SCÈNES DE LA VIE MILITAIRE

EN ESPAGNE ET EN RUSSIE

(1808-1812)

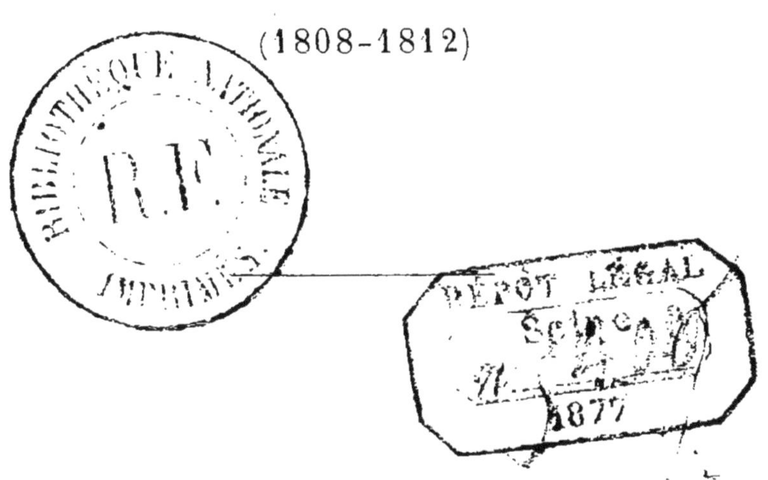

PARIS

G. CHARPENTIER, ÉDITEUR

13, RUE DE GRENELLE-SAINT-GERMAIN, 13

1877

PRÉFACE

Ces récits, publiés en partie il y a quelques années dans la *Revue Contemporaine*, sont empruntés à un livre des plus intéressants pour notre histoire militaire, bien qu'écrit en allemand; les Mémoires du général de Brandt. (*Aus dem Leben des G. I. H. de Brandt*, Berlin, 1868-9.)

Né dans la partie du territoire polonais que s'était attribuée la Prusse lors du dernier partage, et que lui avait reprise le traité de Tilsitt, l'auteur de ces Mémoires avait fait ses premières armes dans l'un des régiments polonais auxiliaires dits *de la Vistule*, et servi avec honneur sous nos drapeaux de 1808 à 1813, en Espagne, en Russie et en Allemagne, jusqu'à la bataille de Leipzig, où il fut dangereusement blessé et fait prisonnier. Ce n'était pas la première fois, comme on le verra, que ce jeune et intrépide officier, décoré de la Légion d'Honneur à vingt ans, capitaine à vingt-deux, versait son sang pour la France. Plus tard, il est vrai, mais seulement après que les traités de 1815 eurent replacé son pays natal sous la domination de la Prusse, Henri de Brandt entra au service de cette puissance. Toutefois ses Mémoires attestent que sa pensée se reportait de préférence aux premières années de sa carrière, à l'époque où il combattait dans nos rangs. Il n'y a peut-être pas, dans toute la littérature allemande, un second ouvrage aussi français que celui-là.

Ces pages ont encore un autre mérite, fort recherché aujourd'hui. On y trouvera non-seulement des anecdotes caractéristiques inédites, mais beaucoup de détails intimes, d'un coloris très-vif et très-vrai, sur la vie des camps et des bivouacs; détails que la plupart des écrivains militaires négligent à tort, car ils ont leur valeur philosophique, indépendamment de l'attrait pittoresque.

Nous nous sommes efforcé de recueillir tout ce

qui pouvait intéresser sérieusement les lecteurs français dans ces Mémoires, dont le vrai titre serait : *Scènes de la vie réelle dans les armées du premier Empire*[1].

B. E.

1. Ces Mémoires posthumes ont été publiés par le fils du général de Brandt, en 1868 et 1869. Ils sont dédiés à un collègue et intime ami de l'auteur, le célèbre général de Moltke.

SOUVENIRS
D'UN OFFICIER POLONAIS

PREMIÈRE PARTIE
ESPAGNE

I

Premières années. — Le collège de Kœnigsberg. — Funérailles de Kant. — La reine de Prusse à Memel (1807). — Conversation avec le maréchal Davout. — Blücher et Schill. — Je suis nommé sous-lieutenant dans la légion de la Vistule (1808). — Départ pour la France. — Sedan. — Arcis-sur-Aube; souvenir de Danton. — Bordeaux; la maison de Montaigne et les grisettes. — Bayonne et les ouvrières de l'arsenal. — Les bains de mer de Napoléon à Biarritz. — Entrée en Espagne.

Je suis né en 1789, dans la partie du territoire po lonais qui fut attribuée à la Prusse lors du dernier partage (1794). Ma famille, d'origine allemande, éta- blie à Sochaczew, petite ville du palatinat de Mazovie, était de celles où l'on suit religieusement le précepte de la Bible : *croissez et multipliez !* Nous avons été onze frères et sœurs[1]. Comme je vins au monde pendant un voyage de mes parents, dans un village où ma mère fut forcée de s'arrêter pour faire ses couches, on pronostiqua que j'aurais une existence singulièrement agitée. Je n'ai pas fait mentir cet horoscope.

J'ai fait mes études au collége de Kœnigsberg, situé dans la vieille ville (*Altstœdtische Schule*). Le souvenir le plus frappant que j'aie gardé de mes années scolaires, est l'enterrement de l'illustre auteur de la *Critique de la raison pure* (février 1804). Dans cette cérémonie, je faisais partie avec mes camarades du cortége funèbre. J'ai vu, depuis, bien des funérailles de rois et de princes ! jamais je n'y ai retrouvé dans les foules ce recueillement profond, religieux, que j'avais vu régner sur le passage du petit cercueil couvert de velours rouge avec ornements d'argent, qui renfermait la dépouille mortelle de KANT.

En 1805, je sortis du collége, dûment muni de mon diplôme (*Testimonium maturitatis*), et j'abordai l'Université de Kœnigsberg, où trois de mes frères m'avaient précédé. Mon père voulait faire de moi un jurisconsulte. Pendant le premier semestre, je fus comme la plupart des étudiants au début ; c'est-à-dire que je m'occupai de tout autre chose que d'étu-

1. Sochaczew est situé au nord de la Vistule et du Bug, non loin de Pultusk, l'un des champs de bataille célèbres de 1807. On sait que la capitale de l'ancien palatinat de Mazovie était Varsovie, dont Sochaczew n'est éloigné que d'une vingtaine de lieues. (*N. du T.*)

dier. Pendant le second semestre, j'essayai de travailler, mais mollement. Ce qui m'intéressait le plus, c'était la langue française, et la lecture des journaux. Le génie, la fortune du nouvel empereur des Français excitaient en moi un enthousiasme que partageaient la plupart de mes camarades. Les péripéties de la campagne de 1805, dont les nouvelles nous parvenaient coup sur coup; la capitulation d'Ulm, l'entrée des Français à Vienne, la bataille d'Austerlitz stupéfiaient, affolaient nos imaginations juvéniles. La violation du territoire prussien à Anspach (octobre 1805) nous dégrisa un moment; tout le monde crut à une rupture immédiate. La nouvelle de la prise de possession du Hanovre vint momentanément nous rassurer. La Prusse semblait sortir de cette querelle à son honneur, avec une augmentation du territoire. Mais bientôt l'horizon s'assombrit de nouveau...

Je me souviens encore, comme si c'était d'hier, de l'émotion ou plutôt du bouleversement général des esprits, quand nous arriva la nouvelle d'Iéna[1]. Dans

1. La consternation fut d'autant plus profonde, qu'on avait cru d'abord à la victoire des Prussiens. « A Kœnigsberg, dit un contemporain, un courrier expédié en Russie avait annoncé en passant le prétendu désastre de l'armée française. C'était le soir : un M. de K... courut au théâtre, monta dans une loge, d'où il proclama l'heureuse nouvelle. Cette nuit fut plus animée, plus riante que ne le sont ordinairement les jours dans notre sombre climat. A ce délire succédèrent cinq longues journées d'incertitude, d'appréhensions sinistres. Bientôt les nouvelles les plus accablantes se succédèrent sans relâche... » (V. *Les Français en Prusse*, Didier, p 29.)

nos réunions d'étudiants, on lisait à haute voix les gazettes, les lettres particulières. Ces lectures provoquaient des commentaires, des discussions interminables, arrosées de copieuses libations. Déjà les étudiants d'origine polonaise commençaient à faire bande à part, mais les Allemands jetaient feu et flammes. Tous parlaient de courir aux armes; il pleuvait des dithyrambes en prose et en vers. Trois semaines après la bataille d'Iéna, nous vîmes arriver un aide de camp du Roi, le lieutenant-colonel Bronikowski, chargé de la levée de nouvelles troupes dans la Prusse royale. Il offrait aux jeunes gens de famille des places d'officiers dans les bataillons provisoires qui s'organisaient. Je fus un de ceux qui répondirent à cet appel, et je fus incorporé avec le grade d'enseigne, dans le deuxième bataillon de la Prusse orientale... On nous envoya faire notre éducation militaire à l'extrémité du royaume, et l'on eut le tort de nous y laisser trop longtemps. Promenés de cantonnements en cantonnements à travers les boues de l'ancienne Pologne, nous n'eûmes pas la chance d'aller une seule fois au feu ; nous arrivions à Memel quand la paix fut conclue. Ce temps n'avait pas été perdu pour mon instruction militaire. J'avais consciencieusement *pioché* les commentaires de César, l'ouvrage de Frédéric II, et pris d'excellentes leçons du commandant de ma compagnie, un ancien officier polonais, instructeur fort entendu et infatigable.

A Memel, je ne pus voir sans une vive émotion la belle et infortunée reine Louise, les yeux rouges de larmes, errer sur le quai boueux et mal pavé de cette petite ville avec ses enfants, dont le plus jeune était encore dans les bras de sa gouvernante[1]. A l'aspect de cette auguste infortune, je me rappelai ces vers persans récités, dit-on, par Mahomet II, lors de la conquête de Constantinople, en entrant dans le palais du dernier empereur grec : « Aujourd'hui l'araignée étend ses fils en rideau sur le seuil de la résidence impériale, et l'on n'entend plus d'autre musique, dans ses salles désertes, que la plainte nocturne du hibou. »

Tout cela, je dois le dire, ne diminuait en rien mon admiration pour Napoléon : il me semblait supérieur à tous les héros de Plutarque.

Cependant les nouvelles répartitions territoriales changeaient ma position, nous refaisaient Polonais. Mes parents, bien qu'allemands d'origine, étaient domiciliés sur un territoire qui faisait partie du duché de Varsovie, dont le roi de Prusse avait reconnu l'existence par le traité de Tilsit. Je dus me rendre aux pressantes instances de mon père, et quitter le service prussien. Le congé qui me fut délivré portait, comme motif de ma sortie, la nécessité de remplir mes obligations vis-à-vis du nouveau souverain de mon pays. Je reçus ma feuille de route pour Varsovie ; et, dès mon arrivée, je fus mandé par ordre du maréchal gouverneur, chez lequel je fus introduit après une assez longue attente. Davout, alors dans la force

1. L'un de ces enfants est aujourd'hui l'empereur d'Allemagne.

1.

de l'âge (38 ans), était un homme de moyenne stature, d'une complexion robuste, d'une physionomie énergique et intelligente, dont une calvitie précoce accentuait encore la sévérité.

« Vous venez de Memel, me dit-il. Avez-vous vu la reine ?

— Oui, Excellence, je l'ai encore vue le jour même de mon départ.

— Avait-elle l'air bien triste, bien affecté ?

— Elle se promenait sur le quai avec ses deux aînés.

— Répondez à ma question, avait-elle l'air bien triste ?

— Oui, sans doute, Excellence, et il y a de quoi : quand on perd la moitié de ses États.....

— Et à qui la faute ? Qui donc a jeté ce pauvre roi dans cette terrible aventure ? Qui donc l'a forcé de défier l'Empereur ? n'était-elle pas à Iéna ? n'y faisait-elle pas des harangues belliqueuses ? Sans ses intrigues, sans les fanfaronnades des officiers de sa garde, le Roi de Prusse serait resté notre allié, la monarchie du grand Frédéric ne serait pas *écroulée*[1]. ...Au surplus, cela ne vous regarde pas. Retournez chez vous, et soyez fidèle à votre nouveau prince. » Là-dessus il me congédia. Je sus ensuite qu'il avait tenu à peu près le même langage à tous les jeunes officiers dans la même position que moi.

Je trouvai bien des changements dans ma ville

1. Les mots en italique sont en français dans l'original.

natale. L'ancienne administration n'existait plus, la nouvelle n'existait pas encore ; en attendant, les charges de la guerre, sous toutes les formes, pesaient lourdement sur le pays, principalement sur les habitants d'origine allemande : plusieurs même avaient pris le parti de s'expatrier. Dans de telles circonstances, le séjour de la maison paternelle n'avait pour moi rien de fort agréable : d'ailleurs, j'avais pris du goût pour l'état militaire. Ma première idée, encouragée d'ailleurs par ma famille, fut de rentrer au service de la Prusse. Mon père, qui connaissait un peu Blücher, me donna une lettre de recommandation pour lui. J'allai secrètement trouver ce général, qui se trouvait alors à Treptow. Il me répondit en jurant qu'il était excédé de demandes de ce genre, auxquelles il ne pouvait satisfaire, que je ferais bien mieux de me tenir tranquille, etc. Quelqu'un me conseilla de m'adresser à Schill ; l'accueil de celui-là fut aussi gracieux que celui de l'autre l'était peu, mais la conclusion était la même ; il ne pouvait absolument rien faire pour moi[1]. Je m'en retournai d'assez mauvaise humeur d'avoir fait inutilement une démarche qui, par le temps qui courait, ne laissait pas que d'être dangereuse...

Quelques semaines après mon retour, je reçus par un *Brigadier de la gendarmerie impériale* un pli

1. On trouvera des détails curieux et peu connus en France sur ce célèbre partisan dans nos *Français en Prusse*, p. 257 et suiv.

en date du 27 avril 1808, adressé de Varsovie à *M. Brandt, ci-devant enseigne dans l'armée prussienne.* Elle m'annonçait que le maréchal duc d'Auerstœdt (Davout) m'avait désigné pour un emploi vacant de sous-lieutenant dans la légion de la Vistule, et que je devais me rendre sans délai au *dépôt général*, établi à Sedan. Il n'y avait pas à refuser ni à tergiverser. J'obéis, je dois le dire, sans trop de répugnance.

De Varsovie, où je me rendis d'abord, je fus dirigé sur Custrin, d'où l'on m'expédia peu de jours après en France avec environ 500 recrues polonaises pour la plupart. Nous fîmes route à travers l'Allemagne par Wittenberg et Mayence, couchant généralement dans des villages, où l'on nous faisait assez froide mine. L'accueil fut un peu meilleur dès que nous eûmes dépassé la frontière française. Pourtant j'entendais encore murmurer de temps à autre sur le passage de mes recrues, qui avaient encore leurs longs cheveux et leurs habits de paysans, les épithètes de *vilains Chinois*, *hideux*, *barbares*, et autres aménités. Mais la scène changea quand nous arrivâmes à Sedan. Là, de nombreux soldats, bien armés, bien équipés attendaient le moment de rejoindre leurs régiments respectifs. Nous subîmes de même une transformation complète, et nous attendîmes avec impatience l'ordre de départ pour un pays dont la plupart d'entre nous ne devaient jamais revenir. Nous allions en Espagne !.....

L'une de mes étapes les plus intéressantes, dans cette traversée de la France, fut celle d'Arcis-sur-

Aube, où je fus logé chez un parent de Danton, dans une maison où le trop fameux tribun était venu plus d'une fois avec ses bons amis Lacroix et Fabre d'Églantine. Il y avait fait notamment un assez long séjour peu de temps avant son arrestation. Son compatriote n'avait pas encore pardonné au *monstre Robespierre* la mort de cet homme « aimable et intéressant. »

Dans plusieurs petites communes, nous fûmes reçus en triomphateurs, avec discours, acclamations, bouquets et le reste. Bien qu'en réalité, sauf le commandant du bataillon et deux sous-officiers, aucun de nous n'eût encore vu le feu, on nous prenait pour des vainqueurs d'Iéna ou de Friedland, et nous étions harangués et fêtés en conséquence.

A Bordeaux, où nous restâmes quelques jours pour compléter notre équipement, la vieille maison de Montaigne, avec sa tourelle, fixa particulièrement mes regards. Je connaissais, pour les avoir lues dans l'original, les œuvres du sceptique célèbre qui a écrit « qu'il n'est d'occupation plaisante que la militaire[1]. » Cet aphorisme prouve bien que Montaigne n'avait jamais servi.

Mon excellent hôte, qui avait bien voulu être mon cicerone, avait connu toutes les notabilités bordelaises de la grande époque révolutionnaire, les Vergniaud, les Gensonné, les Ducos, etc., et m'en parlait avec enthousiasme. L'*Histoire des Girondins* de Lamartine

1. Livre III, chap. II.

aura fait passer d'heureux moments à ce digne homme, s'il a vécu assez pour la connaître.

Tout en visitant les curiosités anciennes de Bordeaux, je ne laissais pas de contempler, avec un autre genre d'intérêt, des objets plus modernes ; les minois éveillés à outrance des grisettes de cette ville, charmantes sous le costume qu'elles portaient alors : le mantelet, la brassière de couleur voyante, le coquet petit bonnet de mousseline, contenant à peine une masse ondoyante de cheveux noirs...

La marche à travers les Landes, en quittant Bordeaux, nous parut moins fatigante qu'on ne nous l'avait prédit. Ces terrains alternativement marécageux et sablonneux, ces forêts de pins, rappelaient à nos Polonais leur pays. La saleté des habitations, la tendance des habitants à boire outre mesure, complétaient l'illusion. Nous nous dirigions sur Bayonne par Roquefort et Dax.

En traversant la France, nous avions à peine entrevu quelques uniformes. A Bayonne, en revanche, nous ne vîmes guère autre chose. Au faubourg Saint-Esprit, où nous fîmes halte pour prendre nos billets de logement, les militaires semblaient sortir de dessous les pavés. Hôtels, restaurants, cabarets en étaient pleins ; il fallait des prodiges d'énergie pour conquérir une côtelette ou une tasse de café. Le lendemain, ayant été commandé avec un détachement pour aller chercher des munitions, je tombai justement au milieu du déjeûner des ouvrières de l'arsenal ; je me crus transporté en plein sabbat. Elles étaient plusieurs centaines, la plupart jeunes, jolies, délurées, débraillées, causant, criant, chantant et gesticulant à qui mieux mieux. Au point de vue de la discipline, il me tardait que notre distribution de cartouches fût finie, car ces demoiselles trouvaient mes *jeunes sauvages* de leur goût, et ne se gênaient pas pour le leur faire comprendre. On me montra dans la ville l'hôtel de l'Intendance, où avaient récemment logé le prince des Asturies et les Infants, tandis que Napoléon décidait, — ou croyait décider, — à tout jamais de la dynastie bourbonienne. Seul, l'infant don Carlos avait montré quelque fermeté et refusé de signer l'arrêt de sa déchéance, disant qu'il préférait la mort au déshonneur.

Une partie de nos hommes avait été envoyée à Biarritz ; je fus délégué pour leur porter leur approvisionnement de soixante cartouches par homme. Je profitai de la circonstance pour visiter les fameuses *chambres d'amour*, qu'ont chantées tant de poëtes. L'Empereur avait pris quelques bains de mer sur cette plage : on me raconta que chacun de ces bains était accompagné d'une reconnaissance aquatique, pour prévenir quelque surprise anglaise. Pendant tout le temps que Napoléon restait dans l'eau, un détachement de cavalerie de la garde éclairait la mer, en s'y avançant aussi loin qu'il était possible de le faire sans trop de péril.

Après quelques jours de repos, nous quittâmes Bayonne et nous nous dirigeâmes à travers le pays basque sur Saint-Jean-Pied-de-Port, la dernière ville française. Il y avait là justement un dépôt de malades et de blessés de la division que nous allions rejoindre ; leur langage n'était pas des plus encourageants. Mais nous n'eûmes guère le temps de les entendre. Le lendemain, au point du jour, nous étions en marche, gravissant des rampes escarpées, rocheuses, sans autre verdure que quelques maigres touffes de buis. Bientôt nous franchîmes le col légendaire de Roncevaux. Je m'informai du célèbre paladin auprès de quelques gens du pays ; ils en savaient moins sur son compte que je n'en avais appris au collége.

II

Aspect sinistre du pays. — *Non saber!* — Étape à Oubiri ; conversation latine avec le bachelier don Juan de la Torre. — Arrivée à Pampelune. — La citadelle et les balles de neige. — Le 2e régiment de la Vistule. — Victoire de Lannes à Tudela. — Consternation à Saragosse. — Attaque de cette ville deux fois ajournée. — Motifs de ce retard et ses fâcheuses conséquences. — Souffrances des soldats à Alagon. — On reprend enfin l'offensive. — Combat du 21 décembre ; le *gouffre de la mort*. — Premières journées du siége.

Depuis que nous avions franchi la frontière, nous ne marchions plus qu'avec toutes les précautions usitées en pays ennemi : avant-garde, arrière-garde et patrouilles d'éclaireurs. D'après les romans, je m'étais fait de l'Espagne une idée qui ne ressemblait guère à la sombre réalité de 1808. En vain je cherchais des yeux l'hidalgo laboureur, l'épée au côté, marchant d'un pas solennel derrière sa charrue. Dans les villes, aucun frôlement mystérieux de guitare, aucune voix de *señora* n'arrivaient à mon oreille. Les portes des maisons, les devantures des boutiques étaient partout fermées. Les habitants se tenaient à distance, nous lançaient des regards farouches. « Je ne comprends pas, je ne sais pas (*non saber!*) » étaient les seuls mots qu'on pouvait tirer d'eux. En fait de *señoras*, quelques vieilles femmes, d'une laideur effroyable, osaient seules se hasarder dans les rues.

A Oubiri, premier gîte d'étape sur le territoire espagnol, l'ordre était arrivé de Pampelune de requérir des charrettes et des mulets dans les villages voisins pour le transport de nos munitions. Mais les paysans avaient eu connaissance de cet ordre aussi vite que nous; quadrupèdes et bipèdes avaient déjà déguerpi dans la montagne. On m'envoya loger avec six soldats chez un des notables de la ville, un certain don Juan de la Torre. Je vois une grande et sombre maison, avec écussons armoriés au balcon. Nous frappons inutilement à diverses reprises. Enfin une fenêtre s'entr'ouvre; à la question en espagnol dont je devine le sens, je réponds en exhibant mon billet de logement. La fenêtre se referme; au bout de quelques minutes nous entendons relever les barres, tirer plusieurs verrous. La porte s'ouvre enfin, et je vois paraître un homme grand et vigoureux, en costume complet de Figaro; juste-au-corps de velours, culotte *idem*, bas de soie et coiffure en réseau. Il nous fait signe de le suivre, nous introduit dans une énorme pièce, ayant pour tout mobilier une table et quelques escabeaux plus ou moins avariés. Puis le Figaro, qui était bien le maître de ce logis, se retira en murmurant, du ton dont il nous eût envoyés au diable (ce qu'il faisait sans doute intérieurement), le compliment obligé : « Toute ma maison est à la disposition de Votre Seigneurie. » Il nous laissa aux prises avec une vieille d'une laideur et d'une saleté repoussantes, qui aida mes hommes à faire leur cuisine.

Le personnage était pourtant d'humeur relativement accorte ; il revint nous voir dans la soirée, et essaya de lier conversation. La tentative était ardue ; il ne savait pas un mot de français ni d'allemand, et le plus lettré de ses hôtes (moi) n'avait pas encore eu le temps d'ouvrir la grammaire espagnole dont il s'était muni à Bayonne. Heureusement il se trouva que le sénor don Juan de la Torre, cadet de sa noble famille, avait d'abord étudié pour être prêtre, et se rappelait encore quelques phrases latines. La mort d'un frère aîné avait rejeté le jeune bachelier de Huesca dans la vie civile ; il ne fallait pas laisser périr le grand nom de la Torre. Finalement, il avait hérité de ce manoir patrimonial, qui était dans sa famille depuis trois siècles. Ce fut en latin qu'il me donna ces détails ; et, grâce à mes souvenirs classiques encore récents, je pus soutenir avec lui, dans cette langue, une conversation moitié théologique, moitié politique, dans laquelle Napoléon était désigné par la majestueuse périphrase de *Supremus dux*

Franco-Gallorum. Il apprit avec une stupéfaction profonde que sur les bords de la Vistule, on voyait des catholiques et des luthériens habiter paisiblement le même territoire, la même maison, contracter des alliances.....

Après quatre journées de marche, nous arrivâmes vers onze heures du soir à Pampelune..... Ceux d'entre nous qui n'étaient pas de service furent logés chez l'habitant, ainsi que l'état-major. Mais tout était si plein, ou plutôt les gens de Pampelune y mettaient tant de mauvaise grâce, qu'il était plus difficile de s'installer chez eux qu'il ne l'avait été de surprendre la citadelle quelques mois auparavant.

Voici comment l'on racontait alors cette histoire toute récente. Les troupes françaises occupaient déjà la ville, et tous les matins un détachement de soldats sans armes allait avec des sacs chercher le pain à la citadelle. Ce jour-là les hommes du détachement avaient leurs sabres cachés dans les sacs. Ils se jetèrent sur le poste espagnol et le désarmèrent. En même temps un grand nombre d'autres soldats qui se trouvaient occupés innocemment à jouer ou à regarder jouer à la paume avec des balles de neige aux alentours de la forteresse, accoururent et y pénétrèrent[1].

Notre arrivée à Pampelune coïncidait précisément avec les grandes opérations entreprises par Napoléon

1. Mars 1808. Ces détails ne se trouvent pas dans le récit de M. Thiers. (*Hist. du Consul. et de l'Emp.*, VIII, 489.)

pour venger l'honneur des armes françaises, et reconquérir l'Espagne presqu'entièrement perdue par suite du désastre de Baylen. Le 11 novembre, l'armée de Blake (armée d'Estramadure) avait été anéantie par le maréchal Victor. Napoléon méditait un coup non moins décisif sur Castañoz et Palafox (armées d'Andalousie et d'Aragon). Lannes devait les attaquer de front; Ney leur couper la retraite sur Madrid. Les troupes de Lannes, celles avec lesquelles il allait livrer et gagner la célèbre bataille de Tudela (23 novembre), se composaient du corps de Moncey (3e), d'une division du 6e, et de quelques brigades de cavalerie. Destinés à faire partie du 3e corps, nous fûmes dirigés avec d'autres dépôts sur Milagro, où eut lieu notre incorporation. Après un arrêt de quelques heures, on marcha sur Lodosa, où tout le 3e corps était réuni. Mon régiment (2e de la Vistule) faisait partie de la 1re brigade (Habert), de la 1re division. Nous avions pour colonel Chlopicki, le futur général en chef de l'armée polonaise en 1831. C'était un des officiers les plus braves, et d'une sévérité puritaine pour la discipline.

L'effet moral de la journée de Tudela fut immense, car cette armée espagnole si complétement battue se composait des Andalous de Castañoz, vainqueurs à Baylen; des Aragonais de Palafox, si fiers de leur première défense de Saragosse [1]. Ils furent rejetés en

1. Au mois d'août 1808, après le désastre de Baylen, le général Verdier, déjà maître en partie de Saragosse, avait été forcé de

déroute, les premiers sur Catalayud, où malheureusement Ney ne se trouva pas pour les recevoir, ce qui donna lieu à bien des commentaires; les autres sur Saragosse, où les premiers fuyards arrivèrent, dit-on, dès neuf heures du soir, bien que cette ville soit à dix-huit lieues du champ de bataille. L'affaire, avec ses diverses péripéties, avait duré depuis le matin jusqu'au soir, mais aucune troupe de notre côté n'avait été engagée pendant plus de deux heures. La brigade Habert avait concouru à l'attaque des hauteurs, mais mon bataillon était placé en réserve et à une si grande distance de l'ennemi, que sans le bruit du canon et le sifflement d'un boulet qui passa au-dessus de nous, nous n'aurions pas cru être sur un champ de bataille.

Ceux des ennemis qui fuyaient du côté de Saragosse furent poursuivis jusqu'à Alagon, où nous ne pûmes rester faute de vivres. Toute cette route était jonchée de morts, la plupart volontaires sans uniformes, auxquels la cavalerie ne faisait pas de quartier. Ces cadavres restèrent plusieurs semaines sans être enterrés, et cette négligence eut pour nous des suites bien funestes.

Dans les premiers moments, la consternation était d'autant plus grande à Saragosse, qu'on s'y

l'évacuer pour suivre le mouvement de retraite de l'armée française. Voir, sur la bataille de Tudela, l'*Histoire de la guerre de la Péninsule* de Napier et Mathieu Dumas, t. 3. p. 24. Les Français étaient 28,000 environ, la plupart de jeunes troupes, contre au moins 40,000 Espagnols.

attendait à un résultat tout autre. De plus, un grand nombre d'habitants des villes et des campagnes voisines, redoutant la vengeance des Français, venaient chercher un asile dans la capitale avec leurs familles. Dans les premiers jours après la bataille, il y avait en ville plus de cent mille de ces réfugiés, dont beaucoup de femmes et d'enfants. Si d'Alagon, que nos avant-postes occupèrent le 27 novembre, on avait marché sans délai sur Saragosse, ce mouvement aurait pu décider la retraite des patriotes les plus exaltés, et l'occupation de la ville sans coup férir. Par malheur, Lannes, malade, avait dû laisser le commandement à Moncey, qui n'avait ni la même promptitude de coup d'œil, ni la même initiative. En ce moment, d'ailleurs, une partie des troupes qui avaient combattu à Tudela étaient lancées à la poursuite de Castañoz, et Ney ne paraissait pas encore. Moncey rétrograda sous prétexte que les subsistances manquaient ; en réalité parce qu'il appréhendait de s'engager trop avec les trois divisions qui lui restaient. Vingt-quatre heures après, Ney opérait sa jonction. Comprenant, mais trop tard, la faute qu'il avait commise en laissant échapper Castañoz, il pensait la réparer en concourant à l'investissement de Saragosse.

Nous reçûmes aussitôt l'ordre de nous reporter en avant. Le 30 novembre, l'avant-garde était en vue de Saragosse, qu'elle saluait de joyeux *hurrahs*. La victoire de Tudela, le contact des vétérans de la division Lagrange du 6e corps et de la cavalerie avaient raffermi le moral des jeunes soldats du 3e corps. Nous ne doutions pas qu'il ne fût possible et même facile, d'enlever la ville d'un coup de main, avec les forces réunies des deux maréchaux. Qu'on juge de notre désappointement quand nous reçûmes le lendemain l'ordre de rétrograder encore une fois sur Alagon ! Ney, dont l'Empereur avait improuvé la réunion à Moncey, aussi bien que son immobilité précédente, repartait précipitamment à la poursuite de Castañoz, et commettait en cette circonstance une troisième faute, celle d'emmener toutes ses troupes, ce qui nécessitait ou excusait un nouvel ajournement[1].

Nous restâmes cantonnés à Alagon et aux environs dans des conditions déplorables. Sauf la petite ville de Tudela, toute la contrée était absolument dévastée. Les habitants avaient pris la fuite ; il faisait

1. Ces trois fautes, sans lesquelles Saragosse eût été très-probablement occupée sans résistance, sont nettement résumées dans la dépêche de Berthier à Ney, du 8 décembre. « L'Empereur ne pouvait comprendre comment Ney, en quittant Saragosse, n'avait pas laissé une division au maréchal Moncey, l'exposant par là à faire un mouvement rétrograde. » Pour réparer cette erreur, Mortier avait reçu l'ordre de se diriger sur Saragosse. Mais il était résulté de tout cela un retard de quinze jours, et Palafox avait bien su mettre ce temps à profit...

L'inaction de Ney pendant la bataille de Tudela est d'autant plus regrettable, qu'il avait près de lui Jomini, qui lui conseilla vainement de marcher sans désemparer sur Catalayud. S'il l'eût fait, tous les vaincus de Tudela qui étaient aussi les vainqueurs de Baylen, tombaient au pouvoir des Français. La véritable, la seule cause de cette inaction est celle qu'indique Napier. Ney n'avait pas été instruit dans la partie abstraite de l'art de la guerre. « *Il fallait qu'il vît pour agir.* » (*N. du T.*)

un temps épouvantable ; des ouragans de bise glaciale alternaient sans relâche avec des averses diluviennes. Nous couchions sur la terre nue, la paille étant un luxe inconnu dans le pays. Les soldats coupaient les oliviers, arrachaient les portes et les fenêtres des maisons désertes pour alimenter les feux de bivouac.

Le service des vivres laissait aussi beaucoup à désirer. Les rations de pain étaient souvent remplacées, en tout ou en partie, par du riz ou des fèves. En fait de viande, il était alloué un mouton pour trente hommes, mais les parties intérieures de la bête manquaient toujours, et cette viande nous arrivait dans un état de moisissure peu ragoûtant. On avait d'abord du vin en abondance, mais il fut si vite gaspillé que bientôt on eut peine à s'en procurer, même à prix d'argent. Le service était des plus rudes : c'était des patrouilles continuelles, des prises d'armes générales dès trois ou quatre heures du matin, quand on ne veillait pas toute la nuit. Aussi il y eut bientôt beaucoup de malades dans les nouveaux régiments.

Enfin, le 16 décembre, l'artillerie de siége étant arrivée, ainsi que les deux divisions Gazan et Suchet du corps de Mortier, nous marchâmes de nouveau sur Saragosse. Les soldats découragés par les deux retraites précédentes disaient tout haut que ce serait encore la même chose cette fois ; mais ils furent bientôt détrompés...

Le 21, nous attaquâmes le Monte Torero, que nous

avions occupé la première fois sans résistance[1]. Tandis que nos batteries canonnaient un ouvrage nommé *Buena Vista*, récemment élevé sur cette hauteur, une des brigades de la division Grandjean faisait une fausse attaque; et l'autre, celle d'Habert, dont faisait partie mon régiment, tournait la position. Le choc principal eut lieu dans le souterrain voûté sur lequel passe le canal de Tudela. Cette espèce de caveau, que les Espagnols avaient fortement barricadé mérita ce jour-là son nom de *Baranco de la Muerte* (gouffre de la mort). Nos voltigeurs embusqués à droite et à gauche, faisaient un feu bien nourri en tirant de biais dans ce souterrain. Ceux qui l'occupaient ayant eu bon nombre d'hommes tués ou blessés par le ricochet des balles sans pouvoir riposter, finirent par abandonner la partie. Maître de ce passage, Habert déboucha sur la rive gauche de la Huerva, entre la ville et le Monte Torero, que l'ennemi évacua précipitamment pour n'être pas coupé.

Le Monte Torero, qui est comme le port de Saragosse, s'élève au bord du canal; de là on découvre la ville entière. Il y avait alors sur la colline un couvent avec deux beaux clochers, et les bâtiments de la douane ou nos gens s'installèrent d'abord, mais qui furent bientôt détruits par le canon

1. Nous ne reproduisons, de la relation du siége de Saragosse, que les faits dont l'auteur a été particulièrement témoin, et quelques anecdotes caractéristiques qui ne se trouvent pas ailleurs.

des assiégés. Lors de notre première apparition, les pentes de cette colline, couverte de villas, de vergers, de vignobles, offraient l'aspect le plus riant. Mais, dans l'intervalle, les maisons avaient été détruites, les arbres rasés : il ne restait plus vestige des belles avenues d'ormes qui reliaient ce faubourg à la ville. Telles sont les nécessités de la guerre.

Le soir, au bivouac, on racontait que l'attaque de la division Gazan sur la rive gauche avait échoué, bien que cette division fût composée de troupes d'élite. On prétendait aussi que les soldats de Suchet, chargés d'enlever les hauteurs de la rive droite, n'avaient pas accompli leur mission assez tôt, ce qui avait permis à la garnison de Monte Torero de filer entre eux et nous... Le lendemain, pourtant, la ville fut complétement investie sur les deux rives. Notre division était à cheval sur la route de Valence ; ses avant-postes s'étendaient jusqu'à l'Èbre. Nous avions en face de nous l'un des principaux ouvrages avancés de la défense, le couvent de Saint-Joseph.

Le 22 et le 23, nous eûmes à essuyer le feu de tirailleurs embusqués dans les plantations d'oliviers, véritable forêt qui s'étendait entre nous et la place. Mais nous avions dans le régiment des jeunes gens des bords de la Narew, région où le gibier aquatique abonde, et où tout le monde est chasseur. Les premiers ennemis qu'ils abattirent se trouvèrent être précisément des réfugiés qui portaient sur eux leur pécule. Aussi nos gens prirent goût tout de suite à cette petite guerre, et s'y montrèrent si adroits, qu'à leur grand regret l'ennemi abandonna bientôt la partie.

III

Mission à Alagon. — Le *pavillon improvisé*. — Grave maladie. — L'hôpital, le typhus et les fossoyeurs espagnols. — Un horrible réveil. — Guérison et retour au camp. — Une nuit dans la tranchée. — Le maréchal Lannes. — Le foyer de la cantinière.

Le 24 au soir, je reçus du colonel l'ordre de me rendre à Alagon pour y rassembler les soldats de la légion de la Vistule, restés en arrière pour cause de maladie ou de fatigue, et en former l'escorte d'un convoi de vivres et d'effets d'habillement. Cette mission ne me plaisait guère, mais elle m'incombait de droit, comme au plus jeune officier. Je partis néanmoins avec un mauvais pressentiment...

Le commandant militaire d'Alagon était un vieux capitaine de cavalerie nommé Bruno, qui se donnait bien de la peine pour remettre un peu d'ordre et de discipline parmi les traînards des différents corps, et n'y réussissait guère. « Vous tombez ici dans une mer de désordre, me dit-il. » — Cependant, avec l'aide d'un brave sergent qui sortait de l'hôpital de Saint-Jean-Pied-de-Port, je parvins en quelques heures à réunir une vingtaine d'hommes de mon régiment. Nous nous établîmes pour la nuit dans une maison abandonnée ; nous y fîmes bon feu avec des poutres et des planches empruntées à une autre. A défaut de paille, nous avions du chanvre. Le soir, en faisant sa ronde, le commandant nous trouva militairement installés, avec une sentinelle à l'entrée de notre gîte, et livrant un rude assaut à nos rations de mouton coriace. Il me complimenta sur la belle ordonnance de mon *pavillon improvisé.*

Nous devions quitter Alagon le lendemain, mais je faillis bien y rester toujours. Depuis quelque temps déjà je ne me sentais pas bien. Pendant cette nuit, d'une froideur glaciale, mon malaise augmenta sensiblement. Le matin, je fus pris d'une fièvre ardente, compliquée de dyssenterie. Il fallut me transporter d'urgence à l'hôpital militaire, plus semblable à une caverne d'assassins qu'à un lieu où l'on eût quelque chance de guérir. Cet hôpital était installé dans un sale couvent dont les moines, réfugiés à Saragosse, aidaient probablement à faire les blessures dont on revenait mourir chez eux. Le typhus y régnait en maître, toute la contrée ayant été infectée par les miasmes des cadavres restés longtemps sans sépulture après la bataille de Tudela.

Dans les premiers jours, ayant encore ma connaissance, je suivais de mon lit les détails de l'enterrement des nombreux malades qui succombaient. Ils étaient jetés par les fenêtres dans un état de nudité complet, et tombaient les uns sur les autres avec un bruit mat et sourd comme des sacs de blé. On les chargeait ensuite sur des charrettes pour les porter à d'immenses fosses qu'on creusait incessamment à une centaine de pas de là. Les Espagnols mis en réquisition pour cette tâche s'en acquittaient avec une joie diabolique. Ils me montraient du doigt les tertres déjà nombreux, indiquant des fosses déjà comblées et refermées, et me faisaient signe que l'ouvrage ne leur manquerait pas de sitôt...

Ce spectacle n'était pas propre à hâter ma guérison. Bientôt ma raison s'égara tout à fait ; je tombai dans un état d'anéantissement complet qui dura bien des heures.

Une sensation inexprimable de froid me rappela à moi-même une nuit. J'entendis dans les ténèbres des plaintes, des râles confus ; je sentais une odeur suffocante. Aux premières lueurs du jour, je me vis étendu sur une litière de chanvre empestée d'ordures, dans un endroit inconnu, encombré de morts et de mourants. Saisi d'horreur, je fis un violent effort pour me relever, m'enfuir de ce lieu horrible ; mes forces me trahirent et je retombai évanoui.

En revenant à moi, et me retrouvant dans mon lit ordinaire, je crus avoir été le jouet d'un affreux cauchemar. Mais mon aventure n'était que trop véritable : au milieu d'un accès de fièvre, je m'étais levé, et, marchant à tâtons, j'avais passé de la salle des officiers dans le quartier des simples soldats. J'y avais été heureusement reconnu et ramassé par un chirurgien de notre division, envoyé comme auxiliaire à l'hôpital.

Ce chirurgien, qui a péri dans la retraite de 1812,

passait pour un homme maladroit et brutal; les soldats ne l'appelaient que le *boucher*. Il me soigna néanmoins avec beaucoup de dévouement; après Dieu, ce fut à lui et au bon capitaine Bruno que je dus la vie. Je ne fus malade en tout qu'un mois. Ma jeunesse et la force de ma constitution triomphèrent du fléau; mais le sourd retentissement des cadavres tombant des fenêtres du funèbre hôpital me poursuivit longtemps dans mes rêves.

Au moment de mon départ, les fossoyeurs espagnols assuraient que le nombre des morts dépassait déjà deux mille, et je crois qu'ils n'exagéraient pas. Pourtant le commandant militaire était un excellent homme, plein de zèle; le chirurgien en chef avait une excellente réputation; mais, surchargés d'occupations, ils étaient forcés de s'en rapporter, pour une foule de détails essentiels, à des subalternes peu scrupuleux et non surveillés. J'ai souvent reconnu, dans ma carrière militaire, l'exactitude du proverbe allemand qui dit que le « vrai maître, c'est le subalterne. » (*Das niedertrœchtige ist das mœchtige*)[1].

Le 19 janvier 1809, j'étais de retour à mon régiment, après vingt-cinq jours d'absence. Dans cet intervalle, le siége avait fait des progrès, surtout de notre côté. Depuis huit jours déjà, nous étions maîtres du couvent de Saint-Joseph. Les officiers supé-

1. La situation déplorable de l'hôpital d'Alagon fut améliorée dans les dernières semaines du siége, par les soins du général Harispe. (V. Thiers, IX, 564.)

rieurs étaient installés dans les ruines des maisons de campagne et des logements de vignerons. Les officiers inférieurs et les soldats, pour se garantir du feu des assiégés, se creusaient en terre de véritables tanières de forme oblongue, profondes d'environ quatre pieds et couvertes de branches d'arbres. Quand il venait à pleuvoir, on y pataugeait comme dans un marais... Le service des postes, des patrouilles, des reconnaissances, était fort pénible; nous avions de plus des corvées continuelles pour les travaux du siége. A la tombée de la nuit, toutes les compagnies à numéros pairs prenaient les armes. Elles étaient relevées par celles à numéros impairs; celles-ci l'étaient à leur tour par les compagnies de grenadiers et de voltigeurs. A trois heures du matin, tout le monde était debout.

Dans la nuit du 21 au 22 janvier, je fus pour la première fois de garde dans la tranchée, avec vingt-cinq hommes du bataillon. J'avais à ma droite un poste du 14e régiment de ligne, commandé par un vieux sergent, qui lia aussitôt conversation. C'était un vieux routier qui avait servi en Italie, en Autriche, en Pologne, et s'était déjà trouvé à plusieurs siéges. Il me donna, ainsi qu'à mes hommes, des instructions pratiques fort utiles sur le service dans la tranchée. Il leur montra comment il fallait s'y prendre pour déplacer quelque peu les sacs à terre suivant les circonstances, et se ménager ainsi des ouvertures pour épier l'ennemi et lui envoyer à l'improviste un coup de fusil, en prenant bien garde d'être surpris soi-même à ce jeu, ce qui était, disait-il, la chose du monde la plus *mortifiante*.

Cette nuit-là, nos travailleurs cheminaient dans la descente de la Huerva, pour pousser les approches de l'autre côté de ce ruisseau. Les assiégés les entendaient distinctement, et tiraient de très-près au jugé sur eux et sur nous. Heureusement l'obscurité et la pluie rendaient leur tir incertain. Mais, dès que vint le jour, nous eûmes à essuyer un feu plus sûrement dirigé qui partait à notre gauche du couvent de Santa Engracia, et prenait nos lignes d'écharpe. Des ouvriers furent tués ou blessés; plusieurs de nos gabions traversés par les boulets, et bien des balles sifflèrent au-dessus de nos têtes, mais aucun de mes hommes ne fut atteint. En retournant au camp, mon brave sergent du 14e m'indiqua dans la parallèle quelques endroits qui n'étaient pas suffisamment à couvert, et où il fallait passer vite en faisant le plongeon. Je suivis son conseil et je fis bien, car, quelques heures après, un autre officier, passant dans l'une de ces mauvaises places sans précaution, fut mortellement frappé.

Le 23 au soir, on apprit que Lannes, enfin rétabli, venait d'arriver, et qu'il reprenait le commandement. Cette nouvelle fut accueillie avec une vive satisfaction; tout le monde prévoyait que les affaires allaient prendre une plus vive allure.

Le même soir, me trouvant en amateur dans la tranchée, je vis, dans un endroit fort exposé, le général du génie Lacoste en grande conversation avec un personnage en redingote verte, sans uniforme ni épée. Tous deux regardaient attentivement avec leurs lunettes d'approche du côté de la ville, sans se préoccuper des balles et des boulets qui leur arrivaient de toutes parts. Enfin l'interlocuteur de Lacoste, qui n'était autre que le maréchal lui-même, daigna s'apercevoir du danger et dit à haute voix : « On nous a vus, allons-nous-en. » J'avais pu cette fois contempler à loisir la belle et sévère figure de Lannes, que je n'avais encore entrevue qu'un instant au milieu d'un tourbillon de poussière, le jour de la bataille de Tudela.

Pendant toute la journée du 26, nos batteries firent un feu violent sur la ville, qui riposta de même, mais sans nous faire grand mal. Le soir, on apprit que nous avions obtenu un succès important sur l'autre rive de l'Èbre[1]. Les premières nouvelles de ce qui s'était passé sur d'autres points nous arrivaient souvent par la cantinière pendant notre déjeuner, lequel se composait d'ordinaire d'une soupe de mauvaise farine, avec du vin et du sucre brut encore plus mauvais. Cette femme s'était organisé une sorte de foyer de cuisine avec des pierres plates empruntées, comme on s'en aperçut ensuite, à un cimetière voisin. Un jour que nous étions là réunis, comme d'habitude, autour d'un feu de bois d'olivier, l'un de nous aperçut un fragment d'inscription sur l'une des

1. Il s'agissait de la dispersion, par la division Suchet, des rassemblements qui menaçaient les communications des assiégeants.

pierres, et parvint à déchiffrer ces mots : *Percussus morbo decessit qui intus jacet*. Étrange contradiction du cœur humain ! Cette découverte éloigna de ce lieu beaucoup d'officiers : ces hommes, qui à toute heure bravaient la mort, éprouvaient une invincible répugnance à prendre leurs repas sur la dalle d'un tombeau !

IV

Assaut du 27 janvier. — La *Casa Gonzalès*. — La guerre des rues. — Lacoste et Rogniat. — Le couvent de Sainte-Monique. — Scène épouvantable à l'hospice des aliénés ; les morts, les mourants et l'incendie. — L'attaque du Cosso. — Le capitaine Boll. — Journée décisive du 18 février. — Enfin !!

L'assaut général du 27 fut une des plus sanglantes journées du siége. Depuis la veille notre artillerie redoublait ses feux pour agrandir les brèches. A neuf heures, les détachements désignés pour les différentes attaques se portèrent en avant. La colonne qui devait pénétrer dans le jardin du couvent de Sainte-Monique, était forte de 400 hommes, du 14e de ligne et du 2e de la Vistule. Une seconde, moins nombreuse, devait s'emparer d'une brèche située à gauche de la précédente, et tout près d'une des principales batteries des assiégés, celle qui portait le nom de leur intrépide commandant en chef. Une troisième colonne, composée d'un bataillon du 2e régiment de la Vistule, le mien, fut dirigée à droite des couvents contigus de Sainte-Monique et de Saint-Augustin, vers la *Casa Gonzalès*, construction en pierre isolée, placée en saillie entre ce dernier couvent et l'Èbre, et reliée à l'enceinte par un chemin couvert. Ces trois attaques de droite devaient coïncider avec l'assaut du grand couvent de Santa Engracia au centre.

Des trois attaques de droite, il n'y en eut qu'une qui réussît complétement, celle de la brèche voisine de la batterie Palafox. La brèche du jardin de Sainte-Monique se trouva plus haute qu'on ne pensait. Nos voltigeurs parvinrent à la gravir et à s'y loger, mais ils ne purent aller au delà. Enfin, l'attaque de la Casa Gonzalès, à laquelle je me trouvais, échoua complétement. Nous avions pourtant réussi à pénétrer dans ce bâtiment, bien que là aussi la brèche fût à peine praticable. Mais nous y fûmes tout aussitôt assaillis par un feu infernal, qui partait à la fois de la place, de l'étage supérieur, de tous les coins et recoins de la maison. On battit en retraite, et même assez précipitamment. Le lieutenant-colonel Beyer, qui nous commandait, fut grièvement blessé à la joue; le capitaine de ma compagnie, un nommé Matkowski, de Cracovie, eut la jambe fracassée d'un boulet, et resta au pouvoir de l'ennemi.

Heureusement la grande attaque du centre, celle de Santa Engracia, supérieurement conduite par le colonel Chlopicki, avait obtenu un plein succès. Nous restâmes maîtres, non-seulement de ce couvent, mais de celui des Capucins qui y touchait. La perte de cette position capitale allait forcer les Espagnols d'abandonner toutes les défenses extérieures, qui devinrent notre ligne de front. Le soir même, nous rentrâmes dans la Casa Gonzalès, qui venait d'être évacuée. Il y avait là les cadavres de onze de nos camarades, horriblement mutilés. Matkowski n'était pas du nombre; il avait été transporté dans un hôpital, où nous le retrouvâmes après le siége. Mais il était à toute extrémité, et mourut sans avoir reconnu personne. Je regrettai vivement cet officier, homme fort instruit, qui m'avait fait l'accueil le plus amical.

A la guerre des remparts allait succéder celle des maisons et des rues, plus terrible encore. La nouvelle des victoires françaises d'Uclès, d'Alcañiz, de Liciñena, n'avait nullement abattu le courage des assiégés. Ils n'y croyaient pas, et ne voulaient se souvenir que de Baylen.

Le 28 et le 29, on continua de battre en brèche de notre côté le couvent de Sainte-Monique, auquel l'ennemi se cramponnait. Le 30, une compagnie du 14e régiment réussit enfin à se loger dans une partie du jardin et dans l'église de ce couvent, et s'y maintint contre un vigoureux retour offensif[1]. Il y avait parmi

1. Un capitaine de grenadiers du 14e, nommé Hardy, avec lequel j'étais fort lié, fut blessé mortellement dans cette affaire. Au moment où on le rapportait sur une civière, je m'approchai de lui, je cherchai à l'encourager par l'espoir d'une prompte guérison. « Ah non ! mon jeune ami, me dit-il ; je sens la mort dans mes entrailles ! Mais je suis au désespoir de me voir tué par ces gredins

nous beaucoup de catholiques, mais leurs connaissances en hagiographie étaient fort limitées. Aucun d'eux ne savait ce que c'était que cette Sainte, qui nous voulait tant de mal ! Après l'occupation des bâtiments de l'Université, où les soldats prenaient par brassées des livres de la bibliothèque pour allumer le feu, un officier découvrit dans un de ces livres, une vie de sainte Monique. Bien des années après, en voyant à Paris le beau tableau d'Ary Scheffer qui représente saint Augustin et sa mère en extase, je me suis souvenu des deux couvents de Saragosse, placés sous leur invocation.

Le 1er février, la nouvelle de la mort du général du génie Lacoste produisit une consternation générale, même parmi les simples soldats. C'était un homme d'un grand mérite et d'une affabilité singulière, sachant à la fois se faire obéir et se faire aimer. Son successeur fut le colonel Rogniat, celui qui a si vivement attaqué Napoléon après sa chute. Cet officier, d'ailleurs capable, n'était pas si bien vu du soldat que Lacoste, à beaucoup près. Sa physionomie n'avait rien de sympathique ; on lui trouvait l'air suffisant, même méprisant avec ses inférieurs.

Plus nous avancions, plus la résistance devenait acharnée. On sait que pour n'être pas tués, ou du moins pour l'être le moins possible, il nous fallait

de brigands. Pourquoi ne suis-je pas tombé à Eylau ou Friedland, en combattant des gens dignes de nous ? » La main qu'il me tendit était déjà froide comme glace, et le lendemain ce brave et digne homme n'était plus...

conquérir une à une ces habitations transformées en redoutes, où la mort nous guettait pour ainsi dire de partout, par les soupiraux des caves, derrière les portes, les volets troués d'avance. Quand on pénétrait dans une maison, il fallait d'abord la visiter soigneusement de la base au faîte. Nous avions appris par expérience qu'une résistance brusquement interrompue pouvait être une ruse de guerre. Souvent, tandis qu'on s'installait à un étage, on était fusillé à bout portant de l'étage supérieur, par des ouvertures pratiquées d'avance dans les planchers. Les recoins, les cachettes qui se rencontrent fréquemment dans les anciennes constructions, facilitaient des embuscades meurtrières. Il fallait surtout bien surveiller les toits. Ces Aragonais, avec leurs chaussures de serge, y circulaient avec autant d'aisance et aussi peu de bruit que des chats, ce qui leur permettait de revenir faire des diversions inattendues fort en arrière de la ligne d'opérations. C'était une véritable guerre de partisans aérienne. On était tranquillement au coin du feu, dans une maison occupée depuis plusieurs jours, tout à coup on recevait par quelque fenêtre des coups de feu qui semblaient venir du ciel.

Dans ces dernières et terribles péripéties, nos sapeurs, nos mineurs furent admirables. On les voyait toujours apparaître en temps utile là où le danger était grand et leur secours nécessaire ; à la tête des colonnes d'attaque ; dans les caves que l'ennemi était en train de miner ; là où il y avait une porte à pétarder, une communication à ouvrir. Souvent, en entrant dans une maison, nous nous trouvions inopinément en face d'un mur intérieur crénelé, hérissé de fusils... Au même instant une explosion avait lieu, l'obstacle mortel s'abîmait comme un décor de théâtre. Les difficultés étaient grandes surtout quand il fallait cheminer à travers les fondations massives des couvents, des églises; les pierres semblaient s'associer à la résistance acharnée des hommes.

De leur côté, les Espagnols n'épargnaient rien pour paralyser nos progrès. Ainsi, quand ils étaient forcés d'évacuer un bâtiment, ils y entassaient des fagots imbibés de résine et y mettaient le feu. Ces incendies ne pouvaient détruire les maisons construites en pierre ; mais ils retardaient notre installation, et donnaient aux assiégés le temps de préparer la défense des maisons voisines.

Malgré tout, les divisions Grandjean et Musnier, chargées de l'attaque de droite, gagnaient insensiblement du terrain. Mais, dans les premiers jours de février, leur effectif était réduit à une dizaine de mille hommes, et nous perdions constamment du monde. Chaque jour, un tiers de cet effectif était employé aux travaux du siége, le second tiers en réserve; le troisième, celui qui était censé se reposer, demeurait chargé du service du camp et de l'extérieur; sans compter les retours offensifs de l'assiégé, les alertes à peu près journalières. Ce fut surtout aux abords de l'hospice des aliénés, alors transformé en hôpital, que nous rencontrâmes de terribles obstacles. Les chefs espagnols comprenaient aussi bien que les nôtres l'importance capitale de ce poste, qui commandait la principale rue de Saragosse, le *Cosso*.

Il se passa quelque chose d'horrible le 7 février. Les Espagnols avaient enfin évacué cet hospice miné de toutes parts. Les assaillants y pénétrèrent sans rencontrer de résistance; mais le spectacle qui s'offrait à leurs regards fit reculer les plus intrépides. Les lits, les planchers des salles étaient encombrés de morts et de mourants qu'on n'avait pas eu le temps d'enlever. Mais on avait eu celui d'organiser l'incendie, et déjà les flammes accouraient à notre rencontre, consumant *tout* sur leur passage... Je commandais un détachement de vingt hommes qui couvrait la gauche de la colonne, en cheminant à travers des cours adjacentes et des dépendances du bâtiment principal. Le sergent de sapeurs qui nous servait de guide prit une fausse direction, et nous amena précisément vers le foyer de l'incendie. Nous nous trouvâmes tout à coup submergés dans une fumée épaisse, exhalant l'odeur abominable de la chair grillée... Il y eut un moment de *sauve qui peut* général : heureusement je rencontrai à tâtons sous ma main, dans cette obscurité empestée, une fenêtre que je brisai, et qui nous redonna un peu d'air et de jour. Alors notre guide put s'orienter, et après bien des détours, nous sortîmes sains et saufs de ce lieu abominable.

Le lendemain, notre division entière prit part à l'attaque de la rue du Cosso. A travers le pétillement continu de la fusillade, retentissaient par intervalles des détonations plus fortes, tantôt la grosse voix du canon, tantôt l'explosion de quelque mine. J'étais dans le *Cosso*[1] avec une cinquantaine de soldats, occupés à construire une barricade. Des grenadiers postés aux fenêtres voisines couvraient ce travail, destiné à établir la communication d'un côté de la rue à l'autre. Tout à coup nos oreilles sont déchirées par le bruit bien connu d'une mine qui éclate; sifflet et rugissement! Une maison voisine s'écroule, démasquant une batterie improvisée, qui nous envoie presque à bout portant, des paquets de mitraille. Par une chance inouïe, trois hommes seulement tombèrent, mais la place fut vidée en un clin d'œil; travailleurs et flanqueurs avaient battu précipitamment en retraite, excepté moi et le capitaine des grenadiers, un Wolhynien nommé Boll. Il s'achemina, en marchant aussi tranquillement qu'à la parade, vers la brèche par laquelle tous nos hommes avaient disparu. En y arrivant, il se retourna vers moi, et me fit passer devant, en me disant avec un sang-froid imperturbable: « Ceci est un service *de fatigue*, c'est à l'officier le plus élevé en grade qu'il appartient de fermer la marche! » Il passa enfin à son tour, et rallia ses grenadiers, en leur reprochant d'avoir quitté leur poste avant le commandement. Boll, qui avait l'oreille du colonel, lui vanta obligeamment ma bonne contenance dans cette occasion.

1. Le Cosso est la grande rue centrale, et non une *promenade publique*, comme l'appelle par distraction M. Thiers (IX, 583).

La fin de la journée fut mauvaise pour nous. Les Espagnols, ayant trouvé moyen d'amener du canon, nous débusquèrent avec perte des abords du Cosso. Cet échec, toutefois, n'ébranla pas le moral de nos soldats, parce qu'ils n'étaient plus seuls à la peine, comme dans les premiers temps. La partie était désormais sérieusement engagée sur tous les points, tant du côté de « l'attaque de gauche » qu'à droite et sur l'autre rive. D'une batterie établie près de l'embouchure de la Huerta, on pouvait suivre les progrès des soldats de la division Gazan dans le faubourg. Nous les trouvions bien heureux de combattre en plein air, tandis que nous étions condamnés à cette horrible guerre de rues, de maisons, de souterrains.

Les jours suivant on reconquit, non sans peine, quelques positions sur le Cosso. Le 12, une première attaque sur les bâtiments de l'Université manqua par la faute des mineurs qui n'avaient pas conduit leurs galeries assez loin. Il en résulta que l'explosion des fourneaux ne fit pas de brèche, et que nos colonnes d'attaque, à découvert sous un feu des plus violents, durent se replier avec perte d'une quarantaine d'hommes. C'étaient encore des Polonais, toujours chargés des tâches les plus périlleuses!

Un des derniers combats et des plus sanglants fut celui de *la Calle de Los Arcades ;* nous y fîmes à notre tour un bon usage du canon. Je vis là un mémorable exemple de la ténacité des assiégés. L'une des maisons qu'ils nous disputaient encore, à l'angle de cette rue des Arcades et du Cosso, était canonnée de si près, que les boulets la traversaient de part en part. Néanmoins, ses défenseurs, réfugiés à l'étage au-dessus, continuaient de faire un tel feu, que ce jour-là il fut impossible d'aller plus loin.

La journée du 18 fut décisive. Tandis que la division Gazan s'emparait du faubourg de la rive gauche, dont presque tous les défenseurs furent tués ou forcés de se rendre, nous faisions aussi de bonne besogne dans le Cosso et les rues environnantes. Vers trois heures, une mine chargée de 1500 livres de poudre, et mieux dirigée que les précédentes, fit une large brèche dans le mur du principal bâtiment de l'Université. Trois compagnies de mon régiment, et deux du 14e, s'élancèrent à l'assaut. L'occupation définitive de ce poste important ne nous coûta qu'une douzaine d'hommes. En même temps, la maison du coin de la rue des Arcades, assaillie pour la *seizième* fois, était enfin conquise, sans trop grande résistance. C'était le capitaine Boll qui dirigeait cette attaque. Suivant son usage invariable quand il était commandé pour un poste périlleux, il était ce jour-là en grande tenue, *tiré à quatre épingles*. « Les jours de bataille, disait-il, sont nos jours de fête. »

Cette fois nous avions obtenu de tels avantages, que la reddition ne semblait plus une question de jours, mais d'heures. Cependant les hostilités continuèrent encore pendant toute la journée du 19. Dans la soirée, un parlementaire espagnol se présenta, mais les propositions qu'il apportait furent jugées inacceptables. Le lendemain, le maréchal vint en personne recommander de poursuivre activement les galeries de mines sous le Cosso. Une compagnie du 3me de la Vistule reçut l'ordre de se porter sur une maison isolée, voisine du pont de l'Èbre, où l'on ne pouvait arriver qu'en longeant, à découvert, une portion considérable de l'enceinte encore occupée par les assiégés. La compagnie perdit dans cette traversée le tiers de son effectif, mais elle accomplit sa tâche. On était fort inquiet de la situation périlleuse de ces braves gens, quand nous fûmes officiellement avertis qu'il y avait suspension d'armes. Beaucoup d'officiers croyaient que cette négociation n'était qu'une nouvelle ruse de guerre des Espagnols, et toute la nuit nous nous tînmes sur nos gardes. Mais le lendemain matin (20 février), toutes les appréhensions furent dissipées. Nous étions bien réellement maîtres de la ville ; ce n'était pas trop tôt, pour les assiégeants comme pour les assiégés !

V

Reddition. — Départ de Palafox. — Un peu de pillage. — Excursion dans l'intérieur de la ville. — Notre-Dame del Pilar. — La *Calle de Toledo*. — Le réfectoire de Saint-Joseph.

Tout avait été conclu le 20 au soir ; mais, dans la matinée du lendemain, les sentinelles espagnoles étaient encore à leur poste, couchant en joue les curieux trop pressés, et leur criant *atras !* (arrière) d'une voix menaçante.

Enfin, à midi, nous nous dirigeâmes en grande tenue, à travers des terrains coupés de canaux embarrassés de souches d'oliviers, vers la *Puerta del Portillo*, où la garnison allait déposer les armes. Chacun de nous s'était fait un point d'honneur de dissimuler toute trace des maux que nous avions endurés. Les manteaux brûlés par la poudre, troués par les balles, étaient soigneusement roulés sur les havre-sacs ; les fusils, nettoyés avec soin, étincelaient au soleil... Lannes parut avec son état-major ; peu discoureur de son naturel, il passa lentement devant le front des troupes, en saluant les drapeaux, et sans nous dire autre chose que de *corriger l'alignement.*

Au bout d'une heure, parut l'avant-garde de ces fameux défenseurs de Saragosse. Un certain nombre de jeunes gens de seize à dix-huit ans, sans uniformes, portant des manteaux gris et des cocardes rouges, et fumant nonchalamment leurs cigarettes, se rangèrent en face de nous. Bientôt nous vîmes arriver le gros de la troupe, foule étrangement bigarrée, composée de gens de tout âge, de toutes conditions, quelques-uns en uniforme, la plupart en habits de paysans. Il y avait là une curieuse collection de types et de costumes populaires des diverses parties de la Péninsule, Aragonais, Navarrais, Castillans, Valenciens, Catalans, Andalous. Les officiers, montés sur des mulets ou sur des ânes, ne se distinguaient des soldats que par les tricornes et les longs manteaux. Ces gens fumaient, causaient, et semblaient fort indifférents à leur prochaine expatriation. Tous, pourtant, n'étaient pas si résignés, car bientôt nous en vîmes arriver d'autres que nos soldats avaient débusqués des maisons où ils cherchaient à se cacher, et qu'ils poussaient à grands coups de crosse.

Enfin le général Morlot, chargé de leur faire la conduite, mit ses troupes en mouvement, et toute cette garnison, forte de huit à dix mille hommes, défila devant nous. La plupart avaient une tournure si peu militaire que nos hommes disaient tout haut qu'on n'aurait pas dû faire tant d'embarras pour de pareils drôles.

Je m'informai de Palafox ; on l'avait trouvé presque mourant dans un caveau de la *Casa de los Gigantes.* Quelques jours après, je le vis au moment où on le portait à la voiture matelassée et attelée de quatre mulets, qui allait l'emmener en France. Un aide de camp du maréchal se tenait, le chapeau à la main, près du brancard de ce glorieux vaincu : nos troupes lui rendaient les honneurs militaires. Mais il semblait indifférent à ces égards, et tout à fait absorbé par la violence du mal, ou par le sentiment des malheurs de son pays. Mais ce qui me surprit fort, c'est qu'aucun Espagnol n'avait l'air de faire attention à lui.

L'accès de Saragosse était encore officiellement interdit aux militaires isolés; on avait mis des corps de garde à toutes les portes. Mais il existait assez de chemins détournés, bien connus des soldats. Aussi, dès le premier jour commencèrent des *promenades en ville*, dont on ne revenait pas les mains vides. Dans la soirée du 21, il y avait déjà par tout le camp du vin à profusion, de superbes quartiers de lard dans toutes les marmites, etc.

Le 22, je fus commandé pour aller recevoir en ville nos rations de vin. Il y avait une telle cohue que je ne pouvais être servi avant plusieurs heures. Un de mes camarades, forcé d'attendre comme moi, me proposa de faire une excursion dans les rues voisines, pour tuer le temps. Notre première visite fut pour la fameuse église del Pilar, dont nous étions tout près. Nous n'eûmes qu'à suivre pendant quelques minutes le bord du fleuve, à traverser des barricades et des ruines encore fumantes.

La place de l'église offrait un de ces tableaux qui ne s'oublient jamais. Elle était encombrée de femmes et d'enfants en prière, de cercueils, de morts pour lesquels les cercueils avaient manqué. Dans quelques endroits, il y avait jusqu'à vingt bières empilées les unes sur les autres... L'une d'elles, ouverte, renfermait un vieillard revêtu d'un riche uniforme blanc à parements rouges. Près de lui, les cheveux épars, sa femme ou sa fille, jeune dame d'une grande beauté, priait avec ardeur. Parfois elle relevait vivement la tête, regardant avec anxiété du côté de l'église si le prêtre attendu ne paraissait pas. Mais les prêtres ne pouvaient suffire à leur tâche, bien qu'ils officiassent en grand nombre et à la fois à tous les autels. Le lugubre encombrement continuait sous le portail, dans les bas côtés; le pavé de la nef disparaissait sous de noires figures prosternées, dont les sanglots se mêlaient aux psalmodies. J'entrevis aussi, non loin du maître-autel, quelques soldats français agenouillés. La fumée de l'encens et des cierges innombrables montait lentement vers la voûte trouée en maint endroit par nos projectiles.

La *Calle de Toledo* était peut-être plus sinistre encore. C'était le principal refuge de la population des quartiers envahis et bombardés. Sous les arcades gisaient pêle-mêle, dans une confusion indescriptible, des enfants, des vieillards, des mourants, des morts, des objets mobiliers de toute espèce, des animaux domestiques exténués de besoin. Au milieu de la place, un amas de cadavres, la plupart dans un état de nudité complète; çà et là, des brasiers auxquels de pauvres gens faisaient cuire leurs aliments.

Les enfants surtout, maigres, les yeux ardents de fièvre, faisaient mal à voir. De sombres figures, embossées dans leurs grands manteaux, s'entretenaient avec animation, mais se taisaient tout à coup à notre approche, en affectant de ne pas nous regarder. J'ai assisté depuis à bien des scènes de carnage; j'ai vu la grande redoute de la Moscowa, l'une des plus célèbres horreurs de la guerre... Nulle part je n'ai retrouvé l'émotion que j'avais ressentie. C'est que le spectacle de la torture est plus poignant que celui de la mort.

La physionomie des quartiers déjà pris n'était pas moins lugubre. Depuis Saint-Joseph et Santa Ingracia jusqu'au Cosso, toutes les rues étaient interceptées par des barricades et des décombres... Les communications n'étaient possibles que par l'intérieur des constructions les moins maltraitées, que nos soldats occupaient. Pour se retrouver dans ce dédale de ruines, on avait écrit en grosses lettres, au charbon, les numéros des régiments, des bataillons et des compagnies, et placé des guides de distance en distance. Par la même occasion, les soldats s'amusaient à tracer des caricatures et des inscriptions plus que facétieuses, qui produisaient souvent d'étranges contrastes. Ainsi, dans le couvent de Saint-Joseph, où l'on s'était si longtemps battu, on pouvait lire, inscrit en gros caractéres sur le mur du réfectoire le distique suivant, bien assorti à l'aspect de cette pièce, dont la destination primitive semblait absolument intervertie :

L'amour et la ..... sont deux canailles,
L'*une* gâte les cœurs, l'autre les murailles.

VI

Physionomies militaires. — Lannes. — Junot. — Leval. — Habert. — Messe militaire à l'église del Pilar. — Réflexions.

C'est pendant les siéges, et surtout les siéges tels que celui-là (cinquante-deux jours de tranchée ouverte), que les officiers inférieurs et les soldats se trouvent le plus fréquemment en contact avec les chefs. Parmi ceux-ci, Lannes et Junot attiraient surtout nos regards. Le premier faisait souvent la tournée des postes; il avait l'œil à tout, trouvait toujours quelque question ou quelque recommandation à faire. Il était d'un courage extraordinaire et toujours calme, bien que frisant parfois la témérité. Je me souviens qu'après la prise du couvent des Jésuites, ce maréchal, grimpé sur le toit d'une maison voisine, suivait avec sa lunette les mouvements de l'ennemi. Il servait ainsi de point de mire à des tirailleurs embusqués dans les ruines du couvent, et plusieurs balles vinrent siffler à ses oreilles. Lannes se fit aussitôt apporter des fusils, et riposta lui-même, si bien que l'ennemi finit par envoyer dans cette direction un obus qui tua un capitaine du génie tout à côté du maréchal. Celui-ci n'en continua pas moins à tirer, et redescendit ensuite, aussi impassible que si rien ne s'était passé. D'autres généraux, notamment Junot, Habert, Chlopicki, faisaient aussi volontiers, à l'occasion, le coup de feu avec l'ennemi. Je crois que les chefs ne doivent pas être prodigues de semblables démonstrations, mais qu'elles peuvent être d'un excellent effet dans les circonstances difficiles[1].

Nous recevions aussi fréquemment la visite de Junot. Il s'asseyait sur une grosse bûche ou sur quelques décombres, et causait longuement avec les officiers. Sa conversation était éminemment soldatesque,

1. L'un des plus mémorables exemples de ce genre est celui que donna le maréchal Ney dans la campagne de 1812, et qui lui valut le surnom de *Brave des braves*. Ce souvenir aurait dû suffire pour protéger sa vie trois ans plus tard...

émaillée des mots *pékin*, *maraud* et autres encore plus énergiques. Dès ce temps-là, il passait pour avoir le cerveau un peu fêlé.

Leval, qui a laissé d'honorables souvenirs dans l'armée française, était un tout petit homme, dont l'aspect chétif contrastait singulièrement avec sa grande réputation. Les soldats l'avaient surnommé *le meûnier*, à cause d'un certain pardessus gris, sans lequel on ne le voyait jamais. Il avait l'air de sortir de la poche de notre général de brigade Habert, personnage à chevelure luxuriante et à gros favoris d'un noir de jais, taillé en athlète, mais n'ayant guère d'autre mérite qu'une audace extraordinaire, dont il avait donné maint exemple pendant le siége. Voici l'un des plus caractéristiques :

Nous venions de nous emparer d'une rue aboutissant à un carrefour encore occupé par nos adversaires. On avait barricadé ce débouché, afin de pouvoir circuler d'un côté de la rue à l'autre sans trop de péril. Il fallait passer en se baissant le long de la barricade, pour éviter le feu plongeant des Espagnols, et les hommes de haute taille comme Habert devaient naturellement se courber davantage. Au moment où il accomplissait cette évolution, l'un des soldats couchés à plat ventre près de la barricade dit tout haut : « Tiens! les généraux ont donc peur aussi? » Habert, furieux, se retourne, saisit par les bras le bavard insolent, et le lève debout au milieu de la rue, se redressant lui-même de toute sa hauteur. Soudain une grêle de coups de feu s'abat sur ce groupe; le soldat tombe roide mort, frappé de cinq ou six balles, tandis que le général, par un hasard étrange, en est quitte pour une contusion au bras. Là-dessus, il allonge au cadavre un coup de pied accompagné de l'épithète de f..... conscrit, et continue tranquillement sa ronde. Je dois ajouter que cet acte de courage brutal ne déplut nullement aux camarades du mort. « Il a bien fait, disaient-ils, c'était une infamie de dire pareille chose d'un général comme celui-là. »

Tous les historiens ont parlé de l'entrée triomphale de Lannes (24 février), et du *Te Deum* chanté à cette occasion dans l'église del Pilar. De cette cérémonie, je ne rapporterai qu'une circonstance qui n'a été, je crois, citée nulle part. Quand nos tambours firent un roulement général au moment de l'Élévation, comme c'est l'usage dans les messes militaires françaises, il y eut dans l'auditoire espagnol un tressaillement marqué de surprise et d'épouvante. Ils avaient pris d'abord ce bruit pour un signal de massacre, et ne se rassurèrent qu'en voyant les deux maréchaux (Lannes et Mortier) s'incliner dévotement.

Ce siége a fait grand bruit dans le monde. Les passions politiques l'ont apprécié avec leur impartialité ordinaire. On a vanté exclusivement la résistance des assiégés. Il serait pourtant juste de reconnaître qu'au point de vue militaire, le mérite de l'attaque fut pour le moins égal à celui de la défense; qu'en fait de ténacité héroïque, les vainqueurs ne le cédaient en rien aux vaincus. Ceci est vrai, surtout des divisions

Grandjean et Morlot, dont l'effectif total ne dépassait pas treize mille hommes, et qui poursuivirent à elles seules, pendant trois semaines, l'horrible guerre des maisons et des rues contre des adversaires deux fois plus nombreux.

Mon régiment resta à Saragosse jusqu'au 6 mars suivant. Nous eûmes tout le temps d'explorer, pour notre instruction, les travaux d'attaque et de défense dans le dernier état. Il semblait bien résulter de cette étude, que certaines dispositions de notre côté avaient été défectueuses; mais nous osions à peine nous communiquer nos réflexions à ce sujet, même à voix basse, tant la discipline était rigoureuse.

Ce siége avait vivement préoccupé l'Empereur, comme en fait foi l'ordre envoyé de Paris, le 6 mars, au général du génie Léry « de faire un détail de ce siége avec les profils et les plans, pour servir de modèle pour l'attaque de villes ouvertes comme celle-là, et dont les habitants voudraient se défendre, » ordre dont l'exécution fut ajournée indéfiniment par suite des circonstances.

VII

El Borgo et ses chats. — Guadalupe. — Une exécution militaire. — Alcañiz. — Monzon et son château. — Fin tragique d'un alcade mélomane. — L'artillerie improvisée. — Une chaude escarmouche et un bain froid. — Le rapport du capitaine Solnicki.

Le 5 mars, je fus envoyé en détachement à une lieue de Saragosse, dans un hameau nommé El Borgo, où la cavalerie avait campé pendant le siége. Toutes les maisons étaient saccagées, les habitants en fuite; il n'était resté que les chats qui rôdaient tout effarouchés, et une vieille femme aveugle et idiote que nos soldats nourrissaient. Je quittai cet agréable endroit plus tôt que je n'espérais. Moins de vingt-quatre heures après, je reçus ordre de rejoindre la brigade, qui se portait sur Alcañiz, menacé par l'ennemi...

Deux compagnies, dont la mienne, furent désignées pour occuper le château qui domine la petite ville de Guadalupe. Tous les vents du ciel faisaient rage dans ce donjon délabré, perché au sommet d'un rocher à pic. Le froid y était très-vif, naturellement : nous n'avions de bois que tout juste ce qu'il en fallait pour la cuisine, et l'on ne pouvait faire de feu qu'en plein air, à cause de la fumée. Nous passâmes quatorze mortels jours dans ce castel inhospitalier, qui nous fit regretter plus d'une fois les terriers de Saragosse. Notre unique distraction, pendant ce temps-là, fut de voir fusiller en plaine un paysan pris les armes à la main. De notre observatoire nous ne perdions pas un détail de cette scène : le dernier cri du pauvre diable : *Viva Fernando VII!* nous arriva en même temps que l'éclair précédant la détonation. J'ai assisté à bien des exécutions semblables, en Espagne, mais j'ai eu la chance de n'être jamais désigné pour en commander.

Nous quittâmes enfin Guadalupe pour Alcañiz, où mon régiment fut caserné dans un ancien couvent, obscur et humide; beaucoup de soldats y prirent les fièvres. Les Valenciens avaient battu en retraite à notre approche, mais on apprit bientôt que d'autres rassemblements se formaient dans les montagnes d'où sortent la Cinca et la Segre, et notre brigade (Habert) reçut l'ordre d'y courir. On passa l'Èbre sur un pont de bois qui semblait bien las de la vie, et l'on s'engagea dans la vallée de la Cinca. Ma compagnie et une autre furent détachées pour tenir garnison à Monzon, position militaire importante à cause du fort, très-petit, mais d'un accès difficile.

Le capitaine de l'autre compagnie, nommé Solnicki, remplissait les fonctions de commandant, et moi celles d'adjudant-major de la place. Solnicki était un vieux troupier dont l'éducation n'avait certainement pas ruiné les parents, mais qui entendait bien son métier. Il s'empressa d'occuper le château, se fit délivrer par les habitants des vivres d'avance pour dix jours, et se tint soigneusement sur ses gardes, faisant éclairer sans relâche par des patrouilles les plantations d'oliviers qui formaient une sorte de forêt tout autour de la ville. De mon côté, j'avais eu le bonheur d'apprivoiser l'alcade par un procédé renouvelé d'Orphée. Ce personnage nourrissait une passion malheureuse pour la musique. Un jour que j'était allé chez lui pour affaires de service, je le trouvai râclant de la guitare en famille, en chantant d'une voix fausse quelques séguidilles. Dans le cours de la conservation, il me demanda si j'étais musicien? A cette époque, l'usage de la guitare était fort répandu dans nos universités, et je ne m'en tirais pas plus mal qu'un autre. Je m'emparai donc de l'instrument, et m'accompagnai couramment une *Krakowiak* et un *Lied*, à la grande satisfaction de l'alcade et de ses filles, deux brunes à l'œil noir. Ce fonctionnaire, qui ne passait pas jusque-là pour être de nos amis, m'invita gracieusement à revenir le plus souvent que je pourrais.

Sauf la nécessité d'être toujours sur ses gardes, ce séjour était un petit paradis en comparaison des précédents. Les vivres étaient abondants et de bonne qualité, si bien que, dans la suite, nos soldats, quand par hasard ils se trouvaient bien installés, disaient, c'est ici comme à Monzon! A force de battre les environs, nous avions fini par bien connaître le pays, ce qui nous permit d'aller faire une visite nocturne dans la montagne au chef espagnol Pereña, qui avait des intelligences dans Monzon et guettait l'occasion de nous y surpendre. Ce fut lui qui cette fois fut surpris et contraint de déguerpir. Pendant cette sortie, je commandais le détachement laissé à la garde du château. Un autre détachement, placé entre deux, assurait les communications de la petite colonne expéditionnaire. Nous correspondions au moyen de feuilles d'olivier, de morceaux de papier blanc d'une forme et d'une grandeur convenues, ce qui nous permettait d'employer sans inconvénient comme messagers des gens du pays.

Cependant les rassemblements ennemis grossissaient autour de nous, et nous allions être forcés d'abandonner la place, sans un nouvel expédient qui nous permit de tenir encore quelque temps en respect les guérillas de la montagne, et leurs bons amis de la ville. Notre fortin renfermait un petit arsenal, dont le matériel n'avait été qu'imparfaitement détruit. Nous y trouvâmes une dizaine de canons, dont on avait seulement brisé les affûts. Les poudres avaient été jetées dans une citerne, mais il était resté en magasin des boulets et du bois de charpente. L'idée nous vint d'utiliser, au moins pour la montre, ces débris de matériel. Un de nos officiers et plusieurs soldats avaient servi devant Saragosse comme artilleurs auxiliaires, ce qui facilita beaucoup notre tâche. On parvint à retirer de l'eau une certaine quantité de poudre qu'on fit sécher, et qui se trouva encore passable. On organisa tant bien que mal des affûts avec de grosses bûches. Bref, nous nous trouvâmes munis d'une artillerie qu'on ne pou-

5.

vait manier, il est vrai, qu'avec un grand luxe de précautions, sans quoi elle nous eût fait plus de mal qu'à l'ennemi, mais qui néanmoins avait une certaine valeur comminatoire. Le premier essai qu'on en fit contre une colonne ennemie qui débouchait de la montagne réussit au delà de nos espérances. Après avoir fait reculer la troupe à distance respectueuse, nos artilleurs mirent le feu à leurs pièces avec des mèches attachées à de longues gaules. La secousse de l'explosion fit ébouler les affûts, comme on s'y attendait; mais nous eûmes la satisfaction de voir que les boulets avaient porté à une certaine distance. Bien qu'ils n'eussent atteint personne, l'ennemi, terrifié de cette décharge imprévue, avait battu précipitamment en retraite.

Cette démonstration arrêta pendant quelques jours les Espagnols; mais bientôt ils reparurent en plus grand nombre, et serrèrent la ville de près. D'autre part, mes relations si bien commencées avec l'alcade, se terminèrent d'une façon tragique. Un jour, en faisant ma ronde, j'aperçus un rassemblement nombreux devant la porte de ce fonctionnaire mélomane. En m'approchant, je vis les deux jeunes filles se lamentant sur le cadavre de leur père. Quelqu'un, disait-on, l'avait appelé par son nom; au moment où il ouvrait le volet de sa fenêtre pour répondre, il était tombé mortellement atteint d'une balle tirée à bout portant. On ne s'accordait ni sur la cause, ni sur l'auteur du meurtre. Les uns en accusaient un contrebandier qui avait eu jadis maille à partir avec l'alcade. D'autres, qui m'avaient vu venir dans la maison, me regardaient de travers, et soutenaient que cette assassinat n'était autre chose qu'une vengeance politique exercée sur un *Afrancesado*. Il se pouvait fort bien, en effet, que ma musique et moi fussions pour quelque chose dans le trépas de ce pauvre homme.

Cependant, tout présageait une crise prochaine. Le syndic et le greffier, auxquels je voulus m'adresser pour nos rations, à défaut de l'alcade, se trouvèrent tous deux partis *pour la campagne*. Pour quelle campagne? il n'était pas difficile de le deviner. Dans l'espace de vingt-quatre heures, tous les habitants aisés s'éclipsèrent pareillement ; les autres se cachèrent. Le lendemain qui était jour de marché, aucun paysan ne parut en ville ; on ne voyait plus dans les rues que quelques femmes du peuple et des enfants.

Le même jour (6 avril), nous reçumes l'ordre d'évacuer immédiatement Monzon et de repasser la Cinca. Nous nous attendions bien à être attaqués pendant cette retraite, et nous n'avions pas tort. A peine hors de la ville, l'avant-garde, qui escortait les malades et les bagages fut vivement chargée et poussée vers la rivière par des forces supérieures. Nous quittâmes à notre tour le château, après avoir fait une dernière décharge de notre artillerie improvisée. Mais elle avait perdu son prestige, car dans la traversée même de la ville nous reçumes bon nombre de coups de fusil en manière d'adieu, et il fallut livrer un combat de tirailleurs très-vif pour gagner la rivière à travers les oliviers. Chargé du commandement de l'arrière-garde, je m'acquittai honorablement, je crois, de cette tâche assez périlleuse. Mon zèle faillit m'être funeste. Je ne voulus quitter la rive qu'après que la dernière barque eût démarré. En ce moment, j'étais serré de si près que je pris mal mon élan, et au lieu de retomber dans le bateau, je fis le plongeon dans une eau glaciale et profonde, où l'on eut quelque peine à me repêcher... Il faisait nuit depuis longtemps quand, après une marche longue et pénible, nous arrivâmes à Barbastro, où la garnison française était sous les armes et très-inquiète de notre sort.

Le lendemain matin, Solnicki, l'ex-commandant de Monzon, me fit appeler ; je lui trouvai l'air très-affairé. « J'ai reçu, me dit-il, l'ordre de faire un rapport sur le combat d'hier. Veuillez vous mettre là et me préparer un bout de projet. Voici la plume, l'encre et le papier. » Je m'assis, et rédigeai une courte relation de ce qui s'était passé, en y joignant le compte des morts et des blessés, qui s'élevait en tout à une quinzaine d'hommes. Je lus ensuite mon travail au capitaine. Il me fit observer que j'avais oublié plusieurs points essentiels, et me dicta plusieurs additions et corrections, qui donnaient à cette escarmouche les proportions d'une lutte héroïque, dont il s'attribuait tout l'honneur. « Voilà mon ami, me dit-il, comment ça se fait, un rapport ! » Il me fit ensuite remettre au net ce récit véridique, traça péniblement son nom au bas, et finit par me régaler d'une tasse de café au lait, douceur dont j'étais privé depuis Pampelune.

Ainsi s'écrivent trop souvent les histoires militaires, sinon toutes les histoires!

Ce bon Solnicki, si habile à faire des rapports, fut tué quelques mois après, au siége de Tortose[1].

VIII

Barbastro. — Sentinelles perdues. — Marche dans la vallée de la Cinca. — Sage et inutile conseil d'un batelier. — Passage de la rivière interrompu par une crue subite. — Désespoir d'Habert. — Désastre de son avant-garde.

Barbastro, que la brigade Habert occupa pendant près de trois semaines, est un séjour peut-être fort agréable en temps de paix, mais dangereux en temps de guerre, à cause de sa situation au milieu d'un véritable labyrinthe de canaux d'irrigation, de plants d'oliviers, de vignobles et autres cultures closes de murs et séparées par des ruelles tortueuses. D'une valeur entraînante en rase campagne, Habert n'était pas du tout l'homme qu'il fallait sur un pareil

1. Le petit fort de Monzon, dont il est longuement question dans ce chapitre, est le même qui fut si admirablement défendu dans la suite, depuis le 27 septembre 1813 jusqu'au 14 février 1814, par cent Français contre trois mille ennemis bien armés et outillés, et munis d'artillerie. L'honneur de cette défense revient en grande partie à un simple garde du génie nommé Saint-Jacques, chargé de la direction des travaux de contre-mine, et, de fait, commandant en chef.

terrain. Il avait voulu organiser lui-même tous les postes après une reconnaissance très-sommaire, et ses dispositions laissaient beaucoup à désirer. Le service était compliqué d'une foule de détails minutieux qui fatiguaient les soldats sans profiter à leur sûreté. Il y avait surtout un vice d'organisation essentiel. Chaque bataillon était appelé à tour de rôle à fournir des hommes pour garder tantôt une place tantôt une autre, qu'ils ne connaissaient nullement. Ce système de roulement, bon en plaine, offrait de graves inconvénients sur un terrain aussi favorable aux surprises. Aussi nous avions toutes les nuits des sentinelles enlevées ou désarmées par des ennemis invisibles. Mieux eût valu assigner à chaque bataillon la garde permanente d'une portion déterminée de terrain, et s'en rapporter aux chefs pour les détails d'exploration et de surveillance, en rendant chacun responsable de ce qui se passerait dans sa circonscription.

Ces accidents réitérés exerçaient une mauvaise influence sur le moral de la troupe. On fit de nombreuses perquisitions ; on arrêta et on fusilla en grande cérémonie, devant l'évêque et le corrégidor, un pauvre diable que l'une des sentinelles désarmées crut reconnaître, et qui soutint jusqu'au bout qu'il n'avait fait que cultiver son jardin comme Candide. A chaque nouvelle mésaventure le général criait, tempêtait : sou agitation était interprétée d'une manière fâcheuse par les habitants et même par ses soldats. Ils croyaient y trouver la confirmation des mauvais bruits qui couraient alors sur notre situation générale en Espagne. Il importe qu'un chef sache garder une physionomie impassible, sinon joyeuse, dans les moments les plus difficiles.

Habert, ayant reçu l'ordre de réoccuper la vallée de la Cinca, décampa de Barbastro le 12 mai, et se dirigea par les montagnes sur Sixena, où nous arrivâmes le 14 au soir, après avoir essuyé un orage épouvantable. Les moindres ruisseaux étaient devenus des torrents où quadrupèdes et bipèdes perdaient pied. A Sixena, mon bataillon fut logé dans un couvent dont les vins jouissaient d'une grande réputation. Malheureusement des troupes du 5e corps avaient passé par là avant nous, et cette cave n'était plus qu'un souvenir légendaire.

Le 15, Habert marcha sur Alcolea où il comptait franchir la Cinca ; mais l'ennemi se montra en force sur l'autre rive, et bien posté pour disputer le passage. Le lendemain, on se porta sur Pomar, où nous devions avoir l'avantage du terrain pendant l'opération. Sous la protection de l'artillerie, on installa deux bacs, dont chacun pouvait bien contenir la moitié d'une compagnie. Cependant le plus âgé des bateliers regardait avec inquiétude le ciel, très-pur au dessus de nos têtes, mais très-chargé sur la montagne. Il s'en fut dire au général que cette rivière était sujette à des crues violentes et subites à la suite des orages dans la Sierra, et qu'il serait prudent de différer le passage. Le donneur d'avis eut pour récompense force coups de pied, accompagnés des épithètes de ganache et de *carajo*, et l'on alla de l'avant. Tout semblait aller le mieux du monde ; déjà huit compagnies de grenadiers et de voltigeurs français et polonais avaient atteint le bord opposé. D'autres troupes s'embarquaient à leur tour, quand la Cinca grossit tout à coup, et se mit à rouler sur nous des arbres, des quartiers de rocs avec une véhémence furieuse ; — un vrai torrent espagnol ! Les cordes furent brisées comme des brins de paille, les bacs emportés en dérive : les soldats embarqués avaient à peine le temps de se rejeter à terre. Bientôt toute la partie basse de la vallée fut envahie par les eaux. Il nous fallut gagner au plus vite les hauteurs ; un immense lac nous séparait désormais de nos pauvres camarades, que nous apercevions à peine sur l'autre rive. Le général, désespéré, tenta vainement de se faire entendre d'eux, pour leur indiquer une direction ; sa voix, si puissante qu'elle fût, était couverte par le bruit des flots. Il fit appel aux nageurs les plus intrépides ; tous y renoncèrent ou périrent avant d'avoir fait seulement la moitié du trajet. L'un d'eux, par un suprême effort, était arrivé jusqu'à une pointe de rocher battue par les vagues. Je le vis s'y cramponner, nous faire un signal de détresse ou d'adieu, puis lâcher prise et disparaître...

Pendant ce temps, l'orage qui nous avait attiré ce désastre était arrivé sur nous. La pluie tombait avec violence ; on ne pouvait plus rien distinguer sur l'autre bord. Après une nuit des plus tristes, le général nous ramena à la hauteur de Monzon, pour essayer d'y passer le fleuve. (C'était par là qu'il aurait dû commencer.) Mais les Espagnols occupaient la place, et nous perdîmes là une journée à tirailler sans résultat. Habert était inconsolable ; je vis là, sous l'arche d'un vieux pont ruiné, cet homme si énergique, et qui d'habitude ne péchait pas par excès de sensibilité, pleurer à chaudes larmes en se tordant les mains, redemandant à tous les échos « ses pauvres grenadiers, ses braves voltigeurs ! » Il ne trouva rien de mieux à faire que de retourner le 18 sur Barbastro, d'où nous étions partis six jours avant pour cette déplorable excursion.

Quarante-huit heures après, je commandais là un poste avancé, justement du côté où l'on s'attendait à voir paraître l'ennemi. J'aperçus un groupe de cavaliers marchant avec précaution ; c'étaient nos cuirassiers perdus depuis le 16, qui avaient pu enfin repasser à la nage cette rivière maudite. Nous apprîmes par eux le triste sort des huit compagnies d'infanterie. Leur commandant avait eu la malheureuse idée de se jeter dans les montagnes, par lesquelles il espérait atteindre la frontière française. Cernés par les guérillas, attaqués de front par des troupes régulières venant de Lérida, ayant épuisé leurs munitions et manquant de vivres, ces braves gens, au nombre de mille environ, tous soldats d'élite, avaient dû se rendre à discrétion après trois jours de marche et de combat. C'était autant de recrues pour les trop fameux pontons de Cabrera. Plus tard ils furent envoyés sur les pontons anglais, dont le séjour n'était guère plus agréable. J'ai revu bien des années après quelques-uns des Polonais qui survécurent à cette captivité plus meurtrière que les combats; ils n'avaient été rendus à la liberté qu'en 1814[1].

Il y avait eu dans tout ceci bien du malheur, mais aussi bien de l'imprudence. On avait commis une première faute en nous retirant de Monzon, quand il eût fallu au contraire nous y renforcer. Ensuite, Habert n'aurait pas perdu son avant-garde si, au lieu de perdre un temps précieux à tâter le passage en divers endroits, il était venu de suite l'effectuer à Monzon, et réoccuper avec toute sa brigade cette position importante, où il aurait pu, même après le débordement, braver tous les efforts des Espagnols.

Nous fûmes bientôt rappelés dans la vallée de l'Èbre. Ce mouvement semblait confirmer le bruit qui courait, que Saragosse était sérieusement menacée par l'armée de Blake[2]. Ce fut, si je ne me

1. Napier dit cependant (*Histoire de la guerre de la Péninsule*, III, 120) que « ces prisonniers furent envoyés à Tarragone, et échangés peu après. » Nous croyons qu'il faut s'en rapporter ici au témoignage si positif du général de Brandt. D'ailleurs le récit des opérations du 3e corps avant l'arrivée de Suchet est fait exclusivement d'après les rapports espagnols dans l'ouvrage de Napier, et par conséquent fort inexact. Ainsi, il prétend que les troupes aventurées sur l'autre rive de la Cinca avaient déjà subi un échec, quand la crue subite de cette rivière vint leur couper la retraite, ce qui est absolument faux. La version de Suchet sur ce désastre est plus véridique, mais il ne mentionne pas l'incident du batelier.

2. Il y avait du vrai dans ces bruits. Peu de jours après la mésaventure d'Habert, Blake avait pris l'offensive et occupé Alca-

trompe, pendant la traversée fort pénible de la sierra d'Alcubièrre, entre Barbastro et Villafranca, que nous apprîmes le remplacement de Junot par Suchet, dans le commandement du 3e corps.

IX

Le pont du Gallego. — Prise de la Perdiguera. — Visite du nouveau général en chef. — Dîner chez un chanoine. — Un prêche sous le portail de l'église del Pilar. — Le lieutenant Ratkowski et sa gourde. — Combats de Maria et de Belchite. — Les *Riz-pain-sel*.

Après diverses évolutions dans la vallée de l'Èbre, la brigade Habert marcha, le 25 mai, vers Monte-Torero, laissant deux compagnies du 2e de la Vistule, celle de Solnicki et la mienne, à la garde du pont du Gallego. Nous occupâmes ce poste pendant trois semaines. La nuit, nous apercevions tout près de nous, sur les hauteurs de la Perdiguera, les feux des partisans espagnols, avec lesquels nos patrouilles tiraillaient incessamment. Mais en plaine, tout

ñiz, d'où Suchet tenta vainement de le débusquer le 23 mai. Ce léger échec des Français fut, suivant la coutume, célébré dans toute l'Espagne comme un grand triomphe. Il avait aussi exercé une certaine influence sur le moral des troupes françaises, et Suchet lui-même convient que « si, après l'action d'Alcañiz, le général Blake se fût porté rapidement en avant, sans donner au 3e corps le temps de se reconnaître, il l'aurait peut-être forcé à évacuer l'Aragon. »

paraissait tranquille; nous voyions aller et venir toute la journée les paysans qui portaient leurs fruits et leurs légumes à Saragosse. Le nouveau commandant en chef (Suchet) était autrement sévère que son prédécesseur sur l'article de la discipline. Un sous-officier, qui s'était permis de prendre à un paysan quelques œufs, fut traduit en conseil de guerre...

Suchet, trouvant que les guérillas serraient de trop près Saragosse, les fit attaquer dans la nuit du 7 au 8 juin. Six bataillons, partant du pont du Gallego, s'avancèrent sans bruit dans la montagne, vers la Perdiguera, quartier-général du brigadier Pereña, qui commandait de ce côté les guerillas. Ce brigadier se gardait fort mal; nous arrivâmes au point du jour en vue de cette bourgade, sans avoir rencontré ni postes ni patrouilles. Les Espagnols surpris ne résistèrent que faiblement ; on les poursuivit jusque dans les montagnes de Liciñena. Nous récoltâmes, dans cette expédition, un assez riche butin. J'eus pour ma part un superbe *burro* (âne), qui, malgré sa nationalité, nous rendit de grands services.

Deux jours après, nous reçumes inopinément la visite du commandant en chef. Il nous passa en revue, examina en grand détail l'armement et l'équipement de nos hommes, nous félicita de notre bonne tenue, et donna en partant une vigoureuse poignée de main au capitaine Solnicki, « un camarade qui méritait toute son estime. » C'était sûrement notre rapport sur l'affaire de Monzon qui lui valait ce compliment, d'ailleurs mérité. Nos précédents chefs ne nous avaient pas habitués à de semblables visites; celle-là fit un excellent effet.

Le même jour (10 juin), nous fûmes relevés de notre longue faction sur le Gallego et envoyés à Saragosse, où je logeai pendant quarante-huit heures tout près de l'église del Pilar. Ce séjour fut marqué par un incident mémorable. Pour la première fois depuis notre entrée en campagne, je fus invité spontanément à dîner chez un Espagnol, un vieux chanoine d'humeur hospitalière. Le ménage du digne homme était des plus modestes, et le repas à l'avenant. On y voyait figurer l'inévitable *Puchero*, les poulets frits à l'huile, les tourtes confites au vinaigre; le tout servi par une *criada* d'un âge et d'un physique tout à fait respectables. Le vin, heureusement, était passable, et la conversation du chanoine assez intéressante. Ce brave homme s'intéressait de bonne foi aux *señores franceses*. Il nous voyait déjà cernés par l'armée de Blake, et forcés de capituler comme à Baylen.

Après le dîner, nous étions avec notre hôte à son balcon, qui donnait sur le parvis. Il remarqua quelques-uns de nos hommes, rassemblés sous le portail de l'église autour d'un camarade qui leur faisait la lecture dans un gros livre, et nous demanda ce que ce pouvait être. C'était un soldat de ma compagnie, natif de Boryzin, et luthérien comme la plupart de de ceux des habitants de cette contrée qui sont d'origine allemande. Pendant le siège, il avait trouvé dans la bibliothèque de l'Université une vieille Bible du seizième siècle avec la traduction de Luther en regard, et en lisait des passages à ses coreligionnaires le plus souvent qu'il pouvait. Il avait fallu que Napoléon eût la fantaisie de faire son frère roi d'Espagne, pour qu'on vît un protestant, la bible de Luther à la main, improviser un prêche sous le portail de la cathédrale de Saragosse! Le bon chanoine, auquel j'expliquai tant bien que mal cette scène, en était tout interloqué. Je crois qu'il regrettait un peu d'avoir admis à sa table un hérétique.

Le lendemain, j'appris à Monte-Torero que j'étais désigné pour prendre le commandement d'une soixantaine de voltigeurs qui avaient échappé au désastre de la Cinca, et qu'on destinait à former les cadres de nouvelles compagnies. C'était une mission de confiance, d'autant plus honorable, que j'étais le plus jeune officier du régiment. Je devais cette bonne fortune à la recommandation chaleureuse des capitaines Solnicki et Boll, deux braves qui n'avaient plus longtemps à vivre, hélas!

Tout s'apprêtait pour une affaire décisive. Après quinze jours d'une immobilité inexcusable, le général espagnol avait remis ses troupes en mouvement... Le 13 au matin, nous reçumes l'ordre de nous porter sur Santa-Fé, dans le voisinage de Belchite où l'ennemi était déjà en force. Pour gagner ce poste, il nous fallut traverser tout Saragosse. Les rues étaient désertes, les portes et fenêtres closes. Seulement on apercevait çà et là, à travers les vitres, les yeux noirs de quelques curieuses, éveillées par le bruit de nos tambours.

On bivouaqua au milieu des oliviers, près de ce monastère de Santa-Fé, remarquable par son beau clocher. Les feux de l'ennemi touchaient les nôtres, et nous eûmes plusieurs alertes dans la nuit.

Le lendemain 14, il y eut un combat très-vif de tirailleurs, qui dura toute la journée. Les Espagnols montrèrent beaucoup de fermeté, et gagnèrent même du terrain. La lutte recommença le 15 au matin, et se prolongea indécise, pendant plusieurs heures. Posté avec mes voltigeurs sur une éminence, derrière une clôture en pierres sèches, j'eus la chance de repousser vigoureusement, sous les yeux du général en chef, trois charges successives des dragons jaunes de Numance. Suchet envoya l'un de ses officiers d'ordonnance, le capitaine Desaix[1], me féliciter de ma « résistance héroïque. »

Vers midi, nos munitions étaient presque épuisées. Un soleil d'orage dardait ses rayons sur nos têtes, nous mourions de chaleur et de soif. Je me souviens qu'au moment où l'un de mes camarades, le lieutenant Ratkowski, me tendait sa gourde, une balle vint la frapper et la lui fit sauter des mains. Il la ramassa et me la remit en me disant tranquillement : « Dépêche-toi de boire, elle fuit ! » Ce pauvre Ratkowski n'a pas eu de bonheur. C'était un des plus braves d'entre nous, un blessé de Saragosse. Un jour qu'il commandait l'escorte d'un convoi, il fut assailli de plusieurs côtés à la fois par des forces supérieures,

1. Frère du célèbre général de ce nom.

et perdit une partie de ses voitures. Le général commandant la division crut devoir blâmer dans un ordre du jour la conduite de Ratkowski. Celui-ci ne s'en consola jamais. Blessé mortellement au passage de la Bérésina, il ne pensait encore, dans ses derniers moments, qu'à l'affront qu'il avait reçu en Espagne. « J'aurais bien voulu, disait-il, que le b... qui m'a déshonoré fût à ma place ; il aurait vu comment nous étions attaqués! » C'était un de mes meilleurs amis, et ce souvenir m'a souvent empêché d'adresser légèrement à des subalternes de ces reproches publics, si cruels pour des gens de cœur.

Cependant les Espagnols, qui se préparaient à reprendre l'offensive, furent eux-mêmes vigoureusement abordés par une colonne composée du 115e de ligne et du 1er de la Vistule. Nous (le 2e) nous trouvâmes alors placés en réserve ; mais bientôt il nous fallut rentrer en lice pour appuyer le 115e, fort éprouvé dans la lutte. Le temps avait changé ; la pluie tombait par torrents, quand l'armée française fit un dernier effort. Une très-belle charge de cavalerie du général Wattier, et l'élan d'une colonne d'infanterie conduite par Habert, arrachèrent le champ de bataille aux Espagnols qui se retirèrent ce jour-là en bon ordre à très-peu de distance, sur les hauteurs de Bottoritta. Ils n'évacuèrent cette position que dans la nuit du 16 au 17, pour se replier sur Belchite.

Après une marche longue et pénible dans des terrains alternativement rocailleux ou submergés, nous avions atteint, le 16 au soir, la Puebla de Alboron, village au milieu des montagnes. Cet endroit, absolument dévasté, n'offrait aucunes ressources. Je ne crois pas que jamais des vainqueurs aient eu si froid et si faim au bivouac, en plein mois de juin. Néanmoins tout le monde était de bonne humeur; on était satisfait du résultat de la veille, et l'on comptait sur mieux encore pour le lendemain.

Cette journée fut en effet décisive. Nous arrivâmes de bonne heure en vue de Belchite. Cette petite ville était fortement occupée, et le reste de l'armée ennemie en arrière sur des hauteurs. L'armée française se déploya en éventail pour cerner la ville. Mon régiment était à l'aile droite; j'escortais avec mes voltigeurs deux pièces de campagne lancées en avant, et que nous avions peine à suivre dans la descente. Arrivées à bonne portée, elles commencèrent à saluer l'ennemi. Le bonheur voulut qu'un de leurs boulets vînt justement donner dans un caisson d'artillerie qui sauta, et en fit sauter à la suite plusieurs autres. Cet accident détermina une panique; des bataillons entiers jetèrent leurs armes et s'enfuirent. Nous aurions fait bien plus de prisonniers dans la ville, si la porte de notre côté avait été moins solide et l'entrée plus large. Pendant que nous forcions cette issue, les ennemis se sauvaient par l'autre. Cependant un bataillon qui voulut tenir sur la place fut sabré par les hulans polonais, et l'on s'empara dans la ville de neuf canons, d'une vingtaine de chariots de munitions, et d'une immense quantité de vivres.

Les débris de l'armée espagnole furent poursuivis jusqu'à Alcañiz, où nous arrivâmes le 19 par un temps affreux. Le lendemain, mon bataillon fut renvoyé à Belchite, pour escorter sur Saragosse les approvisionnements pris à l'ennemi. Mais nous avions été devancés par les commis de l'administration des vivres; aussi la majeure partie de ces subsistances avait déjà disparu. De plusieurs milliers de voitures et de mulets pris à Belchite, il n'en parvint pas la dixième partie au magasin central de Saragosse. Le surplus avait été revendu à vil prix dans le pays, pour les petits profits de MM. les *Riz-pain-sel.*

X

Séjour à Belchite. — Hôte et hôtesse d'humeurs diverses. — Les guérillas. — Prise de Notre-Dame d'Aquila. — Le souterrain de Daroca. — Son château miné; ascension involontaire évitée par grand hasard. — Occupation d'Almunia et de Catalayud. — Une chevauchée aventureuse.

Nous passâmes une huitaine de jours à Belchite dans d'agréables conditions. Nos soldats étaient casernés dans un des trois couvents de la ville; je logeais tout auprès, avec quelques camarades, chez l'un des richards de l'endroit, un certain don José Bernardo. C'était un homme âgé et d'humeur chagrine, professant pour les Français une aversion que ne partageait pas du tout sa femme, beaucoup plus jeune que lui et assez jolie..

Ce bon temps ne dura guère. Nous n'avions plus à craindre de longtemps des attaques de troupes régulières, mais leur dispersion fournissait de nouvelles recrues aux bandes de guérillas, auxquelles il fallait faire constamment la chasse. C'était un chassé-croisé continuel entre ces partisans et nous : ils étaient partout où nous n'étions pas, disparaissaient à notre arrivée, reparaissaient derrière nos talons. Comme la plupart des gens du pays étaient de leurs amis, ils avaient naturellement tout l'avantage dans ces évolutions. Il fallait être continuellement sur ses gardes pour éviter des surprises dans lesquelles on risquait non-seulement la vie, mais l'honneur. Souvent un malheureux officier était condamné à passer des semaines, des mois entiers, avec un détachement de trente ou quarante hommes, dans une habitation isolée transformée en redoute; séparé en quelque sorte du reste du monde, ne pouvant compter que sur lui-même. Il fallait fournir des escortes aux courriers, faire incessament des excursions périlleuses pour se procurer des vivres et même de l'eau potable, dans des contrées où tout homme qu'on rencontrait, ou qui vous voyait sans être vu, était un ennemi ou un espion ; où il fallait surveiller chaque détour du chemin, chaque hauteur, chaque pli de terrain, et les chapelles, et les ermitages si nombreux dans la Sierra; — lieux propices naguère à l'oraison, aujourd'hui aux embuscades, où la fumée des coups de fusil remplaçait celle de l'encens. La situation de ces commandants de postes dans les montagnes ressemblait à celle d'un homme assis sur un baril de poudre, entouré de gens qui cherchent à y mettre le feu. S'il ne sautait pas, on lui en savait peu de gré ; s'il sautait, c'était toujours de sa faute !

Il nous fallut donc bientôt quitter Belchite, où nous étions si bien de toute manière, pour aller camper sur le plateau que le gros de l'armée espagnole avait occupé lors de la dernière bataille. Mon régiment était chargé de couvrir les communications entre Saragosse et Alcañiz.

Le 21 juillet, nous fîmes partie d'une expédition dirigée par le général en chef en personne contre le monastère de Notre-Dame d'Aquila, situé à la cime d'une montagne abrupte qui domine au loin le pays. C'était alors le principal centre d'opérations des partisans aragonais. Un des aides de camp de Suchet, le lieutenant de Rigny (celui-là même qui, devenu général, a eu, vingt-cinq ans après, une fâcheuse aventure en Afrique) vint demander à notre colonel une compagnie de bons marcheurs pour tourner l'ennemi. Je fus mis à sa disposition avec mes voltigeurs; mais les Espagnols, avisés de ce mouvement, nous gagnèrent de vitesse. Nous ramassâmes seulement quelques traînards et une partie des bagages, après une escarmouche dans laquelle nous aurions pu nous trouver fort compromis, si l'ennemi était revenu sur nous en force. Le monastère fut occupé sans résistance. On y mit le feu, et la lueur de l'incendie, visible à une grande distance, montra aux habitants de la contrée que ce fort n'était pas imprenable comme on l'avait dit.

Suchet retourna ensuite à Saragosse, nous laissant le soin d'achever la dispersion des bandes, qui ne tenaient nulle part. Cette poursuite nous conduisit le 27 à Daroca, l'une des villes les plus importantes de l'Aragon. Nous arrivions là à la nuit close, sans guides ; personne de nous ne connaissait le pays. En descendant sur la ville, dont on n'apercevait que vaguement la silhouette dans le crépuscule, tout le régiment, à un détour du chemin, s'engouffra dans une espèce de souterrain, où nous trébuchions à chaque pas contre des cailloux roulants, au milieu de l'obscurité la plus profonde. Les plus braves d'entre nous n'étaient pas fort rassurés, nous ne savions ni où nous étions, ni où nous allions. La moindre embuscade de tirailleurs dans un endroit pareil, aurait suffi pour déterminer une panique. Enfin nous nous retrouvâmes tout à coup en plein air, sur le bord du Xiloca, la rivière sur laquelle Daroca est située. Ce gouffre mystérieux n'était autre chose qu'un souterrain de dérivation creusé depuis deux siècles pour détourner les chutes d'eaux torrentielles, et qui servait aussi de passage pour les piétons dans les temps de sécheresse.

L'ennemi ne nous avait pas attendus à Daroca, et pourtant j'y échappai par miracle à un grand danger. Je venais d'être désigné pour occuper avec ma compagnie une sorte de château fort qui domine la ville.

Nous y montions déjà, quand je reçus un contre-ordre ; on nous envoyait en reconnaissance sur la route de Molina. Nous n'avions pas fait deux cents pas dans cette nouvelle direction, quand une violente explosion retentit derrière nous ; le château où nous devions aller d'abord venait de sauter en l'air. C'était un cadeau que l'ennemi avait laissé en partant, pour la première troupe qui occuperait ce poste. Il s'en était fallu de bien peu que ce cadeau n'arrivât à notre adresse, et que je ne fisse mon entrée avec mes voltigeurs dans ce logis miné, juste à temps pour exécuter une ascension involontaire.

Le 30 juillet nous étions à Paniza, où don Ramon Gajan, l'un des principaux chefs de guérillas, avait un domaine considérable. Naturellement on alla s'installer chez lui et on ne s'y refusa rien ; naturellement aussi il ne nous y laissa pas longtemps tranquilles. Nous fûmes assez vivement attaqués dans la nuit du 3 août. Depuis ce temps, le lieutenant colonel Beyer, qui nous commandait, craignant une surprise nocturne, nous emmenait tous les soirs dans la montagne, tantôt à une place, tantôt à une autre, sans nous permettre de faire du feu. Nous ne rentrions en ville que le matin, tout morfondus. Aussi, ce fut avec un vrai plaisir que nous quittâmes le 6 Paniza pour marcher sur Almunia, petite ville de 4 à 5,000 habitants, agréablement située dans la vallée du Xalon[1],

1. Pour ce nom comme pour les autres, nous conservons l'orthographe de l'auteur. M. Davillier et d'autres touristes français écrivent *Jalon*.

sur la route de Saragosse à Madrid. L'ennemi était en force non loin de là, dans une autre ville dont aujourd'hui encore, après tant d'années, je ne puis écrire le nom sans émotion... *Catalayud*...

Du 9 au 14 août, nous livrâmes entre ces deux villes plusieurs combats, dont le plus sérieux eut lieu près de la *Venta* del Frasno. Assaillis par des forces supérieures, nous avions dû nous replier un peu en arrière d'Almunia. Mais il nous arrivait le même jour de Saragosse trois bataillons d'infanterie, un détachement de cuirassiers et du canon. Le colonel Henryod, du 14e, qui amenait ce renfort, prit immédiatement l'offensive, et les Espagnols furent repoussés à leur tour au delà de Catalayud.

J'eus ce soir-là une aventure burlesque, qui aurait pu mal finir. J'étais avec Henryod à une demi-lieue en avant de Catalayud, quand il eut l'idée de m'expédier en courrier pour porter un message à l'arrière-garde, établie à trois bonnes lieues de là, à la Venta del Frasno, sur la route d'Almunia. Il me recommanda de revenir de suite lui rendre compte de ma mission, et de prende garde aux guérillas... J'étais alors un excellent marcheur, mais un écuyer des plus inexpérimentés : depuis mon départ de Pologne, je n'étais pas monté une seule fois à cheval. On comprend que la perspective de faire pour mes débuts six à sept lieues au milieu de la nuit à franc étrier, sur une route où les mauvaises rencontres n'étaient rien moins qu'improbables, devait me sourire médiocrement. Je fis cependant contre mauvaise fortune bon cœur, et tout se passa assez bien en allant. Mais au retour, ma nouvelle monture me secouait horriblement, et j'étais si préoccupé de la question d'équilibre que je me trompai de chemin, et fis plus d'une lieue dans la plus mauvaise direction possible. J'avais déjà croisé plusieurs figures suspectes, quand fort heureusement je me reconnus dans un endroit où nous avions fait le coup de feu quelques jours auparavant. Je m'empressai de tourner bride, mais ce ne fut qu'après une bonne heure de galop effréné que j'entendis retentir le *Halte-là! qui vive?* de nos sentinelles, qui me fit l'effet d'une musique céleste. J'étais tellement moulu, courbaturé, etc., que j'en fus alité pendant plusieurs jours. J'eus cependant la chance d'être rétabli assez tôt pour qu'on ne se battît pas sans moi.

XI

Séjour à Catalayud. — Les décorations. — Surprise d'un poste français. — La Puerta san Martin. — Retour à Catalayud. — Fâcheuse distraction d'un aide de camp.

Mon hôte, à Catalayud, était un des notables de la ville, grand ennemi des Français. Je n'avais aucun rapport personnel avec lui; dès le début il s'était dit malade, et me faisait servir à part dans ma chambre. Tous les soirs je voyais arriver chez lui une véritable procession de noires figures, avec le manteau et le *sombrero* de rigueur, qui défilaient devant nous avec un air de dédain superbe, ou nous lançaient à la dérobée des regards farouches...

Le 19 août, nous reçûmes l'avis officiel des décorations accordées au régiment à l'occasion du siége de Saragosse. Nous n'en avions en tout que sept : deux des élus étaient morts depuis de leurs blessures, deux autres étaient encore à l'hôpital ! Nous méritions mieux que cela ; mais, en général, on pensait plus aux Polonais les jours de combat que le lendemain.

Le 24, nous apprîmes, coup sur coup, deux mauvaises nouvelles. Une compagnie du 14e, postée à cette Venta del Fresno qui m'avait laissé de si cuisants souvenirs, avait été surprise dans la nuit et faite prisonnière[1]. D'autre part, un détachement des nôtres, envoyé sur Cariñena pour assurer la communication, était vigoureusement attaqué dans un fort mauvais endroit, la Puerta san Martin. Je fus envoyé à son secours, et j'arrivai fort à propos pour donner de l'air à mon camarade Krakowski, que l'ennemi serrait de très-près. Cette Puerta san Martin, carrefour des plus mal famés dans la montagne, était, avant la guerre, le théâtre des prouesses de gens qui avaient acquis, dans l'honorable métier de bandits, des con-

1. Cet endroit nous portait malheur. Un an après (13 août 1810), nous y perdîmes un convoi, malgré la résistance héroïque de l'escorte, dont le commandant, blessé et prisonnier, fut lâchement assassiné après le combat. (V. Napier, V. p. 195.)

naissances fort utiles pour celui de guérilleros.

On m'envoya réoccuper le poste d'El Frasno, où j'eus la chance de n'être pas surpris à mon tour. Cependant Catalayud, évacué par les nôtres, était aussitôt devenu le centre des opérations de Villacampa, l'un des plus redoutables chefs de guérillas. Une nouvelle colonne expéditionnaire, composée des 1er et 2e de la Vistule, fut dirigée contre lui sous le commandement de Chlopicki, nommé récemment général de brigade. Il prit résolûment l'offensive, et marcha le 30 août de Daroca sur Catalayud, où l'ennemi n'eut garde de nous attendre.

Mon bataillon, dans ce mouvement, faisait partie de l'avant-garde. La vallée du Xiloca, naguère riante et peuplée, n'était plus qu'une solitude. Dans les prairies, on n'apercevait plus une tête de bétail. Dans les villages, toutes les maisons étaient tantôt fermées hermétiquement, tantôt ouvertes et vides. Nous fûmes reçus à l'entrée de Catalayud par une députation composée de quelques ecclésiastiques et de l'*alcade mayor*, reconnaissable à sa baguette garnie d'argent. Ce fonctionnaire était si effarouché qu'il commença par s'adresser à moi, et me donner de l'*Excellence,* me prenant pour le commandant en chef...

Quelques jours après, l'étourderie d'un aide de camp du général me mit dans une situation des plus périlleuses. Très-probablement mes campagnes auraient fini là, si je n'avais pas eu quelque sang-froid et beaucoup de bonheur.

Après la reprise de Catalayud, on m'avait renvoyé,

le 3 septembre, sur Almunia avec mes voltigeurs et une vingtaine de cavaliers. A peine arrivé à destination, je reçois un nouvel ordre de me rendre de suite à Cariñena, d'y passer la nuit, et de pousser *le lendemain 4* sur Daroca, pour me mettre à la disposition du commandant français que j'y trouverais. Tout alla bien pendant la première partie du trajet, bien qu'il y eût des passages très-dangereux, notamment la fameuse Puerta de san Martin, mais j'étais sur mes gardes.

Nous approchions du col de Retascon, qu'il nous restait à gravir pour redescendre ensuite sur Daroca, quand mes voltigeurs d'avant-garde m'amenèrent un piéton, dont la physionomie leur avait paru suspecte. Je lui demande ce qu'il y a de nouveau à Daroca ; il me répond : « les nôtres (*los nuestros*) y sont. » Au même instant on accourait me prévenir qu'on apercevait à l'entrée du défilé des vedettes espagnoles. J'acquis bientôt la certitude qu'il y avait là, en observation, une force à peu près égale à la mienne, et que ce devait être l'avant-garde d'une troupe plus considérable, qui occupait la ville où nous pensions trouver les nôtres, les vrais *nôtres*. Y avait-il eu là un désastre, ou seulement un malentendu? dans tous les cas, la situation n'était rien moins que riante. Six lieues de pays (et quelles lieues et quel pays!) nous séparaient de tout secours. Si j'avais rétrogradé, nous étions certainement perdus.

Heureusement je connaissais les localités. J'abordai vivement l'ennemi, le chassai du défilé, et courus me saisir d'une chapelle qui commandait l'autre revers de la montagne, et dont j'avais gardé bon souvenir. Cette chapelle était une construction solide, à fenêtres étroites pouvant faire à merveille office de meurtrières. J'espérais bien pouvoir y tenir assez longtemps pour être secouru. En même temps, je fis occuper par un détachement le village de Retascon, situé au-dessous du col et de la chapelle. Je fis monter dans mon fort improvisé des vivres et de l'eau pour plusieurs jours. J'y fis aussi monter sous bonne escorte, les autorités locales, savoir l'alcade, le curé et l'*escribano* (greffier). D'un ton poli, mais ferme, je leur dis qu'en raison des circonstances, je les priais de me procurer deux messagers sûrs, et de vouloir bien me tenir compagnie jusqu'à leur retour. Mes trois fonctionnaires avaient l'air content tout juste, mais il fallut bien s'exécuter. Sur leur indication, on m'amena deux drôles d'assez mauvaise mine, mais auxquels on expliqua que la précieuse existence des membres de la *Junta* de Retascon dépendrait de leur célérité. Je leur confiai un message en duplicata pour Catalayud. J'y expliquais la situation en peu de mots; et, pour plus de sûreté, en langues française et polonaise.

Nous restâmes toute la journée en position. Les Espagnols nous observaient à distance; ils ne songeaient pas à nous donner l'assaut, du moins pour le moment, mais à intercepter toutes les issues. De notre observatoire, nous voyons que de toutes parts il leur arrivait des renforts.

Enfin, vers huit heures du soir, j'eus le plaisir de voir revenir sains et saufs mes deux messagers. Ils avaient fait en six heures un trajet de douze lieues (aller et retour), et me rapportaient le reçu de ma dépêche, signé d'un de mes camarades. Dès lors, notre délivrance n'était plus qu'une question d'heures, et en effet, l'avant-garde d'une forte colonne de secours arriva vers minuit, conduite par Chlopicki lui-même. Il demanda avant tout à voir l'ordre en vertu duquel j'avais agi. Après s'être convaincu par lui-même que cet ordre m'indiquait bien *pour le* 4 la marche sur Daroca, il me félicita des mesures que j'avais prises dans une situation si périlleuse, dont je n'étais pas responsable. C'était l'aide de camp secrétaire qui, par distraction, avait mis un chiffre pour un autre. Le mouvement devait avoir lieu seulement le 5, et coïncider avec une expédition ordonnée pour expulser, ce même jour, les partisans qui avaient occupé de nouveau Daroca. Cette distraction avait failli me coûter cher!

XII

Espagnoles et Français. — La *monjita* Miguela. — Une exécution singulière. — Mésaventure de deux médecins.

Les Français n'étaient pas aussi universellement détestés qu'on l'a dit depuis. Nous avions contre nous les prêtres et les moines, qui combattaient *pro aris et focis;* la majeure partie des paysans, et dans les villes, les très-jeunes gens, sur lesquels le clergé exerçait encore une entière influence. Dans la classe moyenne, les hommes d'un certain âge nous étaient également hostiles. Mais, parmi ceux de vingt à trente ans, on rencontrait beaucoup d'*Afrancesados,* qui espéraient que la présence des Français amènerait des améliorations indispensables dans l'état social et dans l'administration du pays.

Les femmes, celles d'un âge mûr surtout, reprochaient amèrement aux *señores françeses* leur peu de dévotion, et surtout leur insatiable appétit. Elles disaient que le devoir des hommes était de défendre la cause du roi légitime, mais que les femmes devaient se borner aux soins du ménage. Cette opinion assez sensée était généralement répandue dans les campagnes et les petites villes. Ce n'était guère que dans les cités importantes qu'on trouvait des femmes s'occupant de guerre et de politique.

Nous avions aussi parfois l'agrément de rencontrer dans nos pérégrinations d'ardentes *Afrancesadas,* surtout parmi les jeunes femmes nanties de vieux maris, et parmi les *monjitas,* nonnes ou novices, auxquelles leurs supérieures avaient donné la volée à l'approche des Français. Elles se réfugiaient d'ordinaire dans leurs familles; mais comme il y avait des Français un peu partout, souvent ces colombes effarouchées n'échappaient à un péril que pour tomber dans un plus grand.....

Après mon aventure au col de Retascon, je fis à Daroca un assez long séjour, fréquemment interrompu, il est vrai, par des excursions ayant pour but de refouler les guérillas et de protéger les réquisitions de bestiaux pour l'armée. Ces réquisitions donnaient lieu à de grands abus. Les employés des vivres revendaient à leur profit, chemin faisant, les plus belles têtes de bétail; l'escorte, de son côté, prélevait sa large part de rôtis et de grillades. On en était quitte pour porter comme *crevé en route* ce qui manquait à l'arrivée.

C'était, comme toujours, la partie la plus laborieuse et la plus inoffensive de la population qui supportait les plus lourdes charges. Les guérillas ménageaient encore moins que nous leurs compatriotes; certains chefs exerçaient une véritable terreur dans les campagnes. Quand ils interceptaient des bestiaux réquisitionnés, c'était pour les confisquer à leur profit; quand ils requéraient eux-mêmes quelque chose, c'était généralement sous peine de mort. J'ai eu dans les mains bien des arrêtés ainsi conçus : « Les jeunes gens du village de....., qui, d'ici au....., n'auront pas rejoint, seront passés par les armes. »

Je logeais à Daroca avec quelques camarades chez un vieux magistrat (*consejero real*), légèrement idiot, dont la maison était menée par un moine et une novice fugitifs, ses proches parents, auxquels il avait donné asile. Le moine, grand et bel homme d'une trentaine d'années, était le Père Gardien de son couvent, et avait, par conséquent, plus de connaissance et d'usage du monde que la plupart de ses confrères.

J'avais fait sa conquête en traduisant en français je ne sais quelle supplique qu'il voulait présenter à Suchet. Il cherchait à nous rendre toutes sortes de bons offices, de ceux-là même qui semblaient le moins compatibles avec son caractère religieux, et affectait une vive admiration pour « le grand Napoléon..... » Miguela, la novice *exclaustrada,* était une belle fille d'une vingtaine d'années, qui paraissait fort résignée à sa brusque rentrée dans le monde, et regardait avec une vive curiosité tous ces visages nouveaux pour elles. C'était une personne d'humeur fort douce et hospitalière, qui n'épargnait rien pour nous donner d'aimables distractions. Mais, après nous, il en vint d'autres pour lesquels on fit les mêmes frais, si bien que la conduite un peu légère de la *monjita* finit par être signalée à l'autorité ecclésiastique.

L'année suivante, convalescent d'une grave blessure, j'étais venu passer quelque temps à Saragosse. Un jour, je visitais l'antique résidence des rois d'Aragon et du tribunal de l'Inquisition, le sombre *Aljaferia.* Tout à coup j'entendis mon nom murmuré par une voix plaintive qui semblait sortir de terre, et je reconnus au soupirail grillé d'un cachot la figure pâle et amaigrie de Miguela. La pauvre enfant expiait par quelques mois de réclusion son penchant trop marqué pour les armées étrangères. Je fus fort affecté de sa disgrâce, mais je ne pouvais rien, comme bien on pense, pour la tirer de là : mon intervention eût été plus nuisible qu'utile. Je ne pus que lui glisser une légère aumône, et lui recommander d'être plus réservée à l'avenir; — recommandation de ma part assez singulière, et dont la pauvre recluse souriait malgré elle à travers ses larmes.

Le 15 septembre (1809), nous fîmes une grande excursion, sous la conduite de Chlopicki, dans les montagnes les plus hautes et les plus escarpées de l'Aragon, du côté de Molina et de la Yunta. Les guérillas avaient à Molina une fabrique d'armes qui fut détruite. A la Yunta, une partie des habitants était restée, et l'alcade fit une belle harangue au général pour excuser les autres. « Il était trop vrai que certaines gens mal intentionnés s'étaient installés de force dans le pays et lui avaient fait une mauvaise réputation. Quelques personnes avaient pris la fuite à notre approche, mais c'était par peur uniquement; on était prêt à tout faire pour les troupes du grand Napoléon, etc. » On le crut, ou l'on en fit semblant. Tandis que nous explorions les environs, des cuirassiers qu'on avait laissés en faction dans le bourg mirent à sac plusieurs maisons pour se désennuyer. Dans d'autres corps d'armée, la chose eût paru excusable, mais Suchet n'entendait pas raillerie sur cet article. A notre retour, le principal instigateur de ce pillage fut jugé séance tenante, et condamné à mort. Je me trouvais là au moment de l'exécution. Le condamné tomba foudroyé, ce qui semblait tout naturel. Ce qui l'était moins, c'est que ceux qui le relevèrent eurent l'air stupéfait de le trouver mort, et coururent annoncer cette nouvelle au colonel comme une chose tout à fait imprévue. « Comment, dit-il tranquillement, ce gueux là est mort? Voleur, et lâche par-dessus le marché! Eh bien! tant mieux, c'est un bon débarras pour le régiment; n'est-ce pas, cuirassiers? » comme de raison ce fut à qui dirait oui le plus haut. Les armes n'étaient chargées qu'à poudre, et c'était de peur que l'homme était mort.

Le 19 on fit une pointe sur Calamocha dans la vallée du Xiloca, par des chemins effroyables. Pendant la plus grande partie du trajet, nous étions obligés de pousser l'artillerie à la roue dans les montées ou de la retenir dans les descentes... Le 23, en arrivant à Catalayud, nous y trouvâmes l'ordre de retourner de suite à Daroca. Le départ fut si précipité. que nous laissâmes en gage le médecin en chef du régiment et celui de mon bataillon : tous deux dormaient si bien qu'ils n'avaient rien entendu. Nous étions déjà loin quand on s'aperçut de leur absence, et il aurait fallu livrer bataille pour les reprendre, car l'ennemi nous avait suivis de près, suivant sa constante habitude. On se contenta d'envoyer dire aux magistrats de la ville qu'à notre prochain retour ils auraient affaire à nous, si les deux médecins n'étaient pas rendus sains et saufs à Daroca dans le plus bref délai. Cet incident donna lieu à un conflit assez animé entre les autorités militaire et civile. Celle-ci finit par l'emporter. Quelques jours après, nous eûmes le plaisir de voir revenir nos esculapes, auxquels le général infligea huit jours d'arrêts, pour leur apprendre à avoir le sommeil moins dur une autre fois.

Après bien d'autres escarmouches, marches et contre-marches entre Daroca, Almunia, Calamocha et Catalayud, nous avions fini par occuper cette dernière ville d'une façon à peu près permanente, pendant les trois derniers mois de l'année 1809. Ce fut alors qu'il m'arriva une aventure, qui tient une place à part dans mes souvenirs de jeunesse[1].

XIII

La *Monjita* de Catalayud.

Nous restions parfois cinq où six jours de suite dans cette ville, sans faire d'excursions. C'étaient là de bons moments pour les soldats, qui pouvaient se remettre un peu des nuits glaciales du bivouac, et vaquer aux réparations indispensables de leurs effets, et surtout des chaussures, que mettaient à de rudes épreuves les courses dans la Sierra. Pendant ces intervalles de repos relatif, mon bataillon était, comme

1. On sait que la partie haute de Catalayud (aujourd'hui faubourg de la Moreria ou des Mores,) est l'ancienne *Bilbilis*, patrie de Martial. Les faïences hispano-moresques de cette ville sont aujourd'hui fort recherchées des amateurs. On trouvera dans le Voyage de M. Davillier, p. 720, une vue très-pittoresque de l'ancien Catalayud, avec ses habitations creusées en partie dans le roc, comme l'ancien château de la Roche-Guyon, près de Mantes.

d'usage, installé dans un couvent. Nous autres officiers avions des chambres en ville; pour le jour s'entend, car la nuit nous étions près de nos hommes, à moins que..... *Exceptis excipiendis !*

Mon logement de jour était voisin d'une boutique de pâtissier confiseur (*confeteria*). Pour se figurer ce qu'était en 1809, dans une ville espagnole de second ordre, un établissement de ce genre, il faut penser d'abord qu'en France et en Allemagne, les *cafés* ne ressemblaient guère alors à ce qu'ils sont aujourd'hui; ensuite que l'Espagne était encore en arrière sur nous d'un siècle pour le moins, sous le rapport du confortable. Dans ces *confeterias* archaïques on ne trouvait que du chocolat, de la limonade, des *Bolados* (sucre rosat), de l'eau glacée, et quelques grosses pâtisseries, vieilles souvent de plus d'une semaine, réfractaires aux mâchoires et aux estomacs étrangers, de vrais auxiliaires des guérillas.

Manuel, le « confiseur » de Catalayud, était un grand diable d'homme bourru et barbu, ayant l'air plus enclin à manier l'escopette qu'à piler du sucre. Bien qu'il eût pour pratiques la plupart des officiers de la garnison, il passait pour un ennemi juré des Français. Il faisait de fréquents et mystérieux voyages, laissant à une dame ou demoiselle de boutique (*botiguera*), d'âge respectable, la garde de son établissement, et celle d'un autre objet bien plus précieux.....

J'étais un des habitués de cette *confeteria*. Un jour que j'y arrivai plus tôt que de coutume, je me trouvai face à face avec une jeune fille en habit de novice, d'une admirable beauté..... on eût dit une madone de Velasquez ou de Murillo descendue de son cadre, et dans un lieu bien peu digne d'elle. C'était une orpheline, la propre nièce du farouche limonadier, une *monjita exclaustrada* comme la Miguela de Daroca, mais plus belle et mieux gardée, — du moins jusque-là. Son oncle avait consenti d'assez mauvaise grâce à la recueillir chez lui, où elle vivait aussi retirée qu'au couvent, ne sortant pas même pour aller à l'église. Ce jour-là, par grand extraordinaire, profitant d'une absence de l'oncle geôlier, elle avait fait une pointe jusque dans la boutique encore déserte. Si promptement qu'elle eût disparu, j'avais cru remarquer sur sa charmante figure plus de surprise et de confusion que de courroux.

J'obtins séance tenante tous ces détails préliminaires de la *Botiguera* Catalina, vraie duègne de corps et d'âme. Après avoir bien gémi de cette rencontre, imploré la Vierge et différents Saints pour qu'il n'en résultât des malheurs d'aucun genre, elle s'était sensiblement radoucie à l'aspect de quelques douros. J'appris d'elle aussi que la *Monjita* était née à Madrid et qu'elle se nommait Inès.

Je faisais depuis assez longtemps la guerre en Espagne pour connaître les principes de cette autre stratégie. J'achetai donc aussitôt quelques-unes des sucreries qui avaient la meilleure apparence, et je priai Catalina de les remettre à sa maîtresse de ma part. J'eus, comme bien on pense, à surmonter de

8.

nouvelles difficultés : exclamations indignées, doléances sur la folie des hommes et leurs indiscrétions téméraires, qui n'aboutissent qu'à des catastrophes de diverse nature, etc. Un supplément de gratification mit fin à cette homélie. Elle se résigna à faire ma commission, en me rappelant le proverbe populaire espagnol : *Senor, dadiva branta plena, y entra sin barrena;* pour forcer une porte, l'argent est le meilleur outil.

Le lendemain, j'appris qu'on n'avait pas refusé mon petit présent. Je le réitérai bien vite, en priant la duègne d'ajouter que je serais l'homme du monde le plus fortuné, s'il m'était permis de faire une autre fois pareille offrande en personne. J'eus naturellement à livrer un nouvel assaut, dans lequel je fis usage, avec succès, des mêmes projectiles. « Enfin, conclut en soupirant la duègne complaisante, il faut bien en passer par là, *puisque Dieu le veut !* »

Une expédition sur Atoca interrompit mes travaux d'approche. Pendant cette absence, l'oncle était revenu, puis encore reparti. Catalina me confia que mon retour était attendu avec impatience; qu'on me guettait de certaine fenêtre grillée donnant sur la place où se rassemblait la garnison. Enfin, après de nouvelles négociations et de nouveaux cadeaux, la duègne me promit de m'introduire le soir auprès d'Inès, qui voulait bien répondre elle-même à l'*atencion del senor caballero*... Pendant cette journée, les minutes me parurent des siècles; jusqu'au dernier moment, je tremblai qu'il ne survînt d'un côté ou de l'autre quelque empêchement imprévu. Enfin, au moment convenu, je priai un camarade de me remplacer à la caserne pendant une heure ou deux; et, muni à tout événement d'une paire de pistolets et d'un poignard, je me dirigeai à pas de loup vers la *Confeteria*.

La porte était entre'ouverte. Derrière moi, notre confidente la referma bien doucement au verrou, et me précéda dans une longue allée à l'extrémité de laquelle brillait une faible lumière : c'était la lampe de la duègne.

« Nous y sommes, señor, » dit-elle enfin; et elle m'ouvrit la petite chambre obscure, humide, qu'après cinquante ans il me semble voir encore! Dans mon pays, les plus pauvres journaliers sont mieux logés. Tout l'ameublement consistait en deux chaises, une table, une couchette des plus humbles, un petit bénitier surmonté d'une Vierge des Douleurs et une cruche d'eau. « Le senor don Enrique, » dit la complaisante Catalina; et elle nous laissa seuls.

Rien n'est tel que les aventures de ce genre pour favoriser les progrès dans une langue étrangère. Depuis l'apparition d'Inès, je m'étais lancé à corps perdu dans la grammaire espagnole. J'avais préparé, à grand renfort de dictionnaire, un petit compliment d'introduction que je débitai assez bien, sauf l'accent. « Señorita, je m'estime bien heureux de pouvoir enfin satisfaire le vœu le plus cher de mon cœur, en vous remettant moi-même ce faible témoignage des sentiments que vous m'avez tout d'abord inspirés... »

Elle prit d'une main tremblante le petit paquet que je lui présentais, le posa sur la table, puis demeura les yeux baissés, tortillant le cordon de son scapulaire pour se donner une contenance. Je dois dire à mon honneur que je n'étais guère moins ému. J'avais vingt ans, elle dix-sept à peine; tous deux nous subissions le charme d'un premier amour!...

— *Per l'amor de Dios!* dit-elle enfin à demi-voix, si pareille chose se savait!

— Est-ce donc un si grand crime, répondis-je, que de consentir à recevoir une légère marque d'attention?

— Mais... c'est la manière dont cela a commencé qui ne me paraît pas des plus convenables, fit-elle avec un imperceptible sourire.

Nous échangeâmes encore quelques phrases entrecoupées de longs silences, de serrements de main expressifs. Je lui montrai les armes dont je m'étais muni, dans la crainte de quelque fâcheuse rencontre. « Jésus! s'écria-t-elle, celui qui se sert de l'épée périra par l'épée! » Néanmoins, je vis bien qu'elle n'était pas Espagnole pour rien, et que l'idée qu'on bravait un danger pour la voir était loin de lui déplaire. Je venais d'obtenir la promesse d'une nouvelle entrevue pour le lendemain, et je croyais n'être là que depuis quelques minutes, quand la vieille Catalina vint nous dire en bâillant que la nuit était déjà fort avancée, et qu'il était grand temps de nous séparer. Je rentrai au quartier sans accident, en me dissimulant dans l'ombre des maisons.

Naturellement je ne dormis pas du reste de la nuit,

et j'arrivai des premiers le matin à la *Confeteria*, où Catalina me fit signe que ma belle reposait encore. J'avais heureusement ce jour-là une inspection et une ronde à faire dans la vallée de Xiloca qui m'occupèrent jusqu'à neuf heures du soir.

A onze, j'étais auprès d'Inès. J'avais rapporté de mon excursion quelques fleurs sauvages qui lui firent grand plaisir. Cette fois, je fus un peu moins timide, en paroles du moins. « Quelle émotion, señora Inès, lui dis-je en riant, si la señora abbesse et le révérend Père Gardien apparaissaient ici tout à coup!

— Jésus! s'écria la pauvre enfant en me mettant la main sur la bouche, comment pouvez-vous avoir des idées pareilles?... » Après un silence, elle reprit: « Le pis serait encore d'être surpris par le *Tio* (l'oncle Manuel). C'est un mauvais homme, un furieux ennemi des Français. Dieu me pardonnera de vous aimer, don Enrique; le *Tio* ne me le pardonnerait jamais!... »

Je comptais bien encore revenir le lendemain, mais l'homme propose et Dieu dispose. A dix heures du soir, nous reçûmes l'ordre de partir à l'instant pour la vallée de Clarès, où l'on signalait un parti de guérillas. J'eus un moment l'idée de feindre une indisposition, comme j'avais vu faire à plus d'un camarade en pareille occurrence; le sentiment du devoir l'emporta sur l'amour. Je passai le cœur bien gros devant la demeure de ma bien-aimée, me disant, pour me consoler, que le retour n'en serait que plus doux...

XIV

La Monjita de Catalayud (fin).

Cette excursion, qui ne devait durer que vingt-quatre heures, se prolongea pendant trois jours. Nous avions eu des escarmouches assez chaudes, et le bruit de l'artillerie et de la fusillade avait retenti plus d'une fois jusqu'à Catalayud. Aussi je retrouvai Inès un peu pâlie; on voyait qu'elle avait veillé et pleuré. Pour la première fois, cédant à un mouvement irrésistible, elle se jeta d'elle-même dans mes bras....

Je m'informai du terrible *Tio*. « Ah! dit-elle, ne me parlez pas de cet homme. Mon sang se glace quand je pense à lui. Il est d'intelligence avec vos ennemis; il voudrait vous égorger tous! » Et elle se serrait contre moi, comme pour me protéger. « Mon Dieu, reprit-elle, je suis maintenant si heureuse! Dans quelques jours il sera ici; que deviendrai-je alors? » Je m'efforçai de la calmer; je lui dis que j'allais réfléchir mûrement à notre situation ; que le lendemain je lui proposerais de prendre un grand parti.

Je pensais à un enlèvement. La chose eût été facile; plus d'un camarade m'eût secondé volontiers. Mais après, qu'aurais-je fait de cette enfant? Elle n'aurait pu rester dans son pays; il m'était absolument impossible de la faire passer en France. Elle avait dix-sept ans, moi vingt à peine; elle était catholique, presque religieuse, moi protestant. Eh bien! je ne pensai à rien de tout cela, tant la passion m'aveuglait sur les impitoyables réalités de la vie!!!

Le lendemain, je parlai donc à Inès de ce beau projet d'enlèvement, mais dès les premiers mots elle m'interrompit. « Non, non, dit-elle, j'ai un autre plan bien meilleur, que je vous expliquerai une autre fois. » Ce soir-là, elle ne semblait plus effrayée de son oncle ni inquiète de l'avenir. Elle riait doucement de notre position, de notre embarras, et fredonnait, ses deux mains dans les miennes, cette strophe d'une chanson populaire :

Si madre lo sabe,
Habra cosas buenas
Clavara ventanas,
Cerrara las puertas !

(Si ma mère le savait — elle aurait de fameuses raisons de mettre les clavettes aux volets — et les verrous aux portes!) « Et alors, ajoutait-elle, comment ferait le seigneur don Enrique pour arriver jusqu'à son Inès ? »

Le seigneur don Enrique eut une surprise des plus déplaisantes le lendemain, ou plutôt le jour même, car je n'étais parti qu'à deux heures du matin. En revenant officiellement prendre mon chocolat à la Confeteria, j'y trouvai l'oncle Manuel, arrivé deux jours plus tôt qu'on ne l'attendait. Cet homme me parut plus sombre, plus maussade que jamais. Pourtant il ne savait ni ne soupçonnait rien *encore*.

— Il me semble qu'il y a longtemps que je ne vous ai vu, lui dis-je en affectant un air dégagé.

— En effet, j'ai été plusieurs jours absent.

— Et quelles nouvelles nous rapportez-vous ?

— Le pays d'où je viens n'est plus qu'un désert; les *señores Franceses* y ont commis des horreurs sans nombre. Je ne sais pas d'autres nouvelles.

Les jours suivants, je me montrai le moins possible à la Confeteria, craignant que ce trouble-fête ne surprît notre secret. J'y allais cependant de temps à autre, sous le prétexte fort plausible de lire le seul journal qui nous donnât quelques nouvelles d'Europe, la gazette hispano-française de Saragosse. Il est vrai que les patriotes espagnols, et notamment Manuel, parlaient fort librement aux officiers auxiliaires polonais ou allemands des cruautés et des revers prétendus des Français d'après les bulletins espagnols, qui circulaient librement jusque dans les villes que nous occupions. Nos généraux trouvaient même parfois dans ces bulletins des informations utiles sur des événements dont il n'était question que quelques semaines après dans les gazettes françaises.

Cependant l'Aragon tendait momentanément à se pacifier. Les habitants de la plaine avaient repris leurs travaux; nous nous en apercevions de reste, dans nos tournées, à l'odeur infecte qui s'exhalait des bassins où l'on met rouir le chanvre. Les communications entre Catalayud et Daroca étaient redevenues aussi sûres qu'avant la guerre, sinon davantage. J'eus alors une mission pour cette dernière ville; j'y revis mes anciens hôtes et Miguela, qui ne subissait pas encore sa pénitence; elle était au contraire en train de la mériter. Elle me fit même quelques agaceries auxquelles je demeurai parfaitement insensible; j'étais bien trop préoccupé d'Inès.

Un soir, j'assistais à une assemblée (*Tertulia*) où se trouvait Miguela, son cousin le Père Gardien, et un jeune officier de grenadiers de mon régiment, arrivant comme moi de Catalayud. C'était un assez beau garçon, qui avait la manie de se poser en séducteur irrésistible, bien qu'en réalité il n'eût guère conquis jusque-là, en Espagne, que des places absolument ouvertes. On en vint à parler des belles dames de Catalayud; mon camarade prétendait les avoir vues toutes, plusieurs même d'assez près.

« Connaissez-vous aussi la plus inabordable, et dit-on, la plus jolie, une certaine Inès, nièce du limonadier Manuel? demanda Miguela.

— La Señora Inès? répondit mon fat sans se déconcerter. Mais oui, je l'ai aperçue à l'église. Elle n'est vraiment pas mal, mais il n'y a rien de si extraordinaire.

— Mais, mon cher camarade, m'écriai-je étourdiment, cette jeune novice n'a pas mis le pied hors de chez elle depuis que nous sommes là-bas...

— Comment, seigneur Enrique, vous la connaissez

donc? me demanda mon grand ami le Père Gardien, en me dévisageant d'un air sournois.

— Pas le moins du monde, repris-je en prenant un air aussi indifférent que possible pour réparer ma sottise. Mais je demeure tout à côté, et j'ai entendu dire que son oncle ne la laisse plus sortir depuis que nous sommes là-bas. Cet oncle est le plus grand ennemi que nous ayons à Catalayud...

— Oui, oui, dit mon interlocuteur, ce Manuel est bien connu pour un patriote exalté, mais sa nièce ne l'est pas moins par sa beauté... » Et là-dessus ce diable d'homme, qui paraissait en savoir plus long que nous sur toutes les nonnes de la contrée, se hâta de donner un autre tour à la conversation, comme s'il eût deviné mon embarras.....

Je me suis souvent demandé depuis si cette exclamation indiscrète, que je n'avais pu retenir, n'avait pas été pour quelque chose dans le triste dénoûment de mon aventure.

Peu de jours après, je retournai à Catalayud, où j'eus la satisfaction de ne pas retrouver le fâcheux Manuel. Le soir même je revis Inès, qui m'accueillit avec une joie extrême. Toutefois je remarquai bientôt qu'une sombre pensée la préoccupait. Je n'eus pas grande peine à lui faire avouer que le méchant *Tio,* pendant son dernier séjour, semblait plus animé que jamais contre nous; qu'il était retourné à Valence, sans doute pour faire son rapport aux chefs espagnols, que sûrement il se machinait quelque chose de sinistre... Je tentais vainement d ela rassurer. « Vois-tu,

Enrico mio, me disait-elle en me montrant un petit couteau dont je lui avais fait cadeau précédemment, Dieu a permis que tu me donnes cette arme ; je m'en servirai pour te rejoindre, s'il t'arrive malheur. Ce méchant homme connaît bien les abords de la ville et toutes vos habitudes. Il servira de guide aux guérillas ; vous serez surpris comme à El Frasno et à Paniza. » La pauvre enfant ne se trompait pas. Il existait bien réellement alors un projet combiné pour nous surprendre à Catalayud, projet auquel de nouveaux événements militaires empêchèrent de donner suite, au moins pour le moment[1].

Je restai plus longtemps que jamais, cette fois. Au lieu de la calmer, je finissais par subir moi-même l'influence de sa tristesse, comme si nous eussions tous deux pressenti que nous ne devions plus nous revoir en ce monde... Elle me donna un ruban sur lequel elle avait brodé en lettres d'or, avec une finesse exquise, nos chiffres enlacés et cette légende : *Madre purissima, garda mi amigo!* La pauvre fille ne pouvait se résoudre à me quitter. Pour la première fois, et aussi pour la dernière, hélas ! elle m'accompagna jusqu'à la porte de la maison. « Ah ! j'étouffe, dit-elle en s'arrachant enfin de mes bras ; *je sens mon cœur qui pleure !* Reviens demain, reviens le plus tôt que tu pourras ; loin de toi ton amie se sent mourir. . . .

. . . .

1. Il ne fut mis à exécution que deux ans après, en septembre 1811, contre une autre garnison française. (V. Napier, VII, p. 353.)

Il était au moins trois heures du matin. Après tant d'années, les moindres circonstances de cette matinée cruelle me sont aussi présentes que si tout cela s'était passé hier.

Il faisait un froid très-vif. Soldats et officiers étaient déjà debout presque tous, battant la semelle pour se réchauffer.

— As-tu entendu dire, me demanda un camarade, qu'on dût partir aujourd'hui même pour une grande excursion?

— Pas le moins du monde.

— Ce sont les cuirassiers que j'ai vus hier soir, qui prétendent que nous allons rejoindre des troupes parties de Saragosse pour une expédition importante.

— Ma foi! dis-je avec une feinte indifférence, j'en serais bien fâché! il me serait impossible de partir avec vous. J'ai une fièvre ardente et puis à peine me tenir debout.

En ce moment nous entendîmes la voix du lieutenant-colonel Beyer, qui appelait les chefs de compagnies.

— Nous partons dans une heure, nous dit-il, et je doute que nous revenions ici; l'ordre est de tout emporter.

— Et... les malades? dis-je.

— Les malades vont à Daroca.

Une heure après, le cœur navré, je marchais avec mes camarades en rase campagne, à travers un brouillard épais et glacé.....

Quinze jours plus tard, à la suite d'événements militaires auxquels je reviendrai tout à l'heure, mon régiment occupait de nouveau Catalayud... Je trouvai la maison du *Tio* fermée, barricadée, sauf la *Confeteria,* tenue par un homme que je n'avais jamais vu, et qui répondit à toutes mes questions par le *non saber* accoutumé. J'interrogeai les voisins; aucun ne savait, ou ne voulut me dire ce qu'étaient devenus Manuel, Inès et Catalina.

Désespéré, je trouvai moyen de pénétrer encore une fois dans cette maison, sanctuaire et tombeau de nos amours. Deux Allemands de ma compagnie avaient passé à l'ennemi. J'imaginai d'aller dire au commandant de place qu'on avait des raisons de croire que les déserteurs étaient cachés en ville. J'obtins les ordres nécessaires pour faire quelques perquisitions avec le concours de l'autorité locale. Ai-je besoin de dire à quelle maison je courus d'abord ?...

J'attendis longtemps, car les gens de l'alcade eurent quelque peine à découvrir la vieille femme, dépositaire des clefs. Elle arriva enfin. Je revis l'allée sombre, de moi si bien connue, la fenêtre grillée d'où Inès m'avait guetté. Nous fouillâmes dans les coins et recoins, mais le cœur me manqua d'abord pour visiter la chambre de ma pauvre amie. Enfin, au moment de sortir, je fis semblant d'en remarquer la porte pour la première fois, et je demandai à ma conductrice d'un air indifférent, si quelqu'un avait demeuré là...

« Oui sans doute, répondit-elle ; c'était la chambre de la monjita Inès, la nièce de Manuel, la plus belle et la plus sage enfant du pays.

— Et… où est-elle à présent ?…

— *Non saber, Señor* ; elle est partie avec son oncle et Catalina ; partie en versant bien des larmes, et personne ne sait où ils sont allés. »

Pour la dernière fois j'entrai dans notre chambrette ; elle était absolument vide. Rien n'était resté du pauvre mobilier ; le bénitier, l'image de la Mère de Douleurs avaient disparu ; pas une de mes fleurs séchées, pas une épingle, pas un clou que je pusse emporter comme souvenir !

— Mais enfin, dis-je d'une voix mal assurée, sait-on pourquoi cette jeune novice pleurait si fort ?

— *Non saber, Señor,* mais elle était inconsolable. Au dernier moment, elle a même perdu tout à fait connaissance ; son oncle et Catalina l'ont portée évanouie dans la voiture. »

Je quittai cette maison pour n'y plus rentrer, et toutes mes recherches ultérieures pour connaître le sort d'Inès ont été inutiles. Pendant plusieurs jours je fus comme insensé. Sûrement, me disais-je cet homme aura tout découvert ; la malheureuse enfant a été trahie, ou s'est trahie elle-même. Je voulais tout abandonner pour retrouver leurs traces, venger la mort d'Inès ou la délivrer d'une réclusion éternelle. Notre prompt départ, les fatigues et les émotions incessantes de la vie militaire, amortirent insensiblement mon désespoir. Plus calme, je me suis souvent demandé si ce déchirement n'avait pas été un bienfait de la Providence ; si je n'avais pas à la remercier, pour tous deux, d'avoir été arraché à ce coin de paradis reconquis, avant d'y avoir succombé à la tentation. Comment aurait-elle pu s'épanouir et vivre, cette fleur d'amour, éclose, par je ne sais quel mystérieux caprice du sort, parmi les horreurs d'une guerre infernale ? Que pouvait-il advenir d'honnête et d'heureux de cette liaison entre un protestant de vingt ans et une religieuse catholique de dix-sept, appartenant à deux nations que heurtait impitoyablement l'une contre à l'autre la volonté de fer de Napoléon !

Jamais je n'ai rien vu d'aussi beau, d'aussi aimant que cette jeune fille. Ceux-là seuls dont la vie a été traversée par quelqu'une de ces visions célestes, comprennent tout ce qu'il y a de vérité et de profondeur dans ces paroles de Guizot : « La créature vivante, cette œuvre de Dieu, quand elle se montre sous ces traits divins, est plus belle que toutes les créatures humaines, et, de tous les poëtes, Dieu est le plus grand. » Aujourd'hui encore, cette figure angélique m'est toujours présente.

..... et tacitum vivit sub pectore vulnus.

Plus d'une fois, dans les circonstances les plus critiques de ma vie, comme bientôt après à Vilel, où je fus blessé presque mortellement ; en Russie, où je n'échappai à la mort que par une série de miracles, je crus, au milieu des hallucinations de la fièvre, entendre la douce voix d'Inès. Il me semblait que vivante ou morte, la *Monjita* de Catalayud gardait mon souvenir et priait pour moi.

XV

Combat d'Ojos-Negros. — Étrange aventure d'un cuirassier. — La vérité sur le combat de la Tremedad. — Occupation de Teruel. — Prise et pillage d'Albaracin. — Singulière découverte dans un couvent.

Entre ce brusque départ de Catalayud et notre retour dans cette ville où m'attendait une si cruelle déception, nous avions fait bien des marches et des contre-marches, passé la plupart des nuits en plein air, et pris part à deux engagements d'une certaine importance, le combat d'Ojos Negros et la prise du couvent de la Tremedad. Mon régiment formait une colonne volante avec le 14e de ligne, le 13e cuirassiers, et quatre pièces d'artillerie. Ce fut dans cette expédition que je vis pour la première fois l'officier d'état-major transfuge Van Halen, tristement célèbre depuis par sa double trahison[1]. Nous lui avions donné le sobriquet d'*Utique Domine*, parce que, sachant très-mal le français, il causait habituelle-

1. Ce transfuge, imprudemment employé à l'état-major français, s'était appliqué à connaître et à imiter l'écriture, le chiffre, la signature et le cachet de la correspondance secrète. Quand la fortune nous devint contraire, il mit à profit ses études pour rentrer en grâce avec les Espagnols, en leur donnant les moyens de surprendre par de faux ordres d'évacuation plusieurs garnisons françaises. (V. Suchet; II, p. 369.)

ment en exécrable latin avec Chlopicki et Henriod, et qu'il répétait souvent dans la conversation cette phrase d'assentiment. Dès le premier jour, la physionomie de cet homme nous avait foncièrement déplu.

Au défilé d'Ojos-Negros, une vigoureuse attaque de front, appuyée d'un mouvement tournant par Villar del Sar, décida l'ennemi à opérer une retraite que l'intervention de notre cavalerie changea en déroute. Ojos-Negros est un pays de mines dont les habitants jouissaient d'une certaine aisance. Comme ils avaient tous pris la fuite avec les guérillas, on fit là un assez beau butin.

Je fus témoin en cet endroit d'un fait psychologique curieux et assez rare. Dans la poursuite, les cuirassiers avait capturé une voiture abandonnée où gisait, à demi-morte de frayeur, une jeune fille ou femme fort jolie. L'un d'eux, chargé de la transporter au camp, l'entraîna dans une grange isolée....... Bientôt il en sortit seul, coupable d'un double crime qu'il eût pu aisément cacher, puisque nous quittions le pays. Mais cet homme, qui n'avait pas su résister à la tentation, ne sut pas davantage résister au remords. En arrivant au camp, il alla se constituer prisonnier, se dénonçant comme coupable de viol et d'assassinat. On le crut d'abord ivre; mais il insista, indiqua de la façon la plus précise l'endroit où il avait laissé le cadavre de sa victime, qui fut retrouvé en effet. Cet individu comptait plusieurs années de bons services militaires, mais c'était ce que les soldats appellent un *sournois*. Il passa en conseil de guerre, fut condamné et exécuté.

Le lendemain de cette escarmouche d'Ojos-Negros, le couvent de la Tremedad, où Villacampa avait son quartier-général, fut enlevé à la suite d'un engagement moins disputé qu'on ne l'a dit depuis. Ce couvent est bâti sur une hauteur escarpée, qui surplombe de plus de mille pieds la vallée de la Molina, par laquelle nous arrivions. C'était une position très-forte, et dont la conquête nous aurait coûté cher, si les Espagnols avaient montré plus de fermeté. Pour ma part, j'avais d'abord occupé avec mes voltigeurs le village d'Origuela, où il n'était resté, pour nous faire les honneurs, que quelques chiens dans les rues et quelques chats sur les toits. Trois coups de canon donnèrent le signal de l'attaque combinée des voltigeurs du 14e et de ceux de la Vistule. Un espace découvert, large d'environ 1200 pieds, séparait le village de la colline boisée que couronnait le couvent. Mes hommes franchirent cet intervalle au pas de course, débusquèrent les tirailleurs ennemis de la lisière du bois et grimpèrent jusqu'aux murs du couvent, où ils se rencontrèrent avec les voltigeurs français, qui avaient opéré de leur côté une semblable escalade. Le monastère et ses annexes furent occupés sans résistance ; mais l'ennemi, en se retirant, avait mis le feu à une bergerie dans laquelle se trouvaient de nombreuses caisses de cartouches. Il fallut déguerpir au plus vite, pour ne pas recevoir d'éclaboussures. On retourna bivouaquer à Origuela, où, faute d'autre combustible, on fit bon feu avec les meubles et les charpentes des maisons.

Voilà toute la vérité sur ce combat, dont les mémoires du maréchal Suchet exagèrent un peu l'importance. J'ai été fort surpris d'y lire que « les poudres et artifices réunis dans le *sanctuaire* étaient considérables ; que l'explosion fut terrible. » Les cartouches n'étaient pas dans l'église, mais dans un bâtiment voisin, et il y eut, non pas une seule et terrible explosion, mais des explosions partielles, qui se succédèrent pendant toute la nuit. Il n'est pas non plus exact que « l'incendie se fût communiqué aux bois qui entouraient le couvent, et même au village d'Origuela, où il aurait été éteint par nos soldats. » Avant notre départ, je fus chargé de faire une reconnaissance aux alentours du couvent, et je n'y vis aucune trace d'incendie. Quant au village, il était parfaitement à l'abri de tout accident de ce genre, étant situé à une grande distance du monastère et des bois. Le maréchal, qui n'assistait pas à cette affaire, aura été trompé par des exagérations intéressées, semblables à celles de Solnicki sur le combat de Monzon.

Nous fîmes ensuite une pointe sur Teruel, résidence d'une *junte* qui s'enfuit à notre approche. Ce fut au retour de cette expédition que mon bataillon fut renvoyé à Catalayud...

Les fatigues de service vinrent heureusement faire diversion à mes peines de cœur. Il nous fallait à la fois tenir en échec Villacampa ; faire rentrer les contributions, recueillir des approvisionnements, les envoyer sur Saragosse, patrouiller incessamment dans la vallée du Xalon et les montagnes voisines. Ces courses nous entraînaient souvent à une grande distance de la ville; nous couchions alors en plein air, en plein hiver, sur des crêtes nues où toute espèce de combustible fait défaut. Depuis notre retour sur Catalayud jusqu'au 20 décembre 1809, jour de notre départ définitif, je ne crois pas m'être déshabillé une seule fois.

Nous quittâmes enfin ce lieu d'épreuves de tout genre, pour nous diriger par Calamocha sur Teruel. Nous y arrivâmes après trois jours de marche forcée, ayant fait vingt lieues espagnoles par d'affreux chemins, sans tirer un coup de fusil. Le général en chef était en personne à Teruel. Il y passa plusieurs régiments en revue, et donna de grands dîners, à l'un desquels je fus invité. Je devais cet honneur à notre excellent colonel (Kousinowski), qui m'avait présenté à Suchet le jour de la revue, comme un de ses plus braves et intelligents officiers.

Le 24 décembre, un bataillon de voltigeurs *réunis* (français et polonais) marcha sur Santa-Maria de Albarracin. Je fus envoyé en détachement dans la sierra voisine, où le Guadalquivir et le Tage prennent leur source. J'avais pour mission de disperser une bande de guérillas qui occupaient, disait-on, Frio et Fuente Garcia ; et de faire main basse sur un fort approvisionnement de draps qui devait se trouver dans ces localités. Mais j'eus beau faire diligence, je ne trouvai plus ni hommes ni draps, et je revins bredouille après trente-six heures d'absence, ayant passé la plus froide nuit de bivouac dont j'aie souvenir, auprès d'un petit lac que mon guide nommait *Poza de san Juan*. Mes camarades avaient eu plus de chance avec moins de fatigue à Albarracin. L'évêque, les autorités et les principaux habitants avaient pris la fuite, sans avoir eu le temps de rien emporter. On saisit donc beaucoup de draps, et, par la même occasion, les soldats mirent la main sur tout ce qu'ils trouvèrent à leur convenance. Je trouvai mon chef de bataillon festinant avec ses officiers dans une des plus belles maisons de la ville. Naturellement je fus invité à prendre place au banquet, et nonobstant mes chagrins d'amour je ne me fis pas prier. Campés sous nos fenêtres, nos voltigeurs réunis faisaient également bombance ; rôtis, grillades et rasades allaient grand train. Le diable sait où ils avaient happé tout cela; mais il ne leur manquait rien. Suivant la coutume, les Français recherchaient de préférence les bons morceaux ; les Allemands et les Polonais, les gros morceaux. Cette scène de pillage et d'orgie contrastait avec la discipline ordinaire des troupes de Suchet. Mais il faut dire qu'Albarracin expiait le fanatisme de sa junte, qui depuis longtemps répandait dans le pays des proclamations imprimées, provoquant à l'assassinat et à l'empoisonnement des Français.

En me promenant dans les groupes, j'aperçus près d'un des foyers un homme à longue barbe grise, vêtu d'une espèce de souquenille en lambeaux. Il dévorait quelques aliments avec une avidité bestiale et semblait absolument idiot. Des soldats ayant pénétré dans les souterrains d'un couvent abandonné, et brisé une porte solidement barricadée qu'ils prenaient pour celle de la cave, avaient trouvé dans une sorte d'*in pace* cet homme attaché à un pilier par une forte chaîne, et à demi-mort de faim. Ils l'avaient rapporté au jour, sans pouvoir lui arracher un mot. Quelques gens de la ville prétendaient le reconnaître pour un forgeron établi autrefois dans le voisinage du monastère, et qui avait assommé d'un coup de marteau un moine qu'il avait surpris confessant sa femme de trop près. Réfugié dans la montagne, il avait fini par être saisi et livré aux juges ecclésiastiques. Ceux-ci, en raison des circonstances atténuantes, ne l'avaient condamné qu'à une réclusion perpétuelle, peine qu'il subissait depuis plus de vingt ans. Ce qui était incontestable, c'est que ce malheureux avait été trouvé dans un cachot du monastère. J'avais à cette époque l'imagination farcie des histoires d'atrocités secrètes, commises dans les couvents espagnols, que le fameux roman de Lewis (*le Moine*) avait mises à la mode. De plus, j'avais pris les moines en horreur depuis mon aventure de Catalayud. Je me figurais par moments la pauvre Inès confinée au fond de quelque souterrain où elle m'appelait vainement à son secours ! Aussi je proposai d'emmener cet homme à Teruel, d'y recevoir sa déposition si l'on parvenait à le faire parler, si non de recueillir la légende du pays, et d'insérer le tout dans la gazette de Saragosse, attendu que la publicité de semblables horreurs ne pouvait que nuire au crédit des moines, nos ennemis jurés. Mon chef de bataillon ne fut pas de cet avis. L'histoire du forgeron lui semblait une fable. Il ne se souciait pas de s'embarrasser d'un homme absolument hébété, et qui pouvait fort bien, après tout, n'être qu'un coquin de moine condamné à une détention perpétuelle pour quelque cas pendable. Suivant lui, il s'agissait là tout bonnement d'une *querelle de famille* entre moines, et nous n'avions que faire de nous en mêler.

Il y a eu certainement beaucoup d'exagération dans les reproches de cruauté et d'immoralité, qui ont valu plus tard aux religieux espagnols d'impitoyables persécutions. Toutes ces accusations, néanmoins, n'étaient pas absolument calomnieuses. Je me rappelle fort bien que, pendant le siége de Saragosse, l'explosion d'une de nos mines mit à jour une communication souterraine absolument inconnue du public, qui existait entre deux couvents, l'un d'hommes et l'autre de femmes, situés assez loin l'un de l'autre. On laissa exprès pendant assez longtemps cette communication à découvert, et il nous fut aisé de voir que cette exhibition produisait un certain effet sur la multitude.

XVI

Les mulets espagnols. — Séjour dans la vallée du Xiloca. — Histoire tragi-comique d'un chirurgien amoureux. — Un duel pour rire et un duel sérieux. — Une partie de traîneau en Espagne. — Destination nouvelle et imprévue d'un objet comestible.

Notre retour d'Albarracin à Teruel s'opéra sans accident. On nous envoya bien en route un certain nombre de coups de feu en manière d'adieu; mais ils ne firent que blesser quelques mulets qu'il fallut achever, parce qu'on n'en était plus maître, et qu'ils mettaient le désordre dans la colonne. J'ai eu plus d'une occasion, dans cette guerre, de reconnaître la profonde vérité du proverbe : « Entêté comme une mule. » Combien n'ai-je pas vu de ces maudites bêtes s'arrêter tout à coup sans le moindre prétexte, et demeurer immobiles comme des pieux, réfractaires à tous les moyens de douceur et autres, jusqu'à ce que leur lubie fût passée! En plaine, ces arrêts n'avaient pas grand inconvénient. Il n'en était pas de même dans les montagnes, où il suffisait de l'obstination d'un mulet pour arrêter tout un convoi dans quelque passage dangereux de plus d'une manière. Aussi, l'année suivante, pendant le siége de Tarragone, quand nous escortions les convois de 6 à 800 mulets qui portaient les vivres de l'armée, nous étions obligés chaque fois de casser la tête à quelques-uns de ces animaux récalcitrants ; — patriotes à leur manière.

De Teruel nous revînmes sur Daroca, et toute la division prit ses quartiers d'hiver dans la vallée du Xiloca. J'occupais Camino Real avec mes voltigeurs, auprès desquels je faisais toujours les fonctions de capitaine. Le surplus du régiment était réparti entre Monreal, où se tenait le colonel, Calamocha, El Poya et Fuentes Claras. Les communications étaient sûres, les vivres en abondance, et nous menâmes joyeuse vie dans ces cantonnements, pendant les premières semaines de l'année 1810.

Je me souviens d'un bon, ou plutôt d'un assez méchant tour que jouèrent alors cinq de mes camarades à un de nos chirurgiens aide-majors, nommé Gulicz, excellent garçon, assez habile dans son métier, mais passablement naïf; porteur de l'une de ces physionomies qui semblent prédestinées aux mystifications.

Il demeurait à El Poya, mais faisait des excursions quotidiennes à Calamocha, où il y avait une hôtellerie bien approvisionnée, et dans cette hôtellerie une assez jolie servante, dont mon Gulicz avait entrepris la conquête. Cela déplut aux officiers qui logeaient là; ils voulurent faire passer à l'entreprenant docteur l'envie de braconner sur leurs terres.

Un jour donc, que Gulicz s'attardait auprès d'un bon souper ou d'autre chose, nos étourdis se déguisent en paysans et vont s'embarquer sur la route, avec des pistolets chargés à poudre. Le docteur, qui revenait tout le long de la rivière en rêvant à ses amours, voit soudain se dresser devant lui deux hommes noirs qui le saluent d'un *Demonio carajo!* le juron réglementaire des guérillas. Il fait volte-face et se trouve nez à nez avec trois autres ennemis qui font feu sur lui. Gulicz affolé prend sa course du côté de la rivière. Les assaillants reconnaissent alors qu'ils ont poussé la plaisanterie trop loin. Mais ils ont beau courir après leur victime, l'appeler par son nom. Le pauvre docteur, auquel la peur donne des ailes et des nageoires, fait le plongeon dans cette eau glaciale, profonde d'au moins cinq ou six pieds, atteint l'autre bord en quelques brassées, et court raconter son aventure à Calamocha. Mais déjà les sentinelles avaient entendu les détonations et donné l'alarme. Bientôt des patrouilles de cavalerie sillonnent la vallée, des piquets d'infanterie explorent les deux rives...

Pendant ce temps, les pseudo-Espagnols, sérieusement inquiets des suites de leur équipée, avaient couru la confesser au commandant d'El Poya, qui en fit de suite son rapport au colonel. Celui-ci prit fort mal la chose, infligea huit jours d'arrêt aux coupables, et fit une verte semonce au docteur.

Mais le pauvre garçon n'en était pas encore quitte. D'autres officiers, complices des premiers, lui démontrèrent que l'affaire ne pouvait pas en rester là, qu'il fallait absolument que l'un au moins des auteurs de cette mauvaise farce lui rendît raison. Il fut convenu que la rencontre aurait lieu au pistolet; seulement les témoins eurent soin d'enlever les balles.

Le docteur, passablement ému, tire le premier, et manque naturellement son adversaire. Au moment où celui-ci ripostait, un de ses témoins, qui avait gardé dans le creux de sa main l'une des balles escamotées, et s'était rapproché le plus possible de Gulicz, lui lance de toute sa force cette balle qui l'atteint dans le flanc. — « Je suis mort! » s'écrie le pauvre docteur en se laissant aller dans les bras de ses témoins. Tout le monde s'empresse autour de lui avec une feinte consternation, cherchant la blessure qu'on n'avait garde de découvrir. Alors on lui fit croire que ce qu'il avait ressenti ne devait être que l'ébranlement de l'air produit par la balle qui l'avait sûrement effleuré; que s'il n'était pas tué, il pouvait du moins se vanter de l'avoir échappé belle. Après quoi les combattants échangèrent une cordiale poignée de main, et Gulicz reçut force compliments de sa mâle attitude. Ce ne fut que plusieurs mois après, alors qu'un des principaux acteurs de cette scène n'était déjà plus, que nous avouâmes à Gulicz que, cette fois encore, on s'était moqué de lui.

C'était là le bon temps! Comme ils étaient braves, follement joyeux, confiants dans l'avenir, ces jeunes officiers de la Vistule! Tous avaient foi dans la renaissance de leur patrie. « La France est trop loin! » disaient leurs ancêtres lors du partage. Elle ne semblait plus trop loin après Friedland et Wagram, puisqu'elle était partout! Cette illusion devait bientôt finir, et la plupart d'entre nous devaient finir avant elle. Des cinq officiers qui avaient figuré dans cette aventure, l'un fut tué quelques mois après en Espagne ; trois ont péri dans l'hécatombe de 1812. Un seul survécut, et ce fut peut-être le plus à plaindre. Il est mort en 1852, officier supérieur... dans l'armée russe.

Dans les derniers jours de janvier, le bataillon franco-polonais des voltigeurs réunis fut envoyé à Villafranca avec deux escadrons de cuirassiers. Nous formions l'extrême avant-garde des troupes françaises, et voyions souvent l'ennemi. Je remplissais à Villafranca les fonctions de commandant de place. En cette qualité, j'avais souvent à réprimer les exigences exorbitantes de certains officiers vis-à-vis des habitants. Cela me valut une querelle avec un lieutenant nommé Czaki, qui arrivait de Varsovie avec une réputation de duelliste émérite. Nous nous battîmes au sabre : dès les premières passes je fus atteint légèrement à la tête, ce qui n'empêcha pas le combat de continuer, et avec un tel acharnement qu'on eut bien de la peine à nous séparer. Cette affaire eut des suites fort désagréables pour nous deux. Czaki fut mis aux arrêts et changé de régiment ; moi, je reçus une sévère réprimande du commandant de l'avant-garde, et Chlopicki lui-même me garda longtemps rancune. Comme on m'avait dit plus blessé que je n'étais, le bon Gulicz, qui m'était tout dévoué, était accouru de suite et sans escorte pour me soigner. Cet empressement amical faillit lui coûter cher. Attaqué cette fois par de véritables Espagnols, il ne dut son salut qu'à la vitesse de sa monture, et nous arriva avec son chapeau criblé de balles.

Vers la fin de notre séjour dans la vallée de Xiloca, il y était tombé beaucoup de neige. On en profita pour organiser des parties de traîneaux. C'est un divertissement auquel on n'a pas souvent l'occasion de se livrer en Espagne, et qui nous rappelait notre pays. Les généraux Chlopicki et Leval, le colonel Kousinowski et quelques autres officiers supérieurs vinrent aussi jusqu'à Villafranca. On s'amusa beaucoup dans cette excursion : le dîner se prolongea fort tard, et le retour fut encore égayé par une aventure de Leval. — Ce général, qui n'était plus jeune et craignait beaucoup le froid, s'était muni pour la circonstance d'un gros bonnet fourré. En revenant, son traîneau versa, éparpillant dans la neige passagers et bagages. Leval, qui, au milieu de cette bagarre, avait perdu son bonnet, le cherchait à tâtons dans l'obscurité. Il met la main sur un objet de forme ronde, dont il ne pouvait avec ses gros gants distinguer la nature ; s'en coiffe et parvient à l'assujettir solidement sur sa tête, nonobstant une certaine résistance. A son arrivée, le bon général obtint un succès de fou rire, quand on put voir aux lumières ce qu'il avait sur la tête. Ce couvre-chef improvisé n'était autre chose qu'un superbe pâté, que son cuisinier prévoyant avait fourré dans sa valise pour le cas où les vivres auraient fait défaut dans la promenade, et dont la secousse du traîneau avait fait sauter le couvercle. Cette aventure fit pendant plusieurs jours le bonheur de toute la division ; Leval était le seul qui ne riait pas.

XVII

Opérations dans la vallée du Guadalaviar. — Histoire étrange et véritable d'un officier visionnaire.

Le 8 février, nous quittâmes nos quartiers d'hiver pour marcher droit à l'ennemi, qui faisait mine de s'établir solidement dans notre voisinage. Le 9, ses avant-postes furent repoussés de Torre-la-Carcel par notre avant-garde, qui bivouaqua à Villarquemado au milieu de la neige. Le lendemain nous poussâmes jusqu'à Teruel, où les Espagnols avaient commencé à se fortifier, mais qu'ils nous cédèrent sans trop de résistance.

Le 11, les voltigeurs réunis poussèrent une reconnaissance sur le haut Guadalaviar jusqu'auprès de Villel; mais l'ennemi était là en force, et nous dûmes nous replier avec un combat de tirailleurs assez vif. Le 12, on se reporta en avant; on repoussa les Espagnols, qui s'étaient avancés à leur tour jusqu'à Villastar. Mais nous fîmes des pertes sensibles; nos adversaires avaient l'avantage du nombre et se battaient fort bien. Nous avions affaire à l'infatigable Villacampa, qui avait formé un nouveau rassemblement d'au moins six mille hommes. On rétrograda sur Teruel pour attendre des renforts.

Ici vient se placer un des incidents les plus bizarres

de ma carrière. J'écris mes souvenirs et non un roman ; c'est assez dire que les faits suivants, si étranges qu'ils puissent paraître, sont rigoureusement exacts.

Le 15 février au soir, Chlopicki réunissait à souper un grand nombre d'officiers de sa brigade. Au moment de se mettre à table, il reçut un message du général divisionnaire (Leval), qui le demandait de suite pour affaire d'importance. Il sortit aussitôt, et ne revint que plus de deux heures après.

Parmi les invités se trouvait un capitaine Rakowski, homme déjà d'un certain âge, d'une tournure imposante, d'un caractère sombre et taciturne. Il s'occupait, disait-on, de sciences occultes, et prétendait être doué du don de seconde vue.

Ce soir-là, il était seul dans une petite pièce à part, et restait immobile, adossé à la cheminée, absorbé dans une profonde et sombre rêverie, tandis que nous autres jeunes gens causions gaiement entre nous. L'un de nous, un lieutenant de grenadiers, nommé Zarski, avec lequel j'étais intime, me dit : « Viens donc, nous allons demander au vieux sorcier de m'expliquer un rêve. » Je ne me souviens plus de celui qu'il inventa, mais je me souviens fort bien que Rakowski lui dit : « Jeune homme, vous avez voulu vous moquer de moi. Avant un an, vous apprendrez qu'il y a des choses dont on ne doit pas plaisanter; méfiez-vous de ces montagnes! Et vous, monsieur le lieutenant, ajouta-t-il en s'adressant à moi, que désirez-vous savoir? » Je lui racontai un rêve que j'avais véritablement fait quelques jours auparavant au bivouac de Villastar. Il me semblait qu'égaré dans la sierra, épuisé de fatigue et de soif, j'avalais beaucoup de neige, et que je ressentais par tout le corps un froid de glace. Cette vision m'était revenue deux nuits de suite.

— Oui, me dit-il, vous avez effectivement rêvé cela ! Mais ne me demandez pas d'explication, je n'aime pas à prédire le mal.

Il nous avait parlé avec un tel accent de conviction, que Zarski me dit ensuite : « Ma parole d'honneur, le bonhomme prend son rôle au sérieux. »

Le surlendemain, dans le combat de Villel, je fus blessé aussi grièvement, je crois, qu'on peut l'être sans mourir. Moins d'un an après, mon pauvre Zarski expirait, les deux jambes fracassées par un boulet, dans ces mêmes montagnes[1]. Le 12 novembre 1810, moment où j'appris sa mort, j'étais de garde dans la tranchée à Tortose, précisément avec Rakowski, dont la physionomie demeura impassible. Je lui demandai s'il avait déjà entendu parler de cette mort. « *Je la savais*, » me répondit-il.

La mort de ce visionnaire ne devait pas être moins étrange que sa vie. J'aime autant la raconter de suite.

Deux ans, jour pour jour, après cette réunion en Espagne chez Chlopicki, plusieurs des rares survivants se retrouvaient encore ensemble. Mais c'était en Russie, sur les bords de la Bérésina, la veille

1. Le 12 novembre 1810, dans une escarmouche aux environs de Villel.

du terrible passage ! A peine convalescent d'une grave blessure reçue peu de temps après notre entrée à Moscou, et forcé de suivre la retraite dans cet état, j'étais au pied d'un arbre, appuyé sur mes béquilles. J'avais près de moi les capitaines Dobrzyki et Starwolski ; un peu plus loin se tenaient le colonel Kousinowski et le lieutenant-colonel Regulski. Nous étions sur la lisière du bois où campaient les débris de la légion polonaise, l'une des seules troupes sur lesquelles on pouvait encore compter. Nous écoutions avec anxiété le bruit du canon sur l'autre rive. C'était le combat qui décidait du sort de la division Parthouneaux, et qui faillit entraîner la perte entière de l'armée.

Soudain nous vîmes venir à nous le vieux capitaine sorcier Rakowski. Il s'approcha du lieutenant-colonel, lui remit sa montre et une bourse qui contenait une centaine de napoléons et lui dit : « Ma dernière heure va sonner bientôt. Je vous confie ma montre et mes économies; soyez assez bon pour les faire parvenir à mon frère, qui est à l'hospice des aveugles de Bordeaux. Adieu, messieurs ! ! ! » Et il nous quitta, se dirigeant d'un pas ferme vers les quelques hommes qui restaient de sa compagnie.

« Encore une imagination de ce vieux fou ! » dit Regulski avec humeur. Quelques heures après, la plupart de ces derniers braves de la Vistule succombaient dans la lutte héroïque qui rouvrit aux débris de la Grande Armée la route de Wilna. Le *Visionnaire* y périt, ainsi que le colonel et les deux capitaines qui étaient près de moi la veille. Seul, Regulski en était quitte pour une légère blessure au bras. Il survécut à la retraite, et put s'acquitter de la commission funèbre du vieux Rakowski.

Je n'ai nullement la prétention de convertir ceux qui ne voudront voir dans tout ceci qu'un pur effet du hasard. Je me borne à répéter ce que j'ai vu et entendu, et m'en tiens au mot profond d'Hamlet : « Il y a autour de nous, dans le ciel et sur la terre, des énigmes que ne résoudra jamais aucune philosophie. » J'ajoute que ces histoires de seconde vue, de pressentiments de mort prochaine, racontées par des témoins sérieux, ne sont pas rares dans les annales des grandes guerres. Napoléon lui-même en a cité un exemple remarquable à propos du général Laharpe[1].

XVIII

Combat de Villel (16 février 1810). — Blessure presque mortelle. — Transport à Teruel. — Visite du général en chef. — Décoré!

Le 16 février (1810) au matin, la brigade Chlopicki s'engagea au-dessus de Teruel, dans le long ravin où

1. D'autant plus remarquable, si l'anecdote est vraie, qu'il ne semblait devoir courir ce jour-là aucun péril, et que sa mort fut le résultat d'une déplorable méprise, dans une échauffourée nocturne où ses propres soldats tirèrent sur lui. Laharpe était un officier d'un rare mérite et du caractère le plus honorable. (*N. du T.*)

coule et qu'emplit parfois le Guadalaviar. Les voltigeurs réunis, qui marchaient devant en éclaireurs, rencontrèrent bientôt une résistance assez vive pour interrompre le mouvement général. Les Espagnols occupaient une excellente position en arrière de Villastar, dans une dépression de terrain au sommet d'une colline escarpée dont l'extrême rebord les dérobait presque entièrement à nos regards. Eux ne nous voyaient que trop bien, et faisaient un feu nourri sur un endroit par lequel il fallait absolument déboucher. Les voltigeurs, qui marchaient en tête, abordèrent résolûment ce passage; mais, dès la seconde décharge, ils commencèrent à s'éparpiller derrière les rochers pour se mettre à l'abri. Chlopicki n'était jamais loin en pareille occurrence; il parut tout à coup au milieu des soldats polonais, leur fit une courte et énergique allocution dans leur langue maternelle. Je me trouvais alors dans le sentier avec une compagnie qui n'avait pas encore atteint l'endroit le plus exposé. Je criai à mes hommes: *En avant!* et m'élançai à l'assaut le premier à travers roches et broussailles. Les Espagnols commirent la faute de tirer précipitamment sur nous dès qu'ils nous aperçurent. Tandis qu'ils rechargeaient, les plus lestes de nos voltigeurs, qui me suivaient de près, atteignirent la crête de la colline d'où ils ripostèrent avec avantage sur l'ennemi démasqué. Cette prompte escalade terrifia les Espagnols; ils prirent la fuite malgré tous les efforts de leurs chefs. Ce fut un grand bonheur, car cette avant-garde qui battait si vite en retraite était forte d'au moins 500 hommes, et je n'en avais pas alors avec moi sur la crête plus de 60 ou 80, tant Français que Polonais. Le gros de la troupe n'était pas à portée de nous soutenir, et si les Espagnols avaient foncé sur nous, ils nous auraient probablement culbutés.

En ce moment nous vîmes arriver Chlopicki, accompagné d'un seul aide de camp et une badine à la main, comme s'il faisait une promenade d'agrément : il nous avait suivis de près dans cette ascension. Il nous félicita chaleureusement de notre audace, et m'ordonna de poursuivre l'ennemi sans désemparer. C'était la première fois qu'il m'adressait la parole depuis mon malencontreux duel. L'avant-garde ennemie était tout à fait démoralisée ; elle abandonna sans résistance plusieurs positions excellentes, continuant à fuir devant une poignée d'hommes hors d'haleine, et qui s'émiettait pour ainsi dire à chaque pas dans ce terrain accidenté. J'étais moi-même à bout de forces ; plusieurs fois je ramassai de la neige dans des creux de rochers pour étancher la soif qui me torturait, comme dans ce rêve dont j'ai parlé.

Cependant nous nous rapprochions peu à peu de Villel, et l'ennemi recommençait à tenir. Bientôt nous aperçûmes quelques *Pajares* ou granges isolées, reliées entre elles par des fossés et garnies de tirailleurs. Sur un petit plateau situé en arrière de cette première ligne de défense, s'élevait une redoute inachevée, mais fortement occupée. J'aperçus un officier monté sur un cheval noir ; il allait de place en place, encourageant ses hommes à résister. C'était probablement Villacampa en personne. Nous poursuivions notre escalade par le ravin du Guadalaviar. Malgré notre petit nombre, nous réussîmes à débusquer nos adversaires de quelques-uns de ces *pajares*, d'où nous dirigâmes sur les autres un feu soutenu. Chlopicki nous rejoignit encore une fois. « Il faut absolument jeter à l'eau ces coquins-là, me dit-il, autrement ils vont encore nous échapper. Rassemble ton monde, et tombe sur eux ! » J'obéis, et fit donner le signal de cette nouvelle attaque par mon clairon Jankowski, qui ne m'avait pas quitté d'une semelle, et par un enragé petit tambour appartenant aux compagnies du centre du 44e, qui était arrivé jusque-là Dieu sait comment. Mais cette fois les soldats, épuisés de fatigue, ou effrayés de la grande supériorité de l'ennemi, m'abandonnèrent en route. Je me trouvais tout seul avec le petit tambour, et comme nous ne pouvions pas enlever la redoute à nous deux, il fallut bien battre en retraite. Pourtant je parvins à rallier de rechef et à entraîner un certain nombre d'hommes; j'arrivais avec eux au bord du fossé, quand une balle m'atteignit à la tête et me renversa comme mort. C'était là sans doute ce que le *Visionnaire* n'avait pas voulu m'expliquer.

Je n'ai qu'un vague sentiment de ce qui se passa ensuite, car je ne repris entièrement connaissance que plusieurs jours après. Je crois pourtant me souvenir qu'au bout d'un certain temps, j'entendis plusieurs coups de feu, et que je me disais : Comment, tu es mort et on tire encore? Puis je crus voir penchée sur moi la céleste figure d'Inès; puis encore il me sembla que j'essayais de me relever, mais que, malgré tous mes efforts, je ne pouvais remuer ni bras ni jambes. Enfin je me sentis soulevé de terre; je me dis que c'étaient sans doute les anges qui m'emportaient au ciel (espérance bien présomptueuse), et je reperdis tout à fait connaissance. Au bout de quelque temps, j'entendis une voix dire : « Le voilà qui revient à lui, » et je sentis que quelque chose me coulait dans le gosier, après quoi je retombai dans un état de torpeur complète, dont je ne sortis que longtemps après. J'avais absolument perdu la mémoire; je ne me souvenais même plus du nom de mon domestique, et ne retrouvai que peu à peu l'usage de mes facultés.

Je sus alors ce qui s'était passé après ma blessure. En me voyant tomber, mes gens avaient d'abord battu en retraite, et j'étais resté quelques instants au pouvoir des Espagnols, qui m'avaient enlevé mes bottes, arraché mes épaulettes et ma montre qui tenait au ruban d'Inès. Mon épée, que je tenais à la main au moment de ma chute, fut retrouvée près de moi dans son fourreau; évidemment on l'avait prise, mais on n'avait pas eu le temps de l'emporter. En effet, tandis qu'on me dépouillait, il était arrivé de notre côté des renforts, et un vigoureux retour offensif nous rendit enfin maître des positions de l'ennemi. Un détachement de cavalerie espagnole, serrée de près par la nôtre, se fit jour vaillamment à travers nos lignes et parvint à s'échapper dans les montagnes, après avoir bousculé sur son passage l'ambulance dans laquelle je venais d'être transporté : un chirurgien fut même grièvement blessé tout près de moi.

Après le combat, les blessés furent chargés sur des ânes et des mulets, et transportés à Teruel. On m'avait fourré dans l'un des compartiments d'un panier double, avec des sacs de soldats de l'autre côté, pour faire contre-poids.

Le plus grand danger que j'aie couru pendant mon traitement me vint, je crois, du chirurgien de la division (Courtois), qui voyait dans cette blessure, à à peu près incurable, une superbe occasion de pratiquer l'opération du trépan. Je dus probablement la vie, dans cette circonstance, à l'intervention de deux de mes camarades, qui insistèrent énergiquement pour qu'on me laissât mourir en paix[1]. Je me souviens seulement que je sentis un jour l'opérateur élargir le trou que j'avais à la tête, puis me la per-

1. Ceci me rappelle un fait que j'ai entendu raconter, il y a bien des années, par l'un des hommes de guerre les plus distingués de cette époque (le maréchal Molitor) :

Le célèbre chirurgien Larrey, opérateur très-habile, était parfois trop empressé de faire montre de son habileté, en pratiquant des amputations qui n'étaient pas toujours absolument indispensables. Un jour qu'il se préparait à débarrasser d'une jambe brisée un officier supérieur fort entêté, celui-ci tira de dessous son chevet un pistolet chargé, et menaça le grand opérateur de lui brûler la cervelle s'il ne le laissait tranquille. Ce malade récalcitrant n'eut qu'à s'applaudir de son obstination, car il se retrouva bientôt sur ses *deux* jambes, radicalement guéri. (*N. du T.*)

cuter avec son instrument. Cela ne me fit presqu'aucun mal, dans l'état d'anéantissement où j'étais. Mais il paraît que j'exprimai la crainte qu'on ne me brisât le crâne, ce que les médecins considérèrent comme de bon augure.

Quand je recouvrai ma connaissance, j'appris que le général en chef Suchet, de passage à Teruel, m'avait fait l'honneur de venir en personne demander de mes nouvelles, et m'apporter la décoration de la Légion d'Honneur, qu'il avait demandée et obtenue pour moi, en récompense de ma conduite dans les journées de Maria et de Belchite. J'eus aussi la satisfaction de me voir cité, à propos du combat de Villel, dans un ordre du jour imprimé, et dans la relation de cette affaire, publiée par la Gazette hispano-française de Saragosse du 8 avril 1810. Cette relation exagérait sensiblement, suivant l'usage, les pertes de l'ennemi. Les espagnols avaient eu, disait-on, plus de 100 hommes tués dans le combat, plus de 300 noyés dans le Guadalaviar, tandis que nous n'avions eu en tout que trois hommes de tués et vingt blessés. « Parmi ces derniers se trouvait le jeune et intrépide lieutenant Brandt, du 2e de la Vistule, auquel le général en chef était venu lui-même apporter la croix, etc. »

Je reçus aussi, au mois de novembre suivant la croix de l'ordre polonais du Mérite Militaire. Cela me faisait deux décorations à vingt et un ans ; ce qui n'était pas ordinaire et signifiait quelque chose dans ce temps-là !

XIX

Belle défense, et heureuse délivrance de la garnison de Teruel. — Le colonel Plicque et le capitaine du génie Leviston. — Physionomie de Teruel ; son aqueduc, son marché.

Grâce à ma constitution et aux soins intelligents qui me furent prodigués, je commençai à me lever au bout d'une quinzaine de jours. Mais je ne pouvais encore marcher sans être pris de vertiges, et ma convalescence fut encore retardée par la situation critique, presque désespérée, où nous nous trouvâmes tout à coup à Teruel, et qui se prolongea pendant quinze jours.

L'occupation de cette ville et le combat de Villel étaient les préliminaires indispensables d'une marche sur Valence, expédition plus qu'aventureuse, que Suchet n'entreprenait, dit-il, qu'à contre cœur pour se conformer aux ordres de Madrid, et qui fut contremandée trop tard par de nouvelles instructions venues de Paris[1]. Le commandant en chef, en se dirigeant sur Valence, avait chargé le colonel Plicque de défendre au besoin Teruel où restaient les malades et les blessés, et d'assurer la communication de l'armée

1. Sur cette première et infructueuse expédition de Valence, v. les Mémoires de Suchet, I, p. 90 et suiv., et Napier, V, 155 et suiv.

avec Saragosse. Pour remplir sa mission, le colonel ne disposait que de 150 à 200 hommes, mais on calculait que cette faible garnison se trouverait renforforcée bientôt par les convalescents. En conséquence, on avait installé tous les soldats, tant valides qu'invalides, dans le séminaire du couvent des Jésuites, bâtiment solidement construit, où l'on avait fait à la hâte quelques préparatifs de défense. La précaution n'était rien moins que surperflue. Tandis que l'armée française s'éloignait dans la direction de Valence, notre infatigable adversaire Villacampa, qui avait bien vite rallié ses troupes battues à Villel, paraissait dès le 25 février devant Teruel, refoulait nos postes dans le séminaire qui nous servait de citadelle, et nous sommait de nous rendre. On devine quelle fut la réponse ; mais notre situation devint critique au plus haut point quand les Espagnols, déjà maîtres de la ville, le devinrent aussi, par surprise, de l'église et du clocher, attenant à notre logement. Ils devaient, disait-on, cet avantage à la connivence du clergé, auquel on avait laissé trop généreusement l'usage de l'église pour la célébration des offices. Nous nous trouvâmes alors non seulement isolés, mais commandés de toutes parts, sauf du côté de Guadalaviar, qui passe en contre-bas du couvent. Heureusement l'ennemi manquait d'artillerie, et un capitaine du génie nommé Leviston, que nous avions avec nous, avait fortifié avec une rare intelligence, au moyen de fortes traverses, les endroits par lesquels on aurait pu tenter l'assaut; bouché et blindé les fenêtres, etc.

Cependant les Espagnols nous avaient fait dire que si nous persistions à tenir, ils allaient nous faire prochainement sauter. Ils avaient en effet pénétré par une maison voisine dans les caves du monastère sans qu'il nous fût possible de les en empêcher, et nous les entendions distinctement travailler au-dessous de nous. De mon lit, je pouvais compter les coups de pioche, et l'on conçoit que cette préoccupation n'aidait guère à ma convalescence.

Une vigoureuse attaque nous remit en possession du clocher, mais notre position n'en paraissait pas beaucoup meilleure. Un nouveau parlementaire vint nous annoncer qu'on était en mesure d'exécuter la menace précédente : on nous offrait même de faire vérifier l'exactitude de cette assertion par un ingénieur à nous. Le commandant accepta la proposition et y envoya Leviston. Celui-ci rapporta qu'il avait en effet trouvé la mine creusée et chargée, mais il n'était pas bien sûr que les tonneaux fussent aussi pleins de poudre que le disait l'ennemi. Dans le doute, on évacua la partie minée du bâtiment, et l'on prit des mesures pour continuer à se défendre dans celle qui avait chance de survivre à l'explosion. Tous les blessés qui pouvaient se tenir debout participaient à la défense : les grenadiers et les voltigeurs convalescents demandaient à occuper, conformément à leur prérogative, les postes les plus périlleux.

Le 8 mars, un officier de notre régiment, un lieutenant nommé Gordon, porteur de la correspondance de Saragosse, réussit à pénétrer dans la ville. Plusieurs hommes de son escorte furent tués ou blessés, lui-même fut gravement atteint d'un coup de feu au bras gauche, mais un détachement des nôtres fit une sortie et parvint à le dégager. Un incident que nous apprîmes ensuite avait favorisé cette trouée audacieuse. Ce jour-là même, Villacampa avait emmené une partie des troupes de blocus faire une excursion sur les derrières de notre armée du côté de Valence, et surpris à Alventosa une compagnie polonaise. Par suite de ce mouvement, la communication avec Saragosse avait été presque libre pendant plusieurs heures. Mais Villacampa était revenu bien vite sur ses pas, ayant reçu l'avis de l'approche d'un détachement français, sorti de Daroca (route de Saragosse), escortant quatre pièces de canon.

Le 9 au matin, nous entendîmes en effet la canonnade dans cette direction. La rencontre avait lieu sur un plateau situé non loin du confluent de l'Alhambra et du Guadalaviar, à une heure de marche de Teruel. Les détonations se succédaient à de courts intervalles, et nous crûmes d'abord que les nôtres avaient eu l'avantage. Mais nous fûmes bientôt détrompés. Dans l'après-midi, Villacampa lui-même eut soin de nous annoncer le double succès qu'il venait d'obtenir sur les Polonais d'Alventosa et sur le détachement venant de Daroca, qu'il transformait en une forte colonne faite prisonnière avec toute son artillerie. Il ajoutait que l'armée de Suchet venait d'être complétement défaite sous Valence, et renouvelait la même menace de nous faire sauter le soir même, si nous ne capitulions immédiatement. Cette nouvelle sommation fut repoussée comme les autres, et pourtant nous avions déjà la certitude que de ces trois fâcheuses nouvelles, les deux premières au moins étaient fondées, et nous entendions piocher plus distinctement que jamais au-dessous de nous. Mais Leviston persistait à soutenir que la mine n'était pas suffisamment chargée; qu'autrement l'ennemi n'aurait pas attendu si longtemps pour la faire jouer. Il avait raison; les Espagnols manquaient de poudre.

Cependant ils continuaient ostensiblement leurs préparatifs de siége; barricadaient les rues, crénelaient les maisons voisines, continuaient avec grand fracas leurs travaux souterrains... Mais l'heure de notre délivrance sonna inopinément dans la nuit du 12 au 13 Mars. Suchet n'avait pas essuyé d'échec devant Valence; mais ayant perdu tout espoir d'y pénétrer avec les faibles ressources dont il disposait, il revenait sur ses pas, vivement harcelé par l'ennemi. On avait appris en route le blocus de Teruel, et mon pauvre ami Zarski avait sollicité la faveur de marcher le premier à notre secours. Il fit une telle diligence, qu'il devança de beaucoup le reste de l'avant-garde, et déboucha avec une poignée d'hommes dans la rue étroite qui conduisait à la principale entrée de notre refuge, et que l'ennemi venait d'évacuer sans qu'on fût encore aperçu. Qu'on juge de notre émotion, quand au *qui vive?* de nos sentinelles, il fut répondu : *France, 1er régiment de la Vistule!* C'était si beau, que l'on crut d'abord à une ruse de guerre des Espagnols, dont quelqu'un des Polonais récemment surpris à Alventosa aurait été le complice forcé. Mais alors Zarski demanda qu'on le laissât approcher seul, et qu'on envoyât le lieutenant Brandt pour le reconnaître...

Bientôt toutes les appréhensions furent dissipées. Ce fut une embrassade générale. Nous croyions sortir d'un long et pénible cauchemar, en contemplant l'illumination des feux de bivouac de l'armée libératrice. Nous avions encore du vin et de la farine pour quelques jours, mais la viande fraîche et même l'eau nous manquaient déjà.....

Suchet arriva le lendemain. Il visita les travaux des assiégeants, m'adressa quelques paroles amicales ainsi qu'aux autres blessés, félicita longuement et chaleureusement le colonel Plique. Il fut beaucoup plus sobre de compliments avec le pauvre Leviston, qui avait été en réalité l'âme de la défense. Ce colonel Plique était un singulier original. Pendant le siége, il passait la plus grande partie de son temps courbé sur son bureau, occupé à rédiger d'interminables rapports, et lançant des *chut!* courroucés à quiconque venait le déranger dans cet important travail. Avec ses soldats il avait l'air fort empêtré, ne trouvait jamais un mot à leur dire, et je ne sais trop ce qui serait advenu dans ces circonstances difficiles, si Leviston et quelques autres officiers énergiques n'eussent été là [1].

1. Ici, contre son ordinaire, l'auteur de ces Souvenirs est in-

Le maréchal Suchet blâme sévèrement, dans ses *Mémoires*, la conduite des commandants des deux détachements surpris par Villacampa. Il aurait pu rappeler en même temps que tous les canonniers venus de Daroca s'étaient fait tuer ou blesser grièvement sur leurs pièces.

Teruel, où nous venions de subir cette rude épreuve, est une des villes les plus intéressantes que j'aie vues en Espagne. Avec ses neuf couvents, ses sept églises monumentales, elle a l'air bien autrement considérable qu'elle n'est en effet. C'est dans l'une de ces églises, celle de San Pedro, que l'on montre les reliques, plus ou moins authentiques, des *amants de Teruel*, aussi fameux en Espagne que Roméo et Juliette en Italie[1]. Ce qu'il y a de plus curieux à Teruel, c'est un aqueduc gigantesque, de cent cinq arches, qui amène l'eau dans la ville pardessus un gouffre profond. Cet aqueduc a été construit au dix-septième siècle; mais, de mon temps, les gens du peuple le prenaient pour un ouvrage des Maures ou du diable, ce qui pour eux était à peu

juste envers un officier qui, sous des dehors gauches et vulgaires, cachait une rare énergie. Trois ans auparavant, Plique, n'étant encore que chef de bataillon, se trouvait à la malheureuse affaire de Baylen. Il avait refusé de signer la capitulation, s'était jeté dans les montagnes, et avait réussi à s'échapper avec une partie de ses soldats. Un tel homme n'avait à recevoir de personne des leçons de courage. Le maréchal Suchet a d'ailleurs rendu, dans ses Mémoires, pleine justice à Leviston, officier d'un grand avenir, qui fut malheureusement tué quelque temps après au siége de Tarragone. (*N. du T.*)

1. V. le *Voyage en Espagne* de MM. Davillier et Doré. p. 719.

près la même chose. La principale place de Teruel présentait un coup d'œil aussi animé que pittoresque les jours de marché. Jamais je n'ai vu, dans un espace aussi restreint, une pareille cohue de manteaux, de capes, de mantilles, de chevaux, d'ânes et de mulets, de jurons, d'exclamations indignées, et de gestes furibonds, comme si le sort de toutes les Espagnes eût été en jeu, à propos du cours des légumes. Quand sonnait l'*Angelus*, il se faisait tout à coup un silence complet ; vendeurs et acheteurs s'agenouillaient et se signaient dévotement ; puis, au dernier coup de cloche, ils recommençaient leur sabbat infernal.

XX

Encore des guérillas. — Préparatifs du blocus de Tortose. — Marche sur cette ville par Morella. — Défilé dangereux. — Descente dans la Huerta. — Arrivée devant Tortose. — Une brûlante escarmouche.

Après notre délivrance, je fus envoyé à Saragosse, mon rétablissement complet exigeant des soins particuliers. Le 1er mai suivant, bien que ma blessure ne fût pas complétement fermée, je me trouvai en état de rejoindre le régiment, qui se trouvait alors à Calamocha. Je pris part pour ma bienvenue à une « battue générale » contre les guérillas de Comoran et d'Hernandez, qui s'étaient formées dans les montagnes d'où sortent le Panetudo et le Rio Martin, et faisaient de là des courses jusque dans la vallée de l'Èbre.

Cette expédition dura douze jours. Nous eûmes à surmonter bien des difficultés, mais nous obtînmes des résultats plus décisifs qu'à l'ordinaire, grâce à un heureux stratagème. Après une poursuite de plusieurs jours, pendant laquelle l'ennemi nous avait évités suivant sa tactique habituelle, on feignit d'abandonner la partie. Puis on fit brusquement volte-face, et l'on surprit ces bandes en flagrant délit près de N.-D. de Lancosa. Elles reçurent là une telle leçon, que depuis on n'en entendit plus parler.

Au retour de cette expédition, j'eus une altercation assez vive avec le major M..., qui commandait le régiment par intérim. En passant l'inspection de ma compagnie, il trouva les chaussures dans un état déplorable, et m'accusa de négligence. Or c'était précisément cet officier, préposé à l'habillement, qui avait reçu cette fourniture de souliers, et il avait la réputation d'être du *dernier bien* avec les fournisseurs. Ce qui est certain, c'est qu'il déployait un luxe insolent, bien qu'on ne lui connût aucune fortune. Aussi la patience m'échappa, et je lui répondis que quand la marchandise était si mauvaise, aucune surveillance ne pouvait l'empêcher de se détériorer promptement. Cette boutade me valut les arrêts forcés, que le général Chlopicki fit lever le soir même.

Après quelques autres excursions moins importantes, le 2e de la Vistule fut dirigé sur Morella, où nous arrivâmes le 28 juin. Suchet avait presque réparé la fâcheuse impression produite par l'insuccès de sa première entreprise sur Valence. Il s'était emparé le 14 mai de Lerida et d'Hostabrich, le 8 juin de Mequinenza, et se préparait à attaquer Tolosa. Cette fois nous devions être de la fête, qui allait durer plus d'un jour.

Morella se trouve dans la partie nord du royaume de Valence, bien différente du reste. C'est une région montagneuse, stérile, habitée par une population pauvre, mais belliqueuse. Cette petite ville, située sur la pente de *la Muela de Garamba*, montagne d'un accès difficile, est entourée d'un ancien rempart flanqué de tours; elle possède de plus une petite citadelle, dans une excellente position, qui commande la ville et les environs. L'avant-garde valencienne, vigoureusement poussée par le général de brigade Montmarie, avait évacué précipitamment Morella et toute la contrée. C'était une grosse faute des Espagnols de n'avoir pas fortement occupé d'avance cette place, susceptible par elle-même d'une assez longue défense, et dont les environs très-accidentés offraient des ressources exceptionnelles pour une guerre de guérillas. Ce ne sont que roches de granit bizarrement déchiquetées, ruisseaux torrentiels, ravines profondes couvertes d'arbustes épineux et de romarins. Un chef de partisans tel que Mina nous eût donné bien de l'embarras sur un pareil terrain.

Toute la division Leval, concentrée à Morella se

mit en mouvement le 30 juin, se dirigeant sur Chert. Nous avions précisément à traverser la partie la plus sauvage et la plus montueuse du pays, notamment le défilé de *San Mateo*, véritables Thermopyles où une poignée d'hommes eût suffi pour nous arrêter. Pendant six mortelles heures, nous nous trouvâmes engagés dans une sorte de couloir sinueux circulant entre des rochers à pic. Le sentier était tantôt à peine assez large pour trois hommes de front, tantôt entièrement obstrué par de grosses pierres éboulées. Les soldats eux-mêmes ne comprenaient pas qu'un tel passage eût été laissé sans défense. Nous nous sentîmes tous fort soulagés quand, à l'issue de ce long défilé, apparut soudain à nos regards la Huerta de Tortose avec ses belles cultures, ses canaux, ses vignobles, sa riche végétation tropicale, ses maisons d'une blancheur éblouissante, ses églises dont les clochers, bariolés de couleurs éclatantes, émergaient çà et là parmi les palmiers.

Le 1er juillet, nous bivouaquâmes à *La Jana*, parmi les orangers et les myrtes. Nos hommes appréciaient d'autant mieux le charme de cette contrée qu'ils y trouvaient en abondance des vivres de qualité supérieure, notamment des jambons et des poissons fumés (*abadejos*) excellents, des fruits, des légumes de toutes espèce, et pour arroser tout cela, du vin à discrétion, ou plutôt à indiscrétion. Il y parut bien le surlendemain, au bivouac d'Oldecona, où nous eûmes une fausse alerte. De mes deux clairons, l'un avait perdu son embouchure, l'autre était tellement gris qu'il ne tenait pas sur ses jambes... Nous nous régalions aussi de pommes de terre, si communes dans ce pays de cocagne, que les Valenciens les nomment dédaigneusement *comida per los cochinos* (nourriture bonne pour les c...) Le fourrage seul manquait, mais on y suppléait par les fruits du caroubier, dont nos chevaux s'accomodaient à merveille.

Le 4 juillet, au point du jour, nous marchâmes droit sur Tortose. On nous attendait si peu que l'avant-garde franco-polonaise, commandée par le colonel Mesclop, trouvait partout les laboureurs dans les champs. À une lieue de la ville, elle rencontra un bataillon de gardes Wallones, qui fut en grande partie sabré ou pris par la cavalerie, et l'avant-garde fit une telle diligence, qu'elle devança les fuyards devant la place.

J'étais avec ma compagnie, à une assez grande distance en avant du bataillon des voltigeurs réunis. J'arrivai ainsi à proximité de l'ouvrage avancé qui couvrait le pont de l'Èbre, sans avoir reçu seulement un coup de fusil, si bien que, croyant cette tête de pont abandonnée, je m'avançai avec mes hommes jusqu'aux palissades du chemin couvert[1]. Je suis convaincu que si tout le bataillon s'était trouvé là en ce moment, nous aurions pu enlever cette tête de pont. Mais bientôt, on commença à crier : *los Fran-*

1. La ville, située sur la rive gauche de l'Èbre, communique avec la rive droite, par laquelle se présentait la division Leval, au moyen d'un pont de bateaux, couvert par l'ouvrage dont il s'agit ici. (*N. du M.*)

ceses! los enemigos! a los armas! et le vieux château nous envoya de l'autre bord un premier boulet, qui passa bien au-dessus de nos têtes. Le fleuve dans cet endroit n'a pas plus de 650 pas de large; aussi nous entendions distinctement tout le brouhaha qui se faisait dans la ville, les cris de la multitude, le roulement des tambours. La tête de pont se couvrit soudain de résilles rouges, et un feu des plus vifs nous contraignit de battre en retraite d'autant plus vite, que nous étions absolument à découvert, les maisons et les arbres ayant été rasés, suivant l'usage, à une portée de canon de la place.

Nous rétrogradâmes donc jusqu'au plus prochain abri, une maison à deux étages, avec jardin clos de murs, située à 500 pas du glacis. Ne recevant aucun ordre, je crus devoir m'établir dans ce réduit, pensant y recevoir très-prochainement du secours.

Je rangeai une partie de mes hommes derrière le mur; j'occupai la maison avec le reste. J'avais avec moi, outre ma compagnie, un certain nombre de voltigeurs du 44e qui avaient couru ausi vite que nous. Je n'avais pas encore terminé mes dispositions, quand l'artillerie de la tête du pont et celle du vieux château commencèrent à tirer sur nous. Bientôt le toit de la maison fut effondré; le gros mur qui regardait la ville, troué en vingt endroits. Puis la canonnade se tut un moment, et nous eûmes à essuyer l'assaut d'une troupe nombreuse de miquelets (soldats irréguliers), sortis de la tête de pont. Nous leur résistions avec succès, mais les damnés artilleurs du vieux château se remirent de la partie, faisant pleuvoir sur nous des bombes et des grenades qui ruinèrent tout notre second étage. A la faveur de cette diversion, les assaillants pénétrèrent dans le jardin par une brèche, et refoulèrent mes gens dans la maison, où j'avais déjà bon nombre de morts et de blessés. Nous pouvions alors voir de tout près ces physionomies farouches, qu'animait une haine implacable. En ce moment, la canonnade nous ayant laissé quelque relâche, une sortie vigoureuse nous remit en possession du jardin, mais il fut impossible d'aller au delà. Abrités derrière le mur, les Espagnols dirigeaient sur nous un feu plus meurtrier que jamais. « Notre situation se dessine en noir, lieutenant ! » me dit un sergent du 44ᵉ.

En effet elle n'était rien moins que gaie. Nous nous voyions sous le feu d'une puissante artillerie, cernés par des ennemis nombreux et furieux. Nous étions mortellement fatigués de cette lutte soutenue depuis plusieurs heures à la suite d'une marche forcée. La soif surtout nous torturait, et nous ne pouvions la satisfaire, car le puits était dans l'endroit du jardin le plus exposé.

Il y eut un court répit dont je profitai pour remettre le plus d'ordre possible dans la défense, puis je tins conseil avec le sous-lieutenant et le sergent-major. Comme nous étions en trop petit nombre et trop épuisés pour faire une trouée, il fut résolu à l'unanimité, qu'on se défendrait de chambre en chambre et qu'on s'ensevelirait sous les ruines de la maison, plutôt que de se rendre. Il nous semblait d'ailleurs impossible qu'on ne vînt pas enfin à notre secours, et je réussis à en convaincre mes soldats.

L'attaque recommença en effet, mais avec une certaine mollesse. Nous ripostions par les fenêtres et par les trous qu'avaient faits les boulets. Enfin, je remarquai quelque fluctuation parmi nos adversaires, surtout parmi ceux qui se tenaient du côté de la route de Valence. Bientôt ce fut un sauve qui peut général, tous se repliaient précipitamment sur la tête de pont. Nous nous élançâmes à leur poursuite, puisant de nouvelles forces dans la certitude de notre délivrance. Mais nous fûmes bientôt arrêtés par le feu violent d'artillerie et de mousqueterie qui partait de la tête de pont. Je fus renversé et couvert de terre par un boulet qui vint ricocher tout près de moi. En même temps je recevais dans la main droite quelques dragées de gros plomb de chasse, dont l'un pénétra si profondément qu'il fut impossible de l'extraire. Aujourd'hui encore (1860), il me cause de temps à autre des élancements qui me rappellent cette première journée du blocus de Tortose.

Cette brûlante escarmouche m'avait coûté cinquante-deux hommes tués et blessés, que le colonel commandant l'avant-garde me reprocha d'avoir sacrifiés inutilement. Je crois qu'il méritait plutôt lui-même des reproches pour n'avoir pas marché plus vite à mon secours. Ce fut du moins l'opinion de nos chefs et notamment de Chlopicki, qui vint peu de jours après féliciter mes hommes de leur courage, et me serra amicalement la main. Toutefois, pour ne pas donner raison à un inférieur, cet incident fut passé sous silence. Mais je puis affirmer qu'il nous fit grand honneur, et tous ceux qui y avaient pris part s'en vantaient encore longtemps après.

XXI

Blocus ou demi-blocus de Tortose. — Sortie du 3 août victorieusement repoussée. — Ma mission auprès du gouverneur de la place.

Du 6 au 12 juillet nous nous retranchâmes solidement sur la rive droite de l'Èbre, en dépit de la canonnade et des sorties continuelles de l'ennemi. Ce fut dans celle du 12, que mon vieil ami le capitaine Boll fut tué raide par le dernier coup de feu parti du côté des Espagnols. Ceux-ci nous laissèrent ensuite tranquilles pendant trois semaines.

Ce blocus préliminaire de Tortose allait se prolonger cinq mois, par suite des fâcheuses circonstances qui retardaient l'arrivée du matériel du siége, et la coopération des troupes de Catalogne. Dès la fin de juillet, la position des troupes chargées de l'investissement commençait à devenir très-pénible. Nous étions en présence d'une place très-forte munie d'une garnison nombreuse ; nous avions sur nos flancs, d'un côté les Valenciens, de l'autre les Catalans ; à dos toute une population soulevée dans les montagnes. Pour comble d'agrément, il faisait une chaleur étouffante ; les vivres devenaient rares, et nous étions forcés d'aller chercher de l'eau à une grande distance.

J'étais de garde dans la nuit du 1er au 2 août, et nous avions entendu distinctement un grand bruit de voitures et de troupes en marche de l'autre côté de l'Èbre. J'en parlai dans mon rapport, mais on n'y fit aucune attention au quartier-général, parce que le lendemain les Espagnols ne tirèrent pas même un coup de fusil. Cette inaction apparente continua jusqu'au surlendemain. Ce que nous avions entendu, c'était l'arrivée d'un renfort considérable amené par notre plus dangereux adversaire, le chef de l'armée catalane, Henri O'Donnell.

Jamais la chaleur n'avait été aussi accablante que dans l'après-midi du 3. Ce jour-là, nous avions précisément la visite de l'inspecteur aux revues. Les officiers d'état-major, capitaines, lieutenants-majors, fourriers, etc, travaillaient avec lui, dans une maison assez éloignée du camp. Il est probable que l'ennemi n'ignorait pas cette circonstance.

Nous étions couchés sur le gazon derrière notre épaulement, presque tous dans un débraillé complet. Il était environ quatre heures, quand nous entendîmes partir de la place, à de courts intervalles, trois coups de canon ; dont les boulets passèrent au-dessus de nos têtes. « Ceci est un signal ! » m'écriai-je ; et me relevant d'un bond, malgré les railleries de mes camarades incrédules, je courus à ma compagnie. Avant que j'y fusse, l'action était déjà engagée dans nos tranchées. Nos hommes n'étaient pas aisés à surprendre. Ils avaient spontanément couru aux armes, plus ou moins déshabillés, et faisaient bonne contenance.

Tandis que je disposais mes voltigeurs, survint Chlopicki en jaquette, pantalon de nankin et petits souliers, toujours avec son inséparable badine! Il nous mit lui-même en bataille, grenadiers à droite, voltigeurs à gauche ; nous cria de sa voix flûtée : *En avant! à la baïonnette !* et s'élança à notre tête au fort du péril.

Pendant ce temps, environ 300 cavaliers espagnols du régiment de Santago, entré la veille dans Tortose avec O'Donnell, avaient tourné nos retranchements et couraient droit au village de *Jésus*, où se trouvait le quartier-général. Là, ils avaient sabré quelques-uns de nos cavaliers dans la rue, et tué une sentinelle à la porte du général. Fusillés eux-mêmes à bout portant par la compagnie de service, ils se débandèrent tout à coup, et s'enfuirent dans différentes directions; bien peu rentrèrent à Tortose. S'ils n'avaient pas perdu la tête, ils auraient pu, à quelques pas de là, enlever et détruire le parc d'artillerie qui n'était que faiblement gardé, et revenir ensuite nous prendre à revers.

De notre côté, il y eut un combat à l'arme blanche, court, mais sanglant, qui se termina bientôt à notre avantage. Les miquelets (irréguliers) surtout, étaient comme des enragés; ils s'enferraient dans les baïonnettes en cherchant à atteindre les officiers. Je crois voir encore l'un d'entre eux, un grand diable basané, ivre de fureur patriotique ou d'autre chose, qui s'acharnait particulièrement après moi. Il allait me frapper, quand un de mes sergents l'abattit...

Après avoir repoussé avec perte ces premiers assaillants, nous prîmes en flanc les autres ennemis qui débouchaient de la tête du pont. Ce mouvement jeta le trouble dans la colonne, malgré les efforts des officiers espagnols qui faisaient très-bien leur devoir. L'arrière-garde rentra précipitamment; les autres voulurent en faire autant, mais furent coupés en partie. On leur fit plus de 200 prisonniers, dont plusieurs officiers supérieurs d'état-major. C'était mon régiment qui avait reçu le premier et le plus furieux choc. Aussi nous avions force tués et blessés parmi les premiers figurait mon pauvre Solnicki, l'ex-commandant de Monzon, atteint d'une balle au front. Il n'était pourtant pas mort sur le coup; quand on essaya de le panser, il rouvrit les yeux, murmura: « Oh! comme je me sens bien! », et s'endormit du dernier sommeil.

Aussitôt que les derniers combattants espagnols furent rentrés, l'artillerie de la place commença à faire un feu d'enfer sur nos retranchements. Cinq ou six jeunes fous, dont j'étais, s'avisèrent de monter sur le parapet, pour narguer l'ennemi. Bientôt nous vîmes venir vers nous, à pas comptés, le capitaine adjudant-major Rechowicz. Il arrivait en suivant le rebord extérieur du fossé, s'exposant au moins autant que nous, pour venir nous dire, avec le plus beau sang-froid du monde, de la part du général, qu'il voyait de fort mauvais œil ces fanfaronnades, et les défendait absolument... Quand il revint auprès de Chlopicki, celui-ci lui dit : « Pourquoi fais-tu comme ces jeunes fous? » A quoi Rechowicz répliqua, toujours impassible, qu'un officier envoyé en mission devait toujours, réglementairement, prendre le plus court chemin...

Le maréchal Suchet, dans ses Mémoires, attribue le succès de la journée du 3 à l'apparition du général Leval, « conduisant directement sur le centre des ennemis une colonne qui menaçait leur retraite. » Je le vis en effet arriver à la tête de quelques compagnies de grenadiers; il reçut même une contusion assez forte dans la mêlée. Mais le fort de l'action n'avait pas duré plus d'un quart d'heure, et Leval avait eu une très-grande distance à parcourir, de son quartier-général à l'endroit où l'on se battait; aussi quand il parut, le sort de la journée était déjà décidé, et la troupe espagnole en pleine retraite, par suite du mouvement de flanc de la brigade Chlopicki.

Deux jours après, je fus envoyé comme parlementaire à Tortose, pour obtenir la remise des effets de nos prisonniers. J'étais assez fier d'être chargé d'une mission semblable, à vingt et un ans. Donc j'endossai mon uniforme n° 1, avec les épaulettes assorties, et mis du beau taffetas tout neuf sur mes blessures anciennes et nouvelles. Je fis faire aussi une toilette en règle au fidèle Jankowski, mon trompette, et lui recommandai une extrême sobriété...

J'étais muni de lettres des prisonniers, et d'une autre du général Leval pour le commandant de Tortose.

Nous avançâmes, avec les précautions ordinaires, et en n'épargnant pas les appels de trompette jusqu'à un calvaire très-voisin des palissades. De là, j'aperçus force canons de fusils braqués sur nous, et on me cria *Alto!* d'une façon des moins amicales. Il y avait des gens fort exaltés dans la place, et ma mission n'était pas sans danger. Mais la curiosité fut sans doute plus forte que la haine; personne ne tira sur nous. Au bout de quelques minutes, je vis arriver un officier d'un certain âge, accompagné comme moi d'un trompette, qui s'informa de l'objet de ma mission et voulait prendre mes lettres. Mais je lui fis observer qu'il m'était formellement prescrit de les remettre moi-même au gouverneur. Il fallut en référer à celui-ci, et finalement je fus introduit, les yeux bandés suivant l'usage, entre deux officiers dont chacun me tenait par un bras.

Je traversai ainsi la tête de pont, puis le pont de bateaux, tâchant de me rendre compte de sa longueur par le nombre de mes pas. Sur l'autre rive, je distinguai aisément le murmure étouffé d'une foule qui se pressait sur mon passage, en causant tout bas avec animation. J'entendis une voix dire : « Mais c'est encore un tout jeune homme! » Puis, deux ou trois fois, d'autres voix menaçantes, me crièrent aux oreilles : *al viage de sangue el carajo!* Cette « voie sanglante » est un endroit près de la ville, où furent égorgés plusieurs Français, lors du siége de Tortose par le duc d'Orléans, pendant la guerre de Succession.

Après avoir cheminé quelque temps à travers cette multitude peu hospitalière, on me fit tourner brusquement l'angle d'un bâtiment ou d'un mur, puis monter un escalier. Enfin on m'enleva mon bandeau, et je me trouvai en présence du gouverneur, comte d'Atocha, qui me parut un bonhomme fort ordinaire... Il prit mes lettres et passa, pour les lire, dans une pièce voisine, me laissant avec plusieurs officiers, qui m'offrirent du chocolat et de l'eau glacée.

— Vous menez là-bas une triste vie, me dit l'un d'eux en français. Vous seriez plus heureux avec nous.

— Nous sommes habitués aux privations et aux fatigues, répondis-je, et nous comptons sur l'avenir.

—L'avenir? il pourrait bien être tout autre que vous ne pensez!

— A la grâce de Dieu!

Sur ces entrefaites, le señor Gubernador rentra, et me remit une lettre pour le général; il me demanda ensuite si j'étais capitaine, et sur ma réponse, que je n'étais encore que lieutenant. — « Ah Dieu! s'écria t-il, si vous vouliez vous mettre avec nous, vous seriez lieutenant-colonel! » Cette tentative d'embaucharge à bout portant me coupa un moment la parole, mais bientôt je répliquai, en me tournant vers les officiers espagnols : « Et ces messieurs, voudraient-ils servir avec un déserteur? » Puis je m'empressai de solliciter l'autorisation de repartir de suite, laquelle me fut gracieusement accordée.

En repassant par une sorte d'antichambre, je ne fus pas peu surpris d'y trouver mon Jankowski, lequel, faisant sonner une bourse bien garnie, me signifia que je pouvais m'en aller tout seul, que lui restait avec les Espagnols, les meilleures gens du monde. Malgré mes recommandations et ses promesses, le malheureux n'avait pu résister à la tentation; il était effroyablement ivre...

— Comment? lui dis-je, on t'a fait l'honneur de te choisir dans tout le régiment pour m'accompagner, et tu veux nous faire à tous un pareil affront? C'est bon, je m'en vais! Reste, tu auras la satisfaction de voir tuer tes frères d'armes!

Mes reproches dégrisèrent tout-à-coup ce pauvre diable, qui m'était très-attaché. Il jeta violemment la bourse à terre, en s'écriant : « Reprenez votre argent de Judas, je m'en retourne avec mon lieutenant. ».....

XXII

Transport du général Leval mourant. — Une invasion de moustiques. — Marche sur Berceyte et sac de cette ville. — Furieuse attaque des Espagnols au retour ; énergie du colonel Pascal. — Siége et prompte capitulation de Tortose.

Dans les derniers jours d'août, je fus chargé d'escorter avec ma compagnie le pauvre général Leval, qu'on transportait mourant au quartier-général de Suchet, installé à Mora. C'était un voyage pénible et dangereux. Jusqu'à Xerta, il fallait remonter la rive droite de l'Èbre en côtoyant la base des collines, qui parfois laissaient à peine l'espace nécessaire pour le passage. Ce chemin était même absolument inabordable le jour, se trouvant sous le feu des postes espagnols de la garnison de Tortose, établis sur l'autre rive. La nuit du moins, on avait quelque chance de passer sans accident, parce que l'ennemi ne pouvait tirer qu'au jugé, ce qu'il ne manquait pas de faire dès qu'il entendait le moindre bruit.

Ce fut dans ces conditions aimables que nous commençâmes le transport. Ma compagnie était de 160 hommes, dont trente occupés à porter la litière du général. Pendant cette partie nocturne du trajet, nous essuyâmes plusieurs décharges heureusement inutiles.

A partir de Xerta, le danger devenait plus grand encore. On s'élevait dans une région des plus accidentées, où foisonnaient les guérillas. Il y avait là une série de défilés dans lesquels les détachements qui se rendaient de notre camp au grand quartier général ou *vice versâ*, étaient toujours attaqués. L'un de ces passages surtout, le dernier avant la descente sur Mora, était fort pittoresque en temps de paix, mais on ne peut plus désagréable à cette époque, surtout pour les troupes qui, comme nous, venaient du côté de Tortose. Qu'on se figure un sentier en corniche, décrivant de nombreux lacets au-dessus d'un précipice effroyable, et dominé de l'autre côté par une montagne très-haute et d'un accès difficile. Les pentes inférieures, qui commandaient immédiatement le passage, étaient couvertes de roches et de broussailles. C'était le poste favori des guérillas.

Connaissant bien les lieux, je pris mes mesures en conséquence. Longtemps avant d'arriver au passage dangereux, je formai un détachement de mes meilleurs marcheurs, qui escaladèrent la montagne du côté le plus escarpé sans rencontrer d'obstacle, parce que dans ce moment toute l'attention de l'ennemi était dirigée sur le gros de ma troupe. Pendant ce temps, un autre détachement, faisant office d'avant-garde, s'engageait dans le sentier en corniche qu'il parcourait au pas de course, recevant le feu des guérillas qu'on voyait surgir de toutes parts sur la pente, et y répondant. Mais, quelques moments après, les Espagnols reçurent à leur tour le feu du détachement de grimpeurs qui avait tourné leur position. Ils se crurent attaqués par des forces supérieures qui manœuvraient pour leur couper la retraite, et déguerpirent en toute hâte. Si nous n'avions pas pensé et réussi à les débusquer par ce stratagème, l'escorte de la litière, forcée de cheminer avec lenteur sous le feu de l'ennemi, aurait sûrement fait de cruelles pertes dans ce défilé. Le général lui-même pouvait être atteint, ce que les bulletins espagnols n'eussent pas manqué de célébrer comme un grand triomphe...

Leval, chez lequel la lame avait depuis longtemps usé le fourreau, ne survécut que peu de jours à ce transport. Il fut remplacé par le général Harispe.....

Nous eûmes de bien mauvais jours à passer pendant la dernière période de cet interminable blocus. Après deux mois de chaleurs torrides, on passa brusquement de la sécheresse à l'inondation au commencement de septembre. Pendant plus d'une semaine il plut sans relâche *a cantaras,* suivant l'expression espagnole, poétique équivalent de la locution française, pleuvoir *à seaux*. La Huerta ressemblait à un lac immense, et si les averses avaient persisté, nous allions être obligés de gagner les hauteurs. A ce fléau succéda une invasion de moustiques, qu'une brise de mer nous apporta, le 21 septembre au soir. Ces abominables insectes formaient une nuée épaisse, suspendue à un pied au-dessus du sol, un véritable brouillard cuisant et bourdonnant, qui nous coupait la respiration. Nous avions beau brûler de la poudre, du fumier sec; ces expédients ne nous procuraient qu'un soulagement momentané; la nuée entr'ouverte se refermait sur nous bien vite. Parmi les plaies dont Moïse frappa l'Égypte, celle-là dut être une des plus cruelles. L'histoire cite des exemples d'opérations militaires interrompues par ce fléau. Ainsi, ce furent les moustiques qui forcèrent en 1653, le maréchel d'Hocquincourt d'abandonner le siége de Grenade, commencé depuis deux mois. Nous étions, à notre tour, au moment de céder la place à ces nouveaux auxiliaires des Espagnols, quand un coup de vent du nord violent nous en débarrassa dans la soirée du 25.

La garnison de Tortose nous laissait à peu-près tranquilles, mais de nouveaux événements militaires en Catalogne et en Aragon retardaient encore l'ouverture du siége, et rendaient même très-difficile la position des troupes chargées de l'investissement... [1] Le 26 septembre, une expédition combinée fut dirigée contre Berceyte, *la Ville Noire,* comme l'appelaient les Français, peuplée de rebelles incorrigibles. Notre division avait fourni pour ce coup de main quatre compagnies, dont l'une était la mienne : deux autres étaient venues d'Alcañiz nous rejoindre à Xerta. Un silence de mort régnait dans « la Ville Noire, » dont tous les habitants avaient pris la fuite. Comme plusieurs de nos camarades prisonniers avaient été cruellement maltraités dans cette ville, elle fut méthodiquement et consciencieusement mise à sac. Les

1. V. Mémoires de Suchet, ch. 6 et 7.

oliviers furent incendiés, les vignes arrachées, etc.

En allant, nous n'avions rencontré d'autres ennemis que des moustiques; il n'en fut pas de même au retour. En passant dans une gorge profonde et comme faite exprès, nous fûmes attaqués avec une véritable rage : il y avait sûrement là des gens du pays que nous venions de nettoyer si bien. Ils avaient construit à l'issue de ce défilé une barricade, que mes voltigeurs, qui marchaient en tête, eurent beaucoup de peine à défaire. Pendant ce temps, les Espagnols faisaient pleuvoir sur toute la colonne des quartiers de rochers et une grêle de balles, s'attachant de préférence à viser les officiers, qui furent presque tous atteints plus ou moins grièvement. Cette circonstance mit le comble au désarroi. Quelques soldats ripostèrent sans ordre; les autres se bousculaient pour sortir plus tôt de ce coupe-gorge, et n'en allaient pas plus vite, au contraire. Les six compagnies ne faisaient plus qu'une masse confuse; l'ennemi tirait dans le tas; le découragement gagnait nos hommes, et je ne sais comment cela aurait fini, sans l'énergie extraordinaire que déploya le colonel Pascal, commandant de l'expédition. Une balle lui avait tué son cheval, une autre lui traversa le bras sans qu'il eût seulement l'air de s'en apercevoir. « Vilains conscrits, disait-il d'une voix de tonnerre qui dominait la bagarre, vous n'avez plus maintenant à perdre que la vie, car pour l'honneur vous l'avez perdu déjà en vous laissant bousculer ainsi par ces gueux de brigands ! Et ce sera bien fait; des poltrons tels que vous ne méritent pas de vivre!... » Ici il s'interrompit pour brûler la cervelle à deux moines accusés d'avoir prêché l'insurrection, et que nous emmenions prisonniers. Après cet intermède, il reprit : « Que les lâches restent ici à se faire écharper, mais que les Français me suivent. En avant!! » Nos Polonais ne comprenaient pas un mot de cette locution soldatesque, mais elle n'en produisit pas moins son effet, grâce à l'accent et aux gestes non équivoques du colonel. Je suis même forcé de dire que l'exécution des deux moines n'y nuisit pas. On redoubla d'efforts, et l'on finit par sortir de ce guêpier. Vers la fin de l'engagement, Pascal, qui était le point de mire des plus habiles tirailleurs ennemis, reçut encore une balle qui lui fracassa la mâchoire et le mit cette fois hors de combat. Mais les soldats qu'il avait si rudement apostrophés ne voulurent pas l'abandonner; tant est grand, malgré tout, le prestige du courage. Ils le portèrent à travers les montagnes sur des fusils croisés, pendant près de deux lieues, pendant toute la poursuite de l'ennemi; après quoi on lui confectionna avec des branchages une litière un peu meilleure.

Nous avions perdu dans cette échauffourée nos bagages et tout le butin fait à la Ville Noire; mais moins d'hommes qu'on n'aurait pu le croire. Ma compagnie n'eut pour sa part que sept morts.

Pendant les deux derniers mois de la période de blocus, ou plutôt de demi-blocus de Tortose, la garnison espagole demeura dans une immobilité presque complète : c'était à croire qu'elle avait été en grande partie retirée et employée ailleurs. On se battait au contraire sans relâche en Catalogne et aussi en Aragon, précisément dans la région où nous avions si longtemps guerroyé l'hiver précédent, du côté de Teruel et de Vilel, et toujours contre le même Villacampa. A la fin d'octobre, le général Chlopicki fut envoyé contre cet infatigable partisan avec des troupes tirées de l'armée de blocus, parmi lesquelles figuraient plusieurs détachements des 1er et 2e de la Vistule, mais ma compagnie ne fut pas désignée cette fois, à notre grand regret. Ce fut pendant cette expédition que mon pauvre ami Zarski, lieutenant aux grenadiers du 1er, fut mortellement blessé au combat de Fuente Santa, près de Vilel (12 novembre), comme l'avait prédit au même endroit, six mois auparavant, le capitaine sorcier. *Méfiez-vous de ces montagnes!*

Toutes les difficultés préliminaires étant enfin surmontées, le général en chef se trouva dans la première quinzaine de décembre en mesure d'attaquer Tortose. Dans la nuit du 15, la brigade Chlopicki se mit en mouvement pour aller passer l'Èbre à Xerta. Nous prîmes dès lors une part active aux opérations du siége... Après treize jours de tranchée ouverte, nous étions maîtres d'une partie importante des ouvrages extérieurs, mais nous croyions que la guerre des maisons et des rues allait commencer comme à Saragosse, d'autant plus que les localités semblaient fort propres à ce genre de défense. Mais il en fut tout autrement cette fois.... Les Espagnols capitulèrent dès le 2 janvier, oubliant le serment solennel de vaincre ou de mourir qu'ils avaient fait sur l'épée d'O'Donnell le 3 août précédent, jour de la grande sortie[1].

XXIII

Transport des prisonniers espagnols de Tortose à Bayonne. — Incidents divers. — Saragosse en 1811. — Visite à l'hôpital d'Alagon. — Pampelune. — Bayonne.

Ce fut notre brigade qui fut chargée de conduire immédiatement jusqu'à Bayonne la garnison prisonnière, forte de plus de 9,000 hommes. Aussi il était ordonné de faire feu sur quiconque tenterait de s'évader. Pendant notre première marche, de Tortose à Xerta, j'entendis fréquemment, à partir de la chute du jour, des détonations qui prouvaient que cette consigne était ponctuellement exécutée.

Nous bivouaquâmes en plein air près la tête de pont de Xerta, par un froid très-vif, et sans feu. Les prisonniers souffraient horriblement, et nous n'étions pas beaucoup plus à notre aise. Au moment de ce départ précipité, nous étions sur pied et en armes depuis quarante-huit heures. On ne nous avait pas même laissé le temps de faire la soupe, tant on était pressé

1. Le chapitre consacré à ce siége ne contient rien d'intéressant qui ne se trouve dans la relation de Suchet. (Chap. 8 des Mémoires.)

d'éloigner ces prisonniers trop nombreux. Le lendemain, on prit quelques mesures pour les mieux surveiller, et éviter autant que possible l'emploi des grands moyens. Mais nous ne pouvions empêcher les soldats d'être mécontents de cette corvée, et de passer leur mauvaise humeur sur ceux qu'ils avaient à conduire. Les premiers jours surtout, ils frappaient encore sans ménagement sur les gens qui tentaient de s'échapper ou paraissaient seulement en avoir envie, et plus d'un en porta les marques.

Nous avions à traverser les cantonnements de la division napolitaine du prince Pignatelli, laquelle ne laissait rien à désirer, du moins au point de vue physique ; tous hommes superbes ! Ces messieurs nous accueillirent de la façon la plus aimable, — trop aimable peut-être. Les officiers nous firent boire et surtout jouer à indiscrétion, tandis que leurs soldats relevaient les nôtres pour la nuit autour des Espagnols. Seulement nous nous aperçûmes le lendemain que nous avions eu presque tous au jeu une mauvaise chance bien persistante, et qu'il y avait bon nombre de prisonniers de disparus. Nous n'apprîmes que plus tard ce que Suchet a écrit depuis, qu'on avait eu le tort d'incorporer dans cette division beaucoup de vagabonds et de gens ayant des antécédents judiciaires fâcheux. Ceci nous donna à penser que nous pouvions bien avoir été volés par nos hôtes, tandis que leurs soldats laissaient s'évader les Espagnols pour quelque monnaie.

J'oubliais de dire qu'avant de donner dans ce guêpier, nous avions passé, le 5 janvier, le défilé le plus pittoresque peut-être de toute l'Espagne, celui de *las Armas* ou *Trincheras*, à cause des armes d'un roi d'Aragon, Jayme Ier, dit le *Conquérant*, qu'on y voit sculptées à une grande hauteur sur un rocher. Nous suivions l'excellente route que Suchet avait fait faire pour transporter de Mequinenza à Xerta les approvisionnements et le matériel de guerre, en vue du siége de Tortose. Ce travail, indépendamment de son utilité immédiate, a été un bienfait sérieux et durable pour le pays.

Grâce à la sage administration du général en chef, l'Aragon s'habituait insensiblement à l'occupation française. Le 8, nous étions à Caspe, où j'avais naguère séjourné dans des circonstances bien différentes; tout semblait y reprendre une vie nouvelle. J'y retrouvai mon ancien hôte, dont la physionomie me parut fort éclaircie ; lui et plusieurs autres habitants du pays avaient fait d'excellentes affaires avec les *señores franceses*, en fournissant des vivres pour l'armée.

A Saragosse, où nous arrivâmes le 11, les traces de la guerre des rues ne pouvaient s'effacer si vite. Les tranchées, les barricades avaient disparu, les brèches étaient bouchées, mais sur bien des points le sol était encore jonché de ruines de couvents, de maisons, où s'abritaient çà et là quelques pauvres familles. Les places, les rues, même le fameux Cosso « pleuraient toujours leur solitude. » Il en était de même de la promenade naguère à la mode, celle du

Pasco, qui relie les bords du canal à ceux de la Huerva. La plupart des arbres avaient été abattus; ceux encore debout, criblés de projectiles.

Saragosse conservait le lugubre aspect d'une ville en état de siége. Sauf certains endroits, comme l'église del Pilar, toujours encombrée de fidèles qui venaient sans doute demander à *la Virgen* de les débarrasser de nous, on rencontrait sur la voie publique moins d'habitants que de patrouilles et de corps de garde français. Plusieurs ouvrages qui commandaient l'intérieur de la ville avaient été réservés et armés, de manière à être toujours en mesure de réprimer toute tentative insurrectionnelle. Le plus considérable de ces ouvrages était le château de l'Inquisition, l'Aljaferia, soigneusement palissadé, et toujours approvisionné de façon à pouvoir au besoin soutenir un siége. Je visitai la lugubre salle du tribunal (*Audiencia*), où tant de malheureux ont entendu prononcer leur arrêt de mort. Le décor de cette pièce était bien assorti à sa destination : les murs tout noirs avec une bordure blanche; au fond, derrière l'estrade des inquisiteurs, une grande croix noire avec un Christ en ivoire; devant eux, une table également noire, sur laquelle étaient un crucifix et une tête de mort. Les cachots, sur lesquels on a tant glosé, n'avaient rien de bien particulier; mais le concierge avait formé une jolie petite collection d'instruments de torture, avec dents de scie et pointes en fer : « pour *piquer* la curiosité des amateurs, » comme disait un de mes camarades.

Je fus un jour accosté dans une boutique par un vieil Espagnol, ayant au bras une Espagnole non moins mûre; il me salua en m'appelant *senor capitan*. C'était mon ancienne connaissance, le gouverneur de Tortose, comte d'Atocha. Le bonhomme semblait fort ahuri, mais sa femme parlait et gesticulait pour deux. Elle me conta, avec toute l'emphase et la volubilité méridionales, que beaucoup d'Espagnols en voulaient mortellement à son mari d'avoir capitulé; qu'on allait jusqu'à l'accuser de trahison, lui, l'homme le meilleur, le plus inoffensif (trop inoffensif!). Je m'en tirai de mon mieux avec quelques généralités polies. Ce n'était sûrement pas un traître, mais son attitude lors de la capitulation n'avait été rien moins qu'héroïque.

Notre première étape après Saragosse était la ville d'Alagon, qui me rappelait de cruels souvenirs : nous y arrivâmes le 17 janvier. Elle n'était plus reconnaissable; tout y avait un air de tranquillité et d'aisance. Les habitants y étaient revenus depuis longtemps, et paraissaient voir sans nul déplaisir les nombreux passages de troupes, qui laissaient beaucoup d'argent dans le pays.

Dès que j'eus un instant de libre, je m'empressai d'aller revoir le couvent-hôpital où j'avais vu la mort de si près[1]. Ce local, bien que triste encore et assez malpropre, comme tout bon couvent espagnol, n'avait plus la sinistre horreur d'autrefois; mais l'aspect

1. V. ci-dessus, chap. 3.

du cimetière, bossué de tombes, disait assez que les vœux homicides des fossoyeurs avaient été largement exaucés.

Je fis un retour sur moi-même quand je me retrouvai sain et sauf dans ces lieux, où j'avais eu des émotions si terribles. Je pensai à tous les autres périls auxquels j'avais échappé depuis ce temps-là, aux chers amis que j'avais perdus, à ce déchirement de cœur plus cruel que la mort auquel j'avais regretté de survivre, et je sentis mes yeux se remplir de larmes. Le jour baissait déjà sensiblement quand je revins en ville. J'entrai instinctivement dans une église qui se trouva sur mon passage; je n'y trouvai qu'un vieux prêtre, priant, dans une chapelle latérale, à côté d'une bière découverte. Cette bière contenait le corps d'une toute jeune religieuse; elle semblait de l'âge d'Inès, portait le même costume, celui de la *Compãna di Maria*. Un dernier rayon de soleil, caressant ce pâle visage, lui rendait pour un moment l'apparence de la vie. Saisi d'une émotion inexprimable, je me glissai hors de la chapelle, j'allai tomber à genoux contre la grille du maître-autel, et j'y fis la plus fervente prière que j'aie jamais faite de ma vie. Le prêtre m'avait sûrement remarqué, car je le retrouvai à la sortie de l'église; il répondit amicalement à mon salut et me donna sa bénédiction. J'espère que Dieu lui pardonnera d'avoir béni un hérétique.

Deux jours après, je fus témoin d'une autre scène qui me toucha malgré moi. Parmi les prisonniers que nous conduisions en France, se trouvaient plusieurs volontaires aragonais. Ces pauvres diables éclatèrent en sanglots quand ils franchirent à Caproso l'*Aragon* (affluent de l'Èbre), extrême limite de leur pays. Penchés sur cette eau, ils semblaient lui confier leurs adieux à la patrie dont ils croyaient s'éloigner pour jamais : ce triste mot, *jamas, jamas!* revenait sans cesse dans leurs plaintes désespérées. Cette émotion sincère, ces doléances quasi-poétiques, faisaient un étrange contraste avec les physionomies rébarbatives de la plupart de ces déportés. A la station suivante, Tafalla, nous rencontrâmes un bataillon de marche polonais dont la majeure partie fut immédiatement incorporée dans notre régiment. C'étaient de fort beaux hommes, déjà équipés et passablement exercés au maniement des armes. Il ne leur manquait que le baptême du feu, qui leur fut bientôt libéralement conféré. Ce bataillon, par parenthèse, était le cinquième qui venait, rien que du duché de Varsovie, se fondre en Espagne dans la légion de la Vistule. On peut juger par là de ce que consommait d'hommes cette guerre de la Péninsule.

Pampelune, où nous arrivâmes le 22, offrait un coup d'œil assez animé, et avait l'air plus propre qu'aucune autre ville espagnole dans ce temps-là, ce qui n'était pas difficile. Mais cette animation était factice : sur les promenades on ne rencontrait que des militaires français ; les cafés, les cabarets espagnols, quoique moins bien tenus que les autres, étaient seuls fréquentés par les gens du pays. La garnison était constamment sur le qui vive, et notre domination finissait à une portée de fusil des remparts.

Saint-Jean-de-Luz, la première étape française, ne fut atteint que le 28, après plusieurs marches longues et pénibles. La grande route se trouvant encombrée d'autres troupes, nous avions dû prendre des chemins de traverse. Le 29 enfin, nous arrivâmes à Bayonne, terme de cette conduite. Je dois dire, à l'honneur de nos soldats polonais, que leurs rapports avec les prisonniers étaient devenus peu à peu moins rudes et presqu'affectueux. Nous autres officiers faisions de notre mieux, à l'occasion, pour alléger les souffrances de ces gens, qui avaient fini par nous en savoir gré. J'ai vu là, en plus d'une occasion, quel bien les moindres témoignages d'intérêt peuvent faire à des malheureux. Quand nous nous arrêtions la nuit dans une ville fortifiée, où la garde des prisonniers de passage était confiée pour la nuit à d'autres troupes, ceux-là semblaient tout heureux de se retrouver avec nous le lendemain. Ils se disaient souvent entre eux : *que buena gente los Polacos!* La plupart avaient l'air sincèrement affecté en se séparant de nous à Bayonne.

Ce fut là, à vrai dire, l'unique avantage que nous valut cette corvée, dont nous vîmes arriver le terme avec une vive satisfaction.

XXIV

Deux jours de vacances à Bayonne. — Aventure burlesque au théâtre de cette ville. — Rentrée en Espagne ; escorte d'un convoi. — Mauvais temps et bonne fortune. — Opinion d'un grognard et du cardinal de Richelieu sur la meilleure manière de faire la guerre aux Espagnols.

A Bayonne, on nous accorda, avant de repartir, deux jours de repos, ou plutôt de récréation. Nous faisions comme les marins, quand ils reviennent au pays après un voyage de long cours. Il se passa là des choses assez peu édifiantes, et les gens tranquilles ne dormirent guère pendant ces deux nuits, mais la majorité de la population voyait ces fredaines avec indulgence. « Mon Dieu ! disait-on, ces braves gens ont bravé la mort à chaque instant, souffert les plus rudes privations pendant des années entières. Dans quelques heures ils vont reprendre cette horrible vie ; on peut bien les laisser s'amuser un peu. »

Je me rappelle que le second soir j'étais au théâtre. On y donnait un mélodrame quelconque ; les militaires de tout grade étaient fort nombreux dans l'assistance, et faisaient un tel tapage qu'on n'entendait presque rien de la pièce, mais le public civil ne pouvait ou n'osait pas se plaindre. Un officier de hussards, singulièrement échauffé, était dans une première loge; il faut dire encore que le théâtre était fort mal construit, et qu'il y avait beaucoup de jour entre les planches. Il en résulta qu'une dame placée aux secondes, ayant laissé tomber un flacon d'eau de Cologne, et ce flacon s'étant cassé dans la chute, son contenu tomba précisément sur la tête du hussard. Celui-ci, dont l'ivresse avait totalement oblitéré l'odorat, se méprit de la façon la plus grossière sur la nature de cette aspersion. Le voilà donc qui se lève, et interpelle le commissaire de police d'une voix de Stentor. « Monsieur le commissaire, on p..... ici, sur nous ! C'est un affront qu'on fait en ma personne à toute l'armée d'Aragon, etc. » Pour le coup il s'éleva des murmures : le commissaire de police et le major de la place parurent dans la loge et voulurent expulser le perturbateur, qui protesta qu'il se laisserait plutôt couper par morceaux que de quitter le théâtre. Enfin il finit par proposer ce qu'il appelait une capitulation, en donnant sa parole d'honneur qu'il se tiendrait bien tranquille, si on lui... laissait la paix. Cette convention fut acceptée, et loyalement exécutée. Je ne rapporte cette anecdote un peu triviale, que pour montrer combien en France on était alors indulgent, pour ne rien dire de plus, avec les militaires.

Nous ne fûmes informés de notre nouvelle destination que la veille du départ. Nous allions avoir à escorter un grand convoi d'argent et de munitions. Cette mission n'était pas précisément de notre goût, attendu que nous savions, par expérience, ce qui arrivait d'ordinaire en pareille cas. Aussitôt arrivées à destination, — quelquefois même auparavant, — les troupes formant l'escorte étaient disloquées, employées de côté et d'autre à des corvées souvent très-pénibles, et ne ralliaient le corps que par détachements, après avoir bien souffert et perdu bien du monde. Les mesures prises pour l'organisation de ce convoi n'étaient pas de nature non plus à nous inspirer grande confiance. Nous étions prêts de très-bonne heure et ne pûmes partir que très-tard. On nous avait adjoint, comme supplément d'escorte, un régiment de gendarmes à pied de formation nouvelle, beaux jeunes gens bien équipés, mais bien mal disciplinés. En sortant de Bayonne, il y en avait au moins un bon tiers qui étaient ivres à ne pas se tenir.

Notre rentrée en Espagne eut lieu dans les plus fâcheuses conditions, sous une pluie glaciale, qui nous tint fidèle compagnie jusqu'à Tolosa où nous arrivâmes le 4 février, mouillés et gelés jusqu'aux os. Là commença la dislocation prévue : une partie de notre brigade fut envoyée par détachements dans différentes directions, tandis que le convoi poursuivait sa route, escorté par le reste et les gendarmes. A Tolosa même, il se croisa, le soir de l'arrivée avec un autre convoi encore plus mal ordonné, dans lequel se trouvaient beaucoup de femmes, de cantiniers, une foule de voitures, de charrettes, etc. Nous ne comprenions pas que Mina, dont cette cohue venait de traverser *le royaume*, comme on l'appelait, n'eût pas profité d'une si belle occasion[1]. Le désordre

1. Il ne s'agit plus ici du jeune Mina, fait prisonnier et trans-

occasionné par cette rencontre nocturne était quelque chose d'indescriptible.

J'eus ce soir-là une petite aventure fort imprévue: j'avais été détaché du côté d'Allegria pour organiser les postes avancés dans cette direction. Je m'étais installé tant bien que mal dans une maisonnette de vigneron, pour m'abriter de la tempête et d'une pluie de plus en plus torrentielle. Il était bien près de minuit, quand on vint me dire qu'on entendait dans le chemin des soupirs étouffés, comme ceux d'une âme en peine. Cette âme ne tarda pas à apparaître, sous la forme tangible d'une femme, Polonaise jeune et fort jolie, tirant par la bride un mulet éreinté, sur lequel était juché un homme âgé, paraissant en fort mauvais état. Elle me raconta que cet homme était son mari, qu'il servait dans un régiment polonais; qu'il avait récemment obtenu son congé pour cause de santé, et qu'ils retournaient à Varsovie; qu'à Vittoria, son mari se sentant plus mal, avait dû s'arrêter et laisser partir le convoi (celui présentement rendu à Tolosa), mais qu'ensuite se trouvant un peu mieux, et impatient de sortir d'Espagne, il avait voulu poursuivre sa route à tout hasard. Plus d'une fois elle avait cru sa dernière heure arrivée, mais la Providence ne l'avait pas abandonnée, puisqu'elle l'adressait précisément à des compatriotes...

Je remplis aussi consciencieusement qu'il me fut

porté en France l'année précédente, mais de son oncle Espoz y Mina, qui l'avait remplacé et surpassé. (T.)

possible dans un local aussi exigu, les devoirs de l'hospitalité. Je commençai par faire avaler au mari une grande tasse de café, qui parut lui faire un bien infini. Il s'endormit immédiatement, et je dois dire que jamais je n'ai vu quelqu'un avoir le sommeil aussi dur. Quant à la femme, qui semblait fort éveillée..., je la réconfortai et la réchauffai aussi de mon mieux. Le lendemain, quand le mari sortit enfin de ce bon somme, il se trouva fort soulagé; mon traitement avait fait merveille. Pour ne pas laisser mon œuvre imparfaite, je régalai le couple d'un bon déjeûner, et donnai au mari une lettre de recommandation pour un officier de notre légion qui était à Bayonne, chargé précisément de recueillir les convalescents. Ce brave homme ne savait comment me remercier....

J'ai su depuis par la femme, que je retrouvai plusieurs années après à Varsovie, qu'ils étaient arrivés à destination sans autre incident ou accident.

Nous fûmes attaqués le lendemain, mais faiblement, près d'Ormaistegui, la patrie du fameux Zumalacarregui. Cette première alerte eut l'excellent résultat de remettre de l'ordre et de la discipline dans notre caravane, qui en avait grand besoin. Nous essuyâmes un nouvel assaut entre Bergara et Mondragon, où les Espagnols tentèrent en vain d'intercepter l'issue d'un défilé après le passage de l'avant-garde. On s'attendait à une dernière et plus violente attaque dans le défilé de Salinas, propice aux surprises de ce genre, mais les voltigeurs polonais en explorèrent si bien les abords, que l'ennemi n'osa se montrer. Cette excursion me fit connaître le bassin de Vittoria, si célèbre depuis par la bataille du 21 juin 1813, qui décida du sort de la Péninsule. C'était dans cette ville que s'arrêtait le convoi, et que par conséquent notre mission finissait. Vittoria, en février 1811, était occupée par la jeune garde, sous les ordres du général Dorsenne.

Nous nous attendions bien à ne pas rallier de sitôt l'armée de Suchet; nos prévisions furent justifiées et dépassées. Le 12 février nous étions de retour à Pampelune, après avoir traversé une partie du *reino de Mina* sans avoir été sérieusement attaqués. La situation de cette ville n'avait pas changé. Dans l'intérieur, tout était tranquille et bien ordonné, mais en franchissant les portes, tout Français isolé passait de la sécurité la plus entière au danger le plus grand. La mort le guettait derrière chaque rocher, chaque tronc d'arbre. Pendant la journée de repos que nous passâmes à Pampelune, je visitais la citadelle en compagnie d'un sergent d'artillerie blessé à Saragosse, et ensuite décoré à Wagram. Soudain j'entendis coup sur coup plusieurs détonations très-rapprochées du rempart. « Ce ne peut être, me dit-il, que des insurgés qui donnent la chasse à quelqu'un de nos soldats. » Et comme je m'étonnais qu'on vînt insulter impunément de si près une ville si fortement occupée, le pauvre homme éclata. « Monsieur le lieutenant, reprit-il, ce qui se passe ici brise le cœur des vieux soldats d'Iéna, d'Eylau et de Wagram. Il ne se passe pas de semaine que nous n'ayons des outrages à supporter de la part de cette canaille, qui n'a pas le courage de nous attendre les armes à la main, comme là-bas en Prusse, en Autriche et en Pologne. Si les officiers traînent comme çà, on finira par nous chasser d'ici. Il est temps que l'Empereur vienne, qu'il voie de ses propres yeux comment les choses se font ici[1]. La guerre est conduite mollement; les généraux ne font pas leur devoir, les soldats non plus, et c'est pour cela que tout va mal. Quelques battues générales, faites tantôt de nuit, tantôt de jour, et sagement combinées, mettraient bientôt fin à ce brigandage, qui nous couvre de honte. » L'opinion de ce vieux grognard était aussi, au dix-septième siècle, celle d'un homme de génie, du cardinal de Richelieu, qui écrivait à un général français : « Qui attaque vigoureusement les Espagnols en a raison, et qui entreprend de les réduire par la patience, n'y trouve pas son compte. » L'efficacité de ce système allait être encore démontrée par le succès de la « battue générale » de Chlopicki en Navarre et dans les Cinco Villas, pendant le siége de Tarragone.

1. C'était bien ce que comptait faire Napoléon. « A cette époque, dit Napier, tout en Espagne annonçait son approche. » Cette opinion exprimée depuis longtemps par les écrivains les plus judicieux, est implicitement confirmée par la Correspondance de Napoléon, aujourd'hui publiée. Il ne renonça à ce projet que quand il eut perdu tout espoir de s'arranger à l'amiable avec la Russie. (*N. du T.*)

XXV

Opérations contre Mina, dans les montagnes de la Navarre. — Aybar — Lumbier et le val de l'Irati. — Un alcade bâtonné. — Sanguessa. — Sadava. — Surprise de La Carbonara. — Une sédition militaire.

Le 14 février nous quittâmes de nouveau Pampelune, pour nous diriger, par Tafalla, sur la contrée que les Espagnols nommaient le magasin (*almacen*) de Mina. Le 16, après une série d'engagements assez vifs, on s'empara de Saint Martin. Comme on avait tiré sur nous de quelques maisons de ce bourg, les soldats en profitèrent pour les mettre toutes à sac, afin de donner une leçon aux habitants. Franchement la leçon était un peu forte.

Le 17, mon régiment arriva et s'installa militairement à Aybar sur l'Aragon, excellente position où nous restâmes jusqu'au 27. Chaque jour des détachements partaient dans toutes les directions pour donner la chasse aux guérillas. J'étais logé chez un vieux capitaine de la garde royale espagnole en retraite, qui me traitait fort bien. Comme il touchait régulièrement sa pension, il était considéré comme quelque peu *afrancesado*, ce dont il se défendait avec indignation, allégant qu'il se résignait bien en effet à recevoir son argent de l'usurpateur, *mais rien qu'en espèces espagnoles !!*...

Le 27 nous marchâmes sur Lumbier, pour aller relancer les guérillas qui se ralliaient près de cette ville, dans la vallée de l'Irati. Le gros de la troupe côtoyait l'Aragon, je couvrais sa marche en suivant avec mes voltigeurs la crête des collines. Le chemin n'était pas commode, mais nous avions une vue admirable. De ces hauteurs nous dominions, à l'Ouest, les vallées de l'Aragon et du Salazar, au Nord celle de l'Irati, rivière torrentielle qui se précipite à la rencontre des deux autres en traversant une chaîne de montagnes. Plus nous approchions de Lumbier plus le paysage devenait splendide. Le fond du tableau était formé par la grande chaîne des Pyrénées, dont nous apercevions distinctement au loin les sommets neigeux [1].

Arrivé à la hauteur de Lumbier, je fis une reconnaissance en amont dans le vallon de l'Irati, jusqu'à la gorge si pittoresque par laquelle il débouche entre des rochers à pic; puis nous ralliâmes le régiment par le pont *du Diable*. Ce site est d'une telle beauté, que mes soldats eux-mêmes en étaient dans l'admiration. Pourquoi faut-il que de tels tableaux soient trop souvent souillés par des scènes de carnage!

J'espérais bien revoir ce beau paysage, mais on nous envoya presque aussitôt dans une direction tout

1. Sanguessa est située au confluent de l'Aragon et de l'Irati, et Lumbier à une lieue en amont, au confluent de cette seconde rivière et du Salazar. Une des branches supérieures de l'Irati sort du fameux val de *Roncevaux*. (*N. du T.*)

à fait opposée, du côté de Montreal et d'Irozin, pour maintenir nos communications avec Pampelune. Cette région, pays natal de Mina, était toujours fortement travaillée par ses émissaires. Lors de notre passage à Irozin, j'eus mission de faire raser la maison du célèbre partisan. Il est probable que mon compte eût été bon, si jamais j'étais tombé dans ses griffes.

A peine de retour à Lumbier, il fallut courir vers Izaal, bourgade enfouie dans les montagnes du Salazar, où les partisans se réorganisaient et formaient des magasins. Nous fîmes une telle diligence que l'ennemi n'eut pas le temps de les évacuer ; aussi il ne nous céda la place qu'après une résistance assez vive. Il s'agissait de mettre la main sur ce matériel ; on fouilla sans résultat toutes les maisons du bourg. L'alcade jurait ses grands dieux qu'il n'y avait rien de caché dans le pays. Le commandant du bataillon savait à quoi s'en tenir, et la figure doucereuse de cet homme ne lui revenait pas ; il lui fit administrer une vingtaine de coups de bâton, comme premier avertissement. L'Espagnol devient pâle comme la mort, mais garde le silence. On redouble la dose sans plus de succès. Alors, du groupe d'habitants qui regardaient cette exécution avec une indifférence apparente en fumant leurs cigarettes, un individu se détache, va parler bas à l'alcade, puis revient dire au commandant : « Señor, promettez-vous à cet homme la vie sauve s'il vous dit la vérité ? » Le commandant donna sa parole, et aussitôt l'alcade indiqua plusieurs *pajars* ou bâtiments isolés qui avaient échappé à nos investigations, et dans lesquels on trouva une grande quantité de cartouches.

Jamais ces partisans n'auraient pu renouveler ainsi constamment leur matériel, et prolonger si longtemps la lutte, sans le secours de l'Angleterre.

De ce pays perdu, nous fûmes renvoyés à Sanguessa, dont les habitants accueillirent nos soldats à bras ouverts; mais en même temps ils leur glissaient des proclamations les engageant à déserter. Ces proclamations, d'un langage fort incorrect, étaient imprimées en français, en allemand, en polonais et en italien.

De Sanguessa, nous fûmes envoyés dans les Cinco Villas, contrée où l'autorité française était reconnue, mais qui, par cette raison, était souvent inquiétée par les guérillas. Ces *Cinq Villes* qui, pour prix de leur fidélité à Philippe V dans la guerre de Succession, ont obtenu de former à elles seules un gouvernement séparé, se nomment Sos (del Rey), Un Castillo, Sadava, Exea et Tauste. Le 2e de la Vistule occupait les quatre premières. Sadava, où mon bataillon était cantonné, est une petite ville avec un vieux château du temps des Mores, située dans une plaine fertile.

A peine étions-nous arrivés là, que ma compagnie et une autre furent détachées pour aller surprendre un parti ennemi à La Carbonara, village situé dans les montagnes, de l'autre côté de la rivière de Biel, à cinq grandes lieues du cantonnement[1].

1. Les Cinq Villes sont situées dans la vallée de l'Arva, qui se

Après avoir marché pendant une grande partie de la nuit par d'affreux chemins, nous arrivâmes à destination sans avoir été signalés. Le village fut cerné et envahi conformément aux règles de l'art. Par malheur, toute la troupe ennemie était partie en expédition, sauf un officier et une douzaine de soldats; mais nous fîmes un riche butin de vivres et de fourrages. On en emporta autant qu'on put, et l'on invita les habitants à porter le reste à Exea, la plus rapprochée des Cinq Villes, en leur promettant une seconde visite moins inoffensive, s'ils s'avisaient de désobéir. A dix heures du soir, nous rentrions à Sadava, après avoir fait en moins de vingt-quatre heures dix bonnes lieues, de nuit en grande partie, sur un terrain des plus accidentés.

Nous restâmes dans cet endroit jusqu'au 24 mars. Ces ennemis, que nous allions chercher si haut et si loin, étaient quelquefois plus près qu'on ne pensait. Un jour, des soldats qui faisaient l'exercice à feu dans une prairie qui touchait à la ville, furent tirés d'assez près par des gens embusqués derrière une haie, et qu'on ne put rejoindre...

Le 25 mars, nous fûmes appelés à Exea, ou tout le régiment se trouva rassemblé aprés une longue dislocation. Cette réunion fut marquée par un incident regrettable. A la suite d'une violente querelle de jeu

jette dans l'Èbre entre Tudela et Saragosse, et a pour sous-affluent la rivière nommée Biel. Sadava est en plaine sur la rive droite de l'Arva; et la Carbonara dans les montagnes qui séparent la vallée de Biel de celle du Gallego.

qui s'était élevée entre un capitaine et un lieutenant, et dans laquelle la majorité des officiers avait donné tort au premier sans qu'il voulût se rendre à leur avis, on forma ce que l'un de nous appelait facétieusement une *Confédération ;* c'est-à-dire que les adversaires du capitaine lui signifièrent collectivement, par écrit, qu'ils ne voulaient plus servir avec lui, pour l'obliger à changer de régiment. Il protesta contre cette résolution, s'en plaignit au colonel qui la déclara nulle et non avenue, ajoutant qu'il allait signaler cette incartade au général. On savait que Chlopicki n'entendait pas raillerie sur tout ce qui touchait à la discipline. Aussi, à cette nouvelle la plupart des « confédérés » se désistèrent. Il n'y eut qu'une douzaine d'entêtés qui persistèrent, et je dois avouer que j'étais du nombre. Cela nous valut huit jours d'arrêts, pour signature illégale d'un acte au nom du corps des officiers. L'affaire fut ainsi terminée, mais elle laissa de part et d'autre des ressentiments profonds et durables.

La tranquillité paraissant assurée pour longtemps dans les *Cinco Villas*, le 2e de la Vistule qui venait d'essuyer des fatigues exceptionnelles, fut envoyé à Saragosse pour se refaire. Les soldats avaient le plus grand besoin de linge, de chaussures ; ils avaient aussi à toucher un arriéré de solde de plusieurs mois... Il n'avait encore été pourvu à aucune de ces réclamations, quand survint l'ordre de reprendre la campagne ! Nous n'avions pas plutôt quitté la région des Cinq Villes, que Mina y avait reparu, et infligé un échec assez grave à une troupe moins exercée que la nôtre à ce genre de guerre... Pour comble de malheur, notre colonel était en congé, et le commandement intérimaire exercé par ce même gros-major avec lequel j'avais eu naguère une prise pour les souliers de mes voltigeurs, et qui n'était rien moins que populaire dans le régiment. Non-seulement on lui reprochait son train de maison, les toilettes de sa femme, mais on lui imputait les retards apportés à la livraison des nouveaux habillements, et même au paiement de la solde. Il est probable aussi que les proclamations espagnoles avaient produit de l'effet sur quelques mauvaises têtes.

Quoi qu'il en soit, le jour du départ, au moment où le major parut à la tête du régiment et commanda : *Haut .armes !* aucune compagnie n'obéit, sauf la mienne. Il réitéra son commandement, et aussitôt il s'éleva de toutes parts des cris injurieux, des ricanements; c'était une sédition en règle. Quelques capitaines sortirent des rangs et se mirent à parlementer inutilement avec leurs hommes. Cependant le major faisait bonne contenance ; il continua de commander comme si de rien n'était : *Par sections à droite, marche !* Alors, au milieu du brouhaha, j'exécutai le mouvement prescrit avec ma compagnie. Comme nous étions à l'extrême-gauche, ce mouvement nous conduisait à passer sur le front entier du bataillon, lui donnant ainsi l'exemple de la soumission. Une fois l'impulsion donnée, les autres compagnies suivirent instinctivement. Mais nous n'en étions pas encore quittes. Quand j'arrivai devant le premier bataillon où les séditieux étaient en force, plusieurs se jetèrent au-devant de moi, en me criant d'arrêter. Je menaçai d'embrocher quiconque me ferait obstacle. Un seul homme, évidemment ivre, voulut se jeter sur mon épée, dont la lame lui effleura le bras, et alla donner dans le ventre d'un autre ivrogne qui tomba grièvement blessé. Cet incident fit reculer les mutins. Nous poursuivîmes notre marche ; le premier bataillon finit par suivre l'autre et fit bien, car une batterie d'artillerie, qui faisait en ce moment l'exercice sur l'esplanade, avait déjà braqué contre lui ses canons. Nous sortîmes de Saragosse, tambours et musique en tête, comme si rien ne s'était passé.

On alla coucher à Villanuova. Le lendemain matin, avant de repartir, on fit mettre le régiment en carré. Rechowicz, commandant du premier bataillon qui avait fait le plus grand scandale, lui fit une verte semonce, et demanda qu'on lui désignât les coupables. Quelques vieux sous-officiers et soldats s'avancèrent ; ils dirent que tous étaient plus ou moins fautifs et se repentaient sincèrement ; que les plus tapageurs étaient des gens ivres, qui ne savaient ce qu'ils faisaient. Il y avait probablement du vrai là-dedans ; de tout temps l'ivresse a joué un grand rôle dans les émeutes tant militaires que civiles, même dans celles qui réussissent et arborent alors le nom triomphant de révolution. Cette fois, pour plus d'un motif, on crut devoir user d'indulgence, et je crois qu'on eut raison.

Le général en chef en jugea de même. Au mois de septembre suivant, quand nous le rejoignîmes à Saragosse, il n'adressa aux soldats qu'une remontrance assez bénigne. Il tint un langage plus sévère aux officiers, leur reprocha d'avoir manqué d'énergie dans cette circonstance. « Messieurs, dit-il en terminant, un seul de vous tous a fait pleinement son devoir, et c'est un des plus jeunes, le lieutenant Brandt. Mais tout le régiment s'est trop bien conduit, avant et depuis, pour que je ne m'empresse pas d'oublier cette malheureuse affaire. » On crut aussi qu'il avait fait en particulier une verte semonce au major, qui avait été au moins imprudent en certaines choses. Toujours est-il qu'à partir de ce jour, cet officier et sa femme s'abstinrent de sortir en voiture à quatre chevaux, comme ils avaient fait jusque-là.

XXVI

Belle campagne de Chlopicki dans les Cinco-Villas. — Excursion pénible à Tiermas. — Une exécution militaire. — Une soirée dramatique et chorégraphique à Saragosse.

Le maréchal Suchet a fort bien expliqué dans ses Mémoires les graves motifs qui le déterminèrent à laisser Chlopicki sur la rive gauche de l'Èbre, au lieu de l'emmener au siége de Tarragone. Il lui donnait une preuve particulière de confiance, en le chargeant d'observer Mina et de le combattre ; « car si ce chef entreprenant fût parvenu à se lier avec les Catalans des hautes vallées, il aurait pu entraîner la population d'une partie de l'Aragon et étendre le soulèvement de manière à isoler l'armée de la France, et à compromettre la subsistance des troupes de siége[1]. »

La confiance du général en chef fut pleinement justifiée. Pendant près de trois mois, par son activité et sa vigilance, le général polonais parvint à tenir en échec cet ennemi si redoutable dans son genre, à préserver de ses incursions la région des Cinco-Villas dont l'armée de siége tirait principalement sa subsistance. Grâce à lui, — grâce à nous, — pas une ration de vivres ne fut détournée de sa destination. Il était devenu la terreur des partisans. Le seul bruit de son approche, ces seuls mots : *El general de los Polaccos,* suffisaient pour les faire fuir à plusieurs lieues de distance. Mais Dieu sait au prix de quelles mortelles fatigues ce résultat fut obtenu ! Il fallait faire sans cesse des marches de sept ou huit lieues par des sentiers de chèvres, escalader des rochers à pic, descendre dans les précipices, endurer tour à tour, à de brefs intervalles, des chaleurs accablantes dans les fonds et des froids rigoureux sur les hauteurs ; — le tout, non pas pour atteindre des ennemis décidément insaisissables, mais pour prévenir leurs des-

1. Suchet, II, 20. Chlopicki avait avec lui les deux régiments de la Vistule et le 14e de ligne.

seins en les forçant de se disperser, d'aller chercher des refuges lointains où l'on courait les relancer encore. Nous avions parfois, dans ces courses enragées, notamment dans les environs de Salvatiana, d'admirables échappées de vue pyrénéennes, dont nous ne goûtions guère le charme. L'aspect de ces cimes neigeuses qu'argentait le soleil, ne rendait ni les chemins, ni le dîner meilleurs.

L'une des plus pénibles excursions dont je me souvienne est celle que nous fîmes le 17 juin de Sos à *Tiermas*, localité renommée pour ses eaux thermales, où l'on nous signalait un rassemblement. Il fallut suivre assez longtemps en amont la crête escarpée qui surplombe la gorge de l'Onzella. Le chemin le plus court et le plus facile eût été de descendre sur Sanguessa, où ce torrent va rejoindre l'Aragon. Mais il importait au contraire que notre marche ne fût pas connue dans cette ville, où Mina avait des intelligences. Nous devions donc préférer, comme d'habitude, les chemins les plus détournés, les moins fréquentés, partant les plus difficiles. Après avoir franchi enfin l'Onzella, nous eûmes à escalader les rochers couverts de chênes-liége, mais non moins abruptes que les précédents, qui dominent le village d'Udnes de Lerda. A la sortie de cette sierra forestière, quand on débouche enfin dans la vallée du haut Aragon, le pays change d'aspect, mais le chemin n'en est pas plus facile. Cette rivière serpente à travers une série de pics isolés et décharnés, qu'il faut tantôt contourner, tantôt gravir. Au sommet du plus élevé de ces pics, à plus de mille pieds au-dessus de nos têtes, nous aperçumes enfin Tiermas, pareil à un nid de vautour. Nous espérions bien que l'ennemi tiendrait dans une position si forte, et nous nous en faisions une fête; car un engagement, même dans les plus fâcheuses conditions, nous semblait préférable à ces poursuites sempiternelles. Mais point! Tandis que nous gravissions le sentier tortueux qui conduisait au village, nous vîmes arriver au-devant de nous les autorités du lieu, qui firent de grands frais d'éloquence pour nous convaincre de leur parfaite innocence et de leur misère. Sous ce dernier rapport du moins elles ne mentaient pas. Je n'ai jamais vu pays plus désert et d'un aspect plus piteux ; à peine apercevait-on çà et là les murs grisâtres de quelques *corrals*[1]... J'allai voir la fameuse source et une sorte d'auberge tout auprès, où se trouvaient quelques baigneurs intrépides. Je ne crois pas avoir vu jamais quelque chose de plus sale, même en Espagne!! Harassés de nos escalades, nous cherchâmes inutilement à nous procurer, en payant, quelques vivres et du vin. Partout on nous répondit invariablement : « il n'y a rien ; — c'est ici un pauvre village ; — on ne vend rien ! » Nous avions peine à comprendre que des créatures humaines eussent eu l'idée de venir percher en un pareil endroit. La plupart des maisons étaient littéralement suspendues

1. Enclos pour les bestiaux, qui servaient souvent de refuge aux guérillas.

au-dessus d'abîmes qui nous donnaient le vertige, à nous qui pourtant avions acquis dans cette guerre une certaine habitude des précipices.

Pendant un séjour assez long que nous fîmes à Sanguessa, les habitants nous accueillirent aussi bien qu'au mois de février précédent, mais renouvelèrent leurs tentatives d'embauchage, et non sans succès. Nous perdîmes en peu de jours par la désertion une quarantaine d'hommes, tant Polonais que Français. Ce regrettable incident donna lieu à une enquête, mais on ne put saisir qu'un seul coupable; un cabaretier qui vendait son vin aux soldats à vil prix, et qui fut accusé par plusieurs d'entre eux de leur avoir offert de l'argent pour s'enfuir à Puente la Reyna, où l'on organisait, disait-il, une légion étrangère au service de l'Espagne. Cet homme eut beau jurer *per la santissima madre de Dios* qu'il était innocent ; il fut condamné par un conseil de guerre et fusillé. Ses compatriotes offrirent inutilement une somme assez forte pour racheter sa vie.

Pendant cette laborieuse campagne, nous vînmes à bout de déconcerter toutes les entreprises de l'ennemi, mais non de l'atteindre. Il aurait fallu pour cela le concours d'autres chefs de corps qui, pour un motif ou pour un autre, nous fit toujours défaut. L'une des plus belles occasions de ce genre fut l'attaque d*Acaejs* (29 mai), à laquelle prit part toute notre brigade. Mina avait véritablement concentré ses forces dans cette position, qui n'est qu'à quatre lieues de Pampelune, et une partie de la garnison de cette ville devait manœuvrer en même temps pour lui couper la retraite. Mais ces troupes manquèrent au rendez-vous, et l'ennemi, quoique surpris cette fois, put encore se dérober après un léger combat d'arrière-garde.

Chlopicki n'en a pas moins montré une remarquable aptitude pour la guerre de montagnes, et fait tout ce qu'il était possible de faire dans de telles conditions, réduit à ses seules forces. La preuve, c'est qu'il ne fut pas plutôt parti avec sa brigade à la fin de juillet, que Mina et ses lieutenants reparurent sur la rive gauche de l'Ebre; et, malgré la présence d'autres troupes, firent des excursions jusqu'aux portes de Saragosse.

Je me trouvais le 2 juillet avec ma compagnie dans cette ville, où l'on m'avait envoyé porter la correspondance, quand on y reçut la nouvelle de la prise de Tarragone (28 février). Cet événement fut accueilli à Saragosse avec une vive satisfaction, non-seulement par les Français, mais par un grand nombre d'Espagnols. On organisa même à cette occasion une course de taureaux, mais les taureaux et les *toreros* étaient plus que médiocres; ce fut un *fiasco* complet. J'assistai aussi à une représentation dramatique dans une espèce de taudis malpropre et mal éclairé; c'était alors l'unique salle de spectacle de Saragosse. Je vis exécuter là le boléro et le fandango d'une façon ravissante, par une danseuse qui faisait alors les délices du public aragonais. Elle n'appartenait à aucune troupe; c'était la fille d'un tailleur, qui ne travaillait que pour l'amour de l'art. Aussi on ne la connaissait que sous le nom de la *Sastre* (tailleuse).

La passion des Espagnols pour la danse est tellement irrésistible, qu'elle domine toutes les préoccupations et toutes les haines. Combien de fois n'ai-je pas vu, aux époques les plus terribles de la guerre, de ces divertissements chorégraphiques improvisés le soir dans d'humbles villages, autour d'un chanteur assis sur la margelle de la fontaine ou du puits. Il n'avait pas plutôt commencé que les assistants entraient en danse, faisant claquer leurs doigts en façon d'accompagnement, à défaut de castagnettes.

XXVII

Une tertulia à Sadava. — Bizarre aventure d'un juif alsacien. — Fête en l'honneur de la maréchale Suchet. — Précautions pour sa sûreté. — Une dernière expédition dans les Cinco-Villas. — En route pour Valence !

Pendant les dernières semaines de notre séjour dans les Cinco-Villas, mon bataillon était cantonné à Sadava, où logeait aussi le général. Il était l'hôte d'une marquise, patriote exaltée, mais assez raisonnable pour s'accommoder aux circonstances, faire la part des événements et celle des individus. Elle nous avait déjà reçus lors de notre premier séjour en février, et dans l'intervalle elle avait hébergé Mina en personne, qui l'avait beaucoup questionnée sur Chlopicki et sur nous. C'était sans doute pour se renseigner plus à fond que cette *senora* voyait très-intimement le général, et donnait de temps à autre des *tertulias*, auxquelles les officiers étaient invités. Je n'avais jamais eu l'honneur d'y paraître, étant presque constamment de service aux avant-postes.

Un jour pourtant, un de mes camarades vint m'y relever, et me transmettre une invitation du général pour venir passer la soirée chez lui. Fort intrigué, je revins endosser mon meilleur uniforme, et me rendis chez Chlopicki. Il était chez sa marquise, et c'était là qu'il m'attendait. Je fus présenté par lui à cette dame, plus très-jeune, mais fort sémillante..... « Vous êtes, me dit-elle, le *commandante de los Cazadores?* je regrette que vos occupations m'aient privée du plaisir de faire plus tôt votre connaissance. » Je ne sais plus ce que je lui répondis, mais je remarquai bientôt que toutes les dames me regardaient curieusement, et que plusieurs causaient de moi avec quelques-uns de mes camarades.

Pendant que je me demandais ce que je pouvais bien avoir de si particulier, on improvisa un petit intermède musical et chorégraphique. Un de nos lieutenants avait un joli talent sur le violon, mon ami Gulicz le chirurgien, qu'on n'a peut-être pas oublié, jouait passablement de la flûte. Le général leur demanda une mazurka, que les autres Polonais exécutèrent, à la profonde stupéfaction des Espagnoles, qui n'avaient aucune idée d'une semblable danse. A la mazurka succéda une valse allemande qui les étonna encore davantage, et les scandalisa même un peu. Elles tenaient à savoir si les señores et señoritas valsant ensemble se tenaient embrassés, comme nous faisions entre nous.

Cependant, m'apercevant que la plupart des dames continuaient à me regarder de temps à autre comme une bête curieuse, je finis par trouver l'occasion de tirer à part un de mes amis, auquel je demandai ce que signifiait cette comédie. J'appris alors que la marquise avait demandé au général s'il était vrai que parmi ses soldats, et même parmi ses officiers, il se trouvât des hérétiques, et l'avait prié de lui en faire voir quelqu'un de près. C'était donc en ma qualité de luthérien que j'étais le lion de la soirée. Il est vrai qu'un capucin, confesseur de la dame, qu'elle avait peut-être fait venir pour m'exorciser au besoin, me ravit une partie de ma gloire, en disant que je n'étais que schismatique.......

Il est certain qu'en Espagne, à cette époque, les gens du peuple croyaient fermement qu'un hérétique ou un juif était une sorte de demi-diable, muni de la queue et des cornes réglementaires. Beaucoup de personnes de la classe aisée, les femmes surtout, n'étaient pas encore bien convaincues du contraire, car la marquise et ses amies paraissaient surprises de voir que nous étions, moi et les soldats mes coreligionnaires, « des hommes comme les autres. »

Un incident tragi-comique, qui eut lieu peu de jours après, montre combien ces préventions superstitieuses étaient profondément enracinées dans les classes populaires.

Le 14e de ligne, qui occupait Tauste, avait alors pour cantinier un juif alsacien nommé Salomon. Cet homme, se trouvant fréquemment en rapport avec des gens du pays pour des achats de denrées qu'il payait fort bien, avait acquis une certaine popularité dans le pays, et s'imaginait n'avoir plus rien à craindre. Un jour qu'il voyageait avec un détachement envoyé en reconnaissance, il crut pouvoir demeurer pendant quelques instants en arrière dans un village, malgré l'avis du commandant. Comme il ne reparaissait pas, on envoya à sa recherche une patrouille, qui trouva le pauvre homme étendu par terre au milieu du chemin, tout nu et demi mort de peur. Plusieurs individus s'étaient jetés tout à coup sur lui à la sortie du village, l'avaient dépouillé de ses vêtements, puis étaient partis en disant: *non e judio, non tene coda.* (Ce n'est pas un juif, il n'a pas de queue!) Sa carriole et ses habits furent retrouvés intacts, ce qui prouve bien que les assaillants étaient des imbéciles et non des voleurs.

Le général en chef, investi d'un pouvoir à peu près absolu dans les provinces qu'il occupait, et promu à la dignité de maréchal après la prise de Tarragone, s'était déterminé à faire venir sa femme auprès de lui. Nous ne fûmes informés de son approche qu'au dernier moment. Mais quelques jours auparavant, les voltigeurs du 2e de la Vistule avaient reçu l'ordre d'aller faire une reconnaissance minutieuse du côté d'Ayerbe, sur la rive gauche du Gallego. Nous ignorions absolument ce qui nous valait cette corvée dans une région tout à fait en dehors de notre zone ordinaire d'opérations. La chaleur y était extrême, les chemins aussi mauvais qu'en aucun endroit de la Péninsule. Pour comble d'agrément, il y régnait alors un de ces brouillards d'été qu'on nomme *calina* en Espagne. Ce nom gracieux sert à désigner quelque chose qui ne l'est guère, une vapeur épaisse et brûlante qui vous coupe la respiration. Nous fûmes *câlinés* sans relâche, tandis que nous battions toute la contrée entre le Gallego et l'Isuela[1]. Conformément à nos instructions, nous passâmes successivement à Ayerbe, Bolea et Huesca; puis nous revînmes sur Ayerbe, après avoir fait notre rapport aux commandants militaires de ces trois places. Ce rapport ne fut pas long : nous n'avions absolument rien vu, rien entendu dire de l'ennemi. Le 10 août, après une marche longue et fatigante, nous étions de retour à Exéa dans les Cinco-Villas, où le quartier général avait été transféré depuis le 30 juillet.

Le lendemain 11, le maréchal y parut à l'improviste, et ce fut seulement alors que nous apprîmes le motif de cette promenade. La maréchale était attendue d'un moment à l'autre dans le pays que nous venions d'explorer. On ne pouvait prendre trop de précautions en pareille occurrence; aussi nous retournâmes faire une seconde battue autour d'Ayerbe immédiatement

1. Affluent de la Cioca.

avant l'arrivée de la maréchale, qui eut lieu le 19. Elle fut reçue avec des honneurs quasi-royaux. Sous ses yeux, des groupes de jeunes gens armés de bâtons blancs figurèrent une sorte de pyrrhique ou danse guerrière; plusieurs couples de *bailadores* et *bailadoras* exécutèrent des boléros ou des fandangos, enfin, un guitariste improvisa une *jota* à la louange du maréchal[1]. Cette scène nocturne, éclairée par de nombreux falots, avait une physionomie fort pittoresque. Le maréchal circulait dans les groupes avec sa femme, et semblait plein de bonne humeur et de confiance. Il s'en fallait pourtant que cette confiance fût absolue, car aucun officier n'assista au souper final. On nous renvoya sans bruit à nos postes, avec recommandation de nous tenir plus que jamais sur nos gardes. Ces précautions n'étaient pas inutiles; Suchet savait que plusieurs chefs de guérillas auraient volontiers troublé la fête........

Ma compagnie faisait partie du bataillon d'élite, qui escorta, d'Ayerbe à Sanguessa, la litière de la maréchale. Pendant ce trajet de cinq jours, nous n'aperçûmes qu'un petit nombre de vedettes ennemies, qui s'enfuirent à toute bride. Nous arrivâmes à Sanguessa le 24, sans accident d'aucune sorte. Avant de quitter la région des Cinco-Villas, nous fîmes encore quelques battues, dont l'une des dernières donna d'assez beaux résultats. En arrivant le 30 à Un Castillo, nous avions appris que l'un des

1. Sur ces *jotas*, v. M. Davillier, *Voyage en Espagne* (Hachette).

principaux lieutenants de Mina, Pesaduro, était dans les montagnes à quatre ou cinq lieues de là, à Pentaño sur l'Onzella, et s'y gardait assez mal. Nous fîmes ostensiblement nos préparatifs de retour sur Exea, dans une direction tout à fait opposée. La nuit venue, on fit volte-face et on piqua brusquement au nord, sur Lobera. Après six heures de marche forcée dans les montagnes, nous atteignions Pentaño au point du jour, « l'heure du berger » des surprises militaires. Malheureusement nous avions été aperçus dans ce trajet par un individu de Lobera, que ses compatriotes accusaient d'être *afrancesado*. Il ne voulut pas manquer cette occasion de se réhabiliter, et courut avertir Pesaduro, qui n'eut que le temps de déguerpir avec le gros de sa troupe. Mais il perdit ses vivres, ses bagages et une partie de son arrière-garde, que je fus chargé de conduire à Exea. Comme parmi ces prisonniers se trouvait le frère de Pesaduro, j'étais à peu près sûr d'être attaqué en chemin. En conséquence, je fis attacher celui-là sur un mulet, lier les autres trois par trois, et je les prévins qu'à partir de ce moment, je les considérais tous comme solidaires, *ergò* qu'à la première tentative d'évasion, je casserais la tête à tout le monde. Ma petite harangue fit son effet. Nous reçûmes bon nombre de coups de feu en route, mais pas un prisonnier ne broncha.

Enfin, dans les premiers jours de septembre, nous fûmes relevés de la garde des Cinco-Villas par des troupes de nouvelle formation venant de la Navarre, de beaux hommes bien équipés, mais plus habitués à coucher dans les casernes qu'à la belle étoile. Nous allâmes rejoindre à Saragosse le maréchal Suchet, qui nous appelait à faire partie de sa glorieuse et difficile expédition de Valence. Nous rentrâmes dans ce beau pays par Morella et San Mateo, route que nous avions déjà suivie lors de l'expédition de Tortose. Les nuits étaient d'une sérénité incomparable; on y voyait alors flamboyer cette fameuse comète, dont l'apparition fut considérée,—après l'événement,—comme un présage assuré de la chute de Napoléon[1].

1. La relation des siéges de Sagonte et de Valence n'offre rien de très-particulier. Nous y relevons seulement une anecdote assez curieuse sur un officier qui devait parcourir une longue et glorieuse carrière, le futur duc d'Isly. Le chef de bataillon Bugeaud, déjà cité plus d'une fois par son courage, était aussi versificateur à ses moments perdus. La paix de Sagonte lui inspira une ode dans laquelle il faisait intervenir l'ombre d'Annibal apparaissant à Suchet, et l'engageant à marcher sur ses traces. Après la conquête de Valence, quand Bugeaud fut nommé commandant de cette place, on supposa que le souvenir de son ode n'y avait pas nui. On disait qu'Annibal était *réapparu* au maréchal pour lui recommander Bugeaud.

XXVIII

Dernière entrevue avec Suchet. — Je suis chargé de conduire le général Blake en France. — Incidents divers de cette conduite jusqu'à Tortose. — Intervention et langage désobligeant du colonel Pépé, qui me décident à tomber malade.

Le lendemain de la capitulation de Valence (10 janvier 1812), je reçus l'ordre de me rendre immédiatement avec ma compagnie à Murviedro, où se trouvait le maréchal, qui avait à me parler.

« Je vous ai choisi, me dit-il textuellement, pour commander l'escorte du général Blake[1]. *Vous lui rendrez les honneurs dus à un général en chef, et vous le garderez comme un coquin.* Vous recevrez de mon chef d'état-major la liste des personnes qui accompagnent Blake en France. Arrangez-vous pour partir dès demain matin. J'ai toujours eu lieu d'être content de vous ; je ne doute pas que vous ne vous acquittiez encore de cette *mission un peu pénible* à mon entière satisfaction. Adieu, *à revoir à Valence!* »

Mais il était écrit que je ne reverrais ni Valence, ni le maréchal duc d'Albuféra !

1. La prise de Valence venait de mettre en notre pouvoir 18,219 prisonniers de guerre, dont 898 officiers ; vingt-trois généraux, et à leur tête le capitaine-général Blake, etc. Tous furent dirigés sur la France. (Suchet). Pendant toute cette campagne, Blake avait fait preuve de la plus profonde incapacité.

Dans cette dernière entrevue, il m'avait paru non pas soucieux, mais souffrant, et en effet il tomba sérieusement malade peu de temps après. J'ai conservé un véritable culte pour son souvenir. Bien qu'il n'ait pas jugé à propos de faire figurer mon nom dans ses Mémoires, je ne puis oublier qu'il parlait souvent de moi comme d'un des jeunes officiers sur lesquels il comptait le plus ; qu'il m'a honorablement cité dans des ordres du jour ; que c'est lui qui a obtenu pour moi la décoration de la Légion d'honneur, et qu'il voulut bien me l'apporter luimême, quand j'étais à Teruel sur mon lit de douleur !

La liste qui me fut remise comprenait en tout onze personnes, savoir : les généraux Blake, Zogas, Carlos O'Donnell et leurs aides de camp, puis quelques officiers de la légion étrangère, et notamment deux futurs généraux prussiens, le chef de bataillon *Grolmann* et le lieutenant *Lützow*, qui ont joué un rôle important dans les péripéties de 1813. Ces deux officiers furent rayés de la liste ; ils restèrent en Espagne et y furent échangés. Ce fut pour eux un grand bonheur, surtout pour Lützow qui put ainsi, lors de la levée de boucliers prussienne, organiser ce régiment de chasseurs dont le souvenir est resté légendaire en Allemagne.

Le départ eut lieu le lendemain à dix heures du matin. Le convoi se composait du carrosse du capitaine-général, d'une forme assez archaïque, d'une voiture à deux roues contenant ses effets personnels, et de plusieurs autres véhicules à ridelles en cuir, dans lesquels les officiers, aides de camp et domestiques étaient assis de côté, comme on est aujourd'hui dans les omnibus. A la première étape, j'eus tout le temps d'examiner en détail mon principal prisonnier, qui m'avait invité à dîner. C'était un homme de soixante ans, triste et taciturne, ce qu'expliquait assez sa position, et qui ressemblait beaucoup (physiquement) au grand Frédéric.

A Castellon de la Plana, où nous arrivâmes le 12 au soir, Blake voulut s'arrêter toute la journée du lendemain, et assister à la messe. Je n'y mis pas d'opposition, me contentant de faire faire bonne garde à toutes les issues de l'église. Il en sortit la mine assez basse; pendant toute la cérémonie, il avait entendu retentir à ses oreilles les épithètes de lâche et de traître. A l'étape suivante, Oropesa, le malheureux capitaine-général essuya un autre genre de désagrément. A son arrivée dans la place, le commandant, qui était un vieux capitaine de mon régiment, voulut absolument faire tirer le nombre de coups de canon prescrit par le règlement pour l'entrée d'un général en chef, nonobstant les instances de Blake lui-même, qui naturellement se souciait peu, dans sa position, d'être annoncé avec tant de fracas. « Votre capitaine, me dit-il avec humeur, est un terrible amateur d'artillerie ». La vérité est que nous lui devions bien cela!.....

Dans la journée du lendemain, suivant toujours la route du littoral, nous passâmes au milieu des troupes occupées au blocus de Peniscola. Ce donjon, perché comme un nid d'aigle sur un roc presque isolé de 2500 pieds de haut, était réputé imprenable, ce qui n'empêcha pas la garnison de capituler trois semaines après[1]..... A l'étape suivante (Benicarlo), la conversation tomba pendant le dîner sur le duc de Vendôme, le vainqueur de Villa-Viciosa, qui mourut d'une indigestion, le 11 juin 1712, à Vinaroz, tout près de Benicarlo. « Il dut ainsi à son intempérance, dit tristement Blake, le bonheur de mourir au plus beau moment de sa carrière militaire, dans tout l'éclat de la victoire... »

Le 17, nous franchissions la Cenia, qui forme de ce côté la limite du territoire valencien. J'adressai à ce beau pays un adieu que je ne prévoyais pas devoir être éternel. Le proverbe espagnol n'est vrai qu'à moitié : Valence est bien un paradis, mais les habitants n'ont rien de diabolique. Tout ce qu'on peut dire, c'est qu'ils ont dans les veines plus de sang moresque que les Castillans et les Aragonais...

Uldecona, où nous allions coucher cette nuit-là, passait pour fort exposée aux surprises de l'ennemi; et l'aspect de ce lieu justifiait bien sa réputation. C'est une bourgade située dans une région très-boisée, aux confins des trois provinces d'Aragon, de

1. Le maréchal Suchet (II, 243), s'est efforcé de donner une couleur honnête à cette reddition. Napier (VII, 392), est d'un avis différent. Elle fait penser au mot bien connu de Philippe de Macédoine, sur le moyen infaillible de réduire les places les plus fortes.

Catalogne et de Valence. A notre grande surprise, cet endroit suspect n'avait pas de garnison! En conséquence, je m'installai là tout à fait militairement, et débutai par une reconnaissance en règle des abords de la maison où était descendu *mon* général. Cette demeure n'était rien moins que commode à surveiller. Elle avait un jardin, planté de grands arbres, qui touchait l'un des derniers contre-forts boisés de la sierra. De plus, la chambre du général avait une porte qui donnait sur un balcon aboutissant à un escalier qui conduisait au jardin. Il eût été difficile d'imaginer une disposition de lieux plus favorable à une évasion.

Je pris mes mesures en conséquence. Je désignai d'avance les postes qui seraient occupés pendant la nuit tout autour de la maison et du jardin, et notamment sur la hauteur voisine. Après le dîner, qui se prolongea assez tard, je pris congé du général, et, au lieu de me coucher, j'allai m'assurer que toutes les dispositions prescrites avaient été exécutées. Cette visite des postes me conduisit jusqu'au milieu de la nuit. A une heure du matin, me trouvant dans le jardin, j'eus l'idée de monter l'escalier du balcon.

J'étais là aux aguets depuis quelques minutes à peine, quand j'entendis s'ouvrir doucement la porte de la chambre du général. C'était lui-même, déjà ou encore tout habillé à cette heure! Il m'aperçut à son tour, et demanda vivement qui était là? Je répondis le plus respectueusement qu'il me fut possible : *El commandante de la gardia de S. E.*

Il dit avec humeur : *entendo, entendo*, et rentra brusquement dans sa chambre. Le lendemain, quand j'allai lui présenter mes devoirs et m'informer de l'heure du départ, je ne fus pas reçu ; il m'envoya la réponse par un de ses aides-de-camp.

Après quelques heures de marche, nous nous retrouvions dans la belle et fertile huerta de Tortose, de nous si bien connue. Nous rencontrions de temps en temps des détachements de la garnison française, envoyés à la découverte, car il fallait toujours se garder des guérillas, même après les plus grands succès. Mes voltigeurs, qui avaient longtemps fait là ce métier d'éclaireurs pendant le blocus et le siége, reconnaissaient chaque groupe d'arbres, chaque maison, et aussi maint endroit où ils avaient enterré de leurs camarades. Pour moi, mon cœur se serrait en songeant que, depuis la prise de Tortose, c'est-à-dire dans l'espace d'une année, au moins un tiers de ma compagnie avait péri en Navarre, en Aragon, devant Sagonte et Valence...

Nous approchions de Tortose, quand je vis venir au-devant de nous un colonel d'état-major napolitain, que j'avais déjà vu quelques jours auparavant à Castellon, où il avait eu un long entretien avec Blake à la portière de sa voiture. Il m'arrêta au passage pour me reprocher d'avoir insulté un malheureux par une surveillance offensante. Je répondis aussi tranquillement que je pus : « Monsieur le colonel, je n'ai fait que remplir les ordres que monsieur le maréchal m'a donnés en personne.

— Taisez-vous, monsieur, reprit-il avec emportement, vous avez mal compris vos ordres, j'en ferai mon rapport à monsieur le maréchal. » Après cette étrange algarade, il donna de l'éperon à sa monture et disparut.

Il était, en effet, bien étrange qu'on vînt me reprocher un excès de précaution, quand on venait de voir s'évader, dans des circonstances absolument semblables, quatre généraux espagnols (O'Donoja, Renovalès, Villacampa et Campo Verde), dont les deux premiers avaient donné leur parole d'honneur de ne pas chercher à fuir.

Je ne savais pas encore le nom de cet officier, ni quel droit il avait de m'adresser cette objurgation. Mais, comme je l'ai dit ailleurs, les Napolitains n'étaient pas en odeur de sainteté; aussi ma première idée fut que celui-là était d'intelligence avec Blake pour le faire sauver, et m'en voulait d'avoir fait manquer le coup. Quelques heures plus tard, j'appris du commandant de Tortose que ce colonel se nommait *Pépé,* et qu'il était effectivement chargé par le maréchal d'accompagner Blake, et investi d'une sorte de contrôle supérieur sur tous les détails de son transport en France. Cette mission lui avait sans doute été donnée au moment même de son départ, car la veille le maréchal ne m'en avait rien dit.

Cet incident me mettait dans une fausse position vis-à-vis du colonel. J'allai le trouver pour avoir une explication avec lui, mais il me fit dire qu'il n'avait pas le temps de me recevoir. D'autre part, je ne fus pas invité ce soir-là au dîner du général, comme je l'avais toujours été jusque-là. Aussitôt je pris un grand parti. J'écrivis au colonel Pépé que, pris d'un violent accès de fièvre, je me voyais forcé de remettre le commandement de l'escorte au second lieutenant. Puis je me mis au lit, ce qui ne m'était pas arrivé depuis plusieurs mois, car pendant les deux derniers siéges nous avions été employés sans relâche, mes voltigeurs et moi, tantôt dans les tranchées, tantôt à la poursuite des guérillas. J'étais réellement à bout de forces, et surtout de patience.

Dix ans après, ce même colonel Pépé, devenu général, s'est conduit d'une façon si équivoque et tortueuse dans les révolutions de son pays, que mes anciens soupçons me sont revenus. Après tout, s'il avait réussi à faire échapper un pareil général, et si la junte de Cadix avait eu la simplicité de lui confier une nouvelle armée, ce Napolitain aurait rendu involontairement un fameux service à la France[1]!

1. Nous devons dire que rien de sérieux ne justifie ce soupçon, puisque Blake, toujours accompagné par le colonel Florestan Pépé, fut conduit en France et y resta jusqu'en 1814. Pépé s'était antérieurement distingué sous les yeux de Suchet, et sa conduite dans la Révolution de Naples a été aussi vivement défendue qu'attaquée. Nous croyons que l'auteur de ces souvenirs a été égaré cette fois par son ressentiment personnel. Peut-être aussi a-t-il confondu *Florestan* Pépé, dont il s'agit ici, avec son frère Guillaume, devenu comme lui général, et dont le rôle dans cette même Révolution fut tout autre et des moins honorables. (*N. du T.*)

XXIX

Séjour à Tortose. — Les prisonniers espagnols. — Nouvelle d'une guerre probable avec la Russie. — Escorte d'un dernier convoi de prisonniers. — Traversée pénible des Pyrénées.

J'obtins aisément une prolongation de séjour du commandant de place, un lieutenant-colonel du 44e de ligne, nommé Miller, que je connaissais d'ancienne date, et qui me donnait raison contre le Napolitain. Je restai alité tant que Blake fut dans Tortose, mais il n'en eut pas plutôt franchi le seuil, que je fus en état de me lever. Je profitai de cette guérison plus ou moins miraculeuse, pour aller revoir les positions que nous avions occupées pendant le siége. Presque tout était déjà si changé, que je ne me reconnaissais plus. Ainsi, la charrue avait passé sur les tombes de mes pauvres amis Ball et Solnicki, et il me fut impossible d'en reconnaître l'emplacement.

Je passai à Tortose environ trois semaines, pendant lesquelles je voyais arriver tous les jours des convois de prisonniers valenciens, dirigés sur la France à la suite de leur triste général. C'étaient de petits hommes trapus, très-bruns, à l'œil étincelant. J'aurais bien voulu causer avec eux, mais il m'était impossible de comprendre leur dialecte. Ils étaient traités avec humanité, et semblaient généralement en bonne intelligence avec les escortes, et tout à fait résignés à leur sort. Aux haltes et aux étapes, il se formait aussitôt des groupes. Dans les uns, on jouait aux cartes; ailleurs, on entendait bientôt résonner la guitare et la *dulzaïna*, sorte de flûte grossière, assez semblable à celle des tribus du Caucase. Tous finissaient par sauter et danser, comme s'ils eussent été encore dans leurs villages! La danse est pour l'Espagnol un besoin bien autrement impérieux que la nourriture. Les plus gais dans leur malheur étaient des étudiants au nombre de 3 ou 400, qui avaient servi comme artilleurs auxiliaires; on les reconnaissait à leurs grosses cocardes rouges. C'était parmi ceux-là que se trouvaient les meilleurs guitaristes, les plus intrépides danseurs. Je vis pourtant un jour de ces prisonniers qui n'avaient guère envie de danser ni de rire; c'était un convoi de 4 à 500 moines, qui avaient pris part à la défense de la ville, et même tenté de soulever le peuple depuis la capitulation. On avait cassé la tête aux plus mutins, et on déportait les autres. L'escorte de ce pieux convoi se composait de quelques compagnies des 2e et 3e de la Vistule, commandées par un officier d'état-major. Il y avait là des moines appartenant à bien des ordres divers, et par conséquent une grande variété de costumes noirs, gris, bruns, blancs, etc. Le chef de l'escorte avait groupé ensemble les religieux d'un même ordre, et composé ainsi ce qu'il appelait facétieusement une mosaïque ambulante. Tant qu'ils furent dans la province de Valence, leur sort resta fort tolérable. Ils étaient partout accueillis en martyrs, mais non en anachorètes, car les meilleurs morceaux étaient pour eux. On s'agenouillait sur leur passage, les mères leur présentaient les enfants à bénir. En Aragon, ce n'était déjà plus la même chose ; en France, ce fut pis encore...

Seize bataillons de l'armée de Suchet étaient employés à escorter ces transports de prisonniers en France : le mien était du nombre. Ces conduites duraient en moyenne une quarantaine de jours, quand les communications avec la France n'étaient pas absolument interceptées, ce qui arriva plusieurs fois. Il fallait alors, pour les rétablir, faire marcher des troupes nombreuses ; et en tout temps on ne pouvait être trop sur ses gardes.

Le 21 janvier, trois compagnies de mon régiment passèrent à Tortose. Je racontai au lieutenant-colonel (Beyer) qui les commandait, ce qui s'était passé entre Pépé et moi. Il me conseilla d'attendre à Tortose le retour du bataillon, parce qu'on ne pouvait pas savoir encore ce qui avait pu être rapporté au maréchal, et comment il prendrait la chose. Quinze jours après, mon bataillon ne paraissant pas encore, je me disposais à partir pour aller au-devant de lui dans la direction de Saragosse, quand je rencontrai, par hasard, un aide de camp de Chlopicki. Il m'apprit qu'on venait de recevoir l'ordre d'acheminer de suite vers la France les régiments de la Vistule, destinés selon toute apparence à être employés dans une très-prochaine guerre contre la Russie. Cet ordre fut exécuté avec une promptitude remarquable. Je partis de Tortose le 10 février avec le seul bataillon du 2e de la Vistule qui se trouvât encore en arrière, employé au blocus de Peñiscola, et une partie du 1er. Ces troupes escortaient un nombreux convoi de prisonniers, parmi lesquels il s'en trouvait un millier d'enchaînés. C'étaient des Valenciens accusés d'avoir participé au massacre des Français dans le soulèvement de 1808.

Cette fois, nous quittions l'Espagne pour n'y plus rentrer. Je dois dire que la perspective de cette nouvelle guerre souriait médiocrement à nos soldats, pourtant si patients et si braves. Quelques-uns, nés dans les environs de Pultusk et d'Ostrolenka, racontaient à leurs camarades qu'ils avaient vu dans leur pays des milliers de blessés périr abandonnés dans la boue, pendant la terrible campagne d'hiver de 1807. Chlopicki, qui avait jadis servi dans l'armée de Souvorov contre les Turcs, puis combattu contre les Russes lors de l'insurrection polonaise de 1794 et plus tard en Italie, considérait cette nouvelle complication comme très-sérieuse. « Napoléon, disait-il, use la chandelle par les deux bouts ; il finira par se brûler les doigts ! »

Pendant le trajet de Saragosse à Jaca (18/29 février), nos soldats, fatigués et honteux de faire l'office de geôliers ambulants, laissèrent s'échapper beaucoup de prisonniers. Jaca, chef-lieu du haut Aragon et position militaire importante, était occupée par une forte garnison française. J'aurais bien voulu aller visiter, dans le voisinage, l'un des sanctuaires espagnols les plus vénérés, le couvent de San Juan de la Peña, où sont les tombeaux des rois d'Aragon, mais il aurait fallu l'escorte d'un bataillon pour cette partie de plaisir.

La traversée des Pyrénées en plein hiver ne pouvait être que fort pénible, d'autant plus que nous coupions au plus court à travers les montagnes par un chemin impraticable pour les voitures. Les nôtres devaient faire le grand tour par Tudela et Pampelune, et nous rejoindre à Bayonne.

Nous eûmes surtout à souffrir dans le trajet de Jaca à Lanfranc, à partir d'un misérable village nommé Castello, où commence la plus rude partie de l'ascension. Tous les cavaliers furent obligés de mettre pied à terre, et de gravir une rampe escarpée, sorte d'escalier à hautes marches, couvertes de cailloux éboulés. Le commencement de cette montée n'était pas moins pittoresque que fatigant. Autour de nous ce n'étaient que sombres futaies, prairies encore vertes, sillonnées de torrents nombreux dont le bruit couvrait notre marche ; au-dessus, les hautes cimes neigeuses dont chaque pas nous rapprochait. Quand nous eûmes dépassé un autre village, *Villa Nueva*, la route devint encore plus pénible et même dangereuse. Ce n'est plus, pendant assez longtemps, qu'une étroite corniche où les chevaux et les mulets ne peuvent passer qu'un à un, suspendue à une grande hauteur au-dessus d'un précipice au fond duquel mugit l'Aragon. Pour comble de malheur, un ouragan de neige vint nous assaillir dans ce mauvais passage. Plusieurs chevaux et mulets trébuchèrent et roulèrent dans l'abîme; un malheureux officier espagnol qui avait assujetti trop solidement à son bras la bride de sa monture, ne put se dégager à temps et fut entraîné avec elle.

XXX

Arrivée à la frontière française. — Un dernier regard sur l'Espagne. — Encore le capitaine sorcier. — Incident burlesque. — Napoléon et le capitaine Smett. — La cantinière du 2e de la Vistule. — La maison de Bernadotte.

Après deux jours de marche dans ces âpres sentiers, nous atteignîmes enfin la frontière française, au delà de Candols, le dernier village espagnol dans cette direction. Il y eut là un moment d'émotion presque solennel. Instinctivement tous les regards se tournèrent du côté de l'Espagne. On prenait congé d'elle comme d'une ancienne connaissance qu'on ne reverra plus; on donnait un dernier souvenir à tant d'amis restés en arrière pour toujours... Soudain, j'entendis prononcer mon nom par une voix qui me fit tressaillir, et je vis à côté de moi le vieux visionnaire Rakowski. C'était la première fois qu'il m'adressait la parole depuis le jour où, en sa présence, j'avais appris dans la tranchée de Tortose la mort de Zarski qu'il avait prédite.

— Eh bien! me dit-il, lieutenant Brandt, vous rappelez-vous votre ami? Moi, j'y pense quelquefois. Hier c'était son tour, demain ce sera le nôtre. Je connais les Russes, ce sont de rudes adversaires!

Et, sans attendre ma réponse, il s'éloigna de quelques pas pour gravir un tertre sur lequel il resta longtemps immobile, les bras croisés, regardant du côté de l'Espagne.

— Que vous disait donc le vieux sorcier? me dit un instant après un lieutenant de sa compagnie. C'est un véritable oiseau de mauvais augure. Du matin au soir, il nous rabâche de Souvorov, de la Trebbia, de Novi; il prétend que jusqu'ici nous n'avons pas su ce que c'était que la guerre, nous autres jeunes gens, mais que nous allons l'apprendre là-bas. J'espère que le diable l'y attend pour lui donner son compte...

Le diable l'y attendait en effet, et bien d'autres avec lui...

Un incident burlesque vint faire diversion à nos pensées mélancoliques. Plusieurs soldats s'amusaient de même, pendant cette halte, à gravir des rochers pour jeter un dernier coup d'œil en arrière. L'un d'eux, parvenu à la cime de l'une de ces roches, qui lui faisait une sorte de piédestal, au lieu de se tourner vers l'Espagne se retourna dans l'autre sens, abaissa ses *inexpressibles* et s'écria : « Voilà pour toi, maudit pays, qui as dévoré tant de mes camarades! »

Ce singulier adieu trouva des approbateurs; mais un capitaine de ma compagnie nommé Smitt, qui n'aimait pas Napoléon, fit observer « que ce soldat *s'était trompé d'adresse*, que ce n'était pas l'Espagne qui méritait une pareille apostrophe, mais bien celui qui l'avait mise dans la nécessité de se défendre... »

La rancune de cet officier contre Napoléon remontait à l'époque des événements de Bayonne (1808), et d'une revue que l'empereur y avait passée de notre régiment, arrivant de Cassel et entrant en Espagne. Ce jour-là, Napoléon sortait justement d'une entrevue avec les Bourbons. Aussi il était en voiture, contre sa coutume, et en grande tenue de cour, souliers fins, culotte et bas de soie; avec tout cela d'une humeur massacrante. A propos d'un mouvement mal exécuté, il dit tout haut : « Le préfet de Cassel a eu bien raison de m'écrire que messieurs les officiers de ce régiment-ci ne faisaient autre chose que de jouer aux cartes, et les soldats de se saoûler, mais j'y mettrai bon ordre. » Voyant un des chefs de bataillon qui, véritablement, se tenait assez mal sur sa monture, il lui dit d'un ton bourru : « *vous voilà à cheval comme le vieux Frédéric!* » Mais ce fut la compagnie Smitt qui fut la plus maltraitée. Il faut dire aussi que, par un malheureux hasard, les trois principaux officiers de cette compagnie composaient un ensemble assez disgracieux, sinon grotesque. Le capitaine était un tout petit homme maigre; le premier lieutenant plus maigre encore, mais d'une taille gigantesque; le second lieutenant aussi petit que le capitaine, mais rond comme une boule. L'Empereur, après avoir regardé un moment ce trio, dit au colonel quelques mots à voix basse, que véritablement personne n'entendit. Mais ces jeunes officiers, qui n'aimaient pas Smitt, prétendirent que Napoléon avait ordonné d'envoyer les lieutenants de cette compagnie au dépôt, et qu'après un instant de réflexion, il avait ajouté, « et le capitaine aussi. » Cette histoire vraie ou fausse avait couru tout le régiment, et voilà pourquoi l'empereur Napoléon avait eu la male chance d'être pris en grippe par le capitaine Smitt.

En arivant à Urdos, première ville française, je fus fort surpris d'apercevoir, cheminant allègrement sur la route devenue carrossable, l'équipage de dame Lewczakowa, notre cantinière, une brave et digne femme, que j'avais vue plus d'une fois en plein champ de bataille, secourant et enlevant des blessés. En dépit des ordres contraires, elle n'avait pas voulu quitter la colonne, s'était entendue avec quelques-uns des prisonniers espagnols qui avaient demonté sa voiture, et en avaient transporté les pièces à travers les montagnes, ainsi que ses provisions et ses bagages, qui se retrouvèrent intacts. Il ne lui en avait coûté que quelques tasses de chocolat, et quelques petits verres de *schnaps*. — Toutes ces cantinières, tant françaises que polonaises, se faisaient remarquer par leur courage. En revanche, les maris, beaux et solides gaillards, étaient presque toujours de mauvais soldats, trouvant mille prétextes pour se dispenser du service et ne figurant guère qu'à la parade...

Notre voyage à travers la France jusqu'à Paris s'accomplit sans incident notable, et dans les conditions les plus satisfaisantes. A Pau, je me trouvai logé avec ma compagnie tout près de la poste aux chevaux, et de la maison où Bernadotte avait reçu le jour et passé les premières années. Le maître de poste affirmait l'avoir beaucoup connu dans sa jeunesse et l'avoir vu souvent, dans les moments de presse, faire l'office de postillon auxiliaire. Il paraît que le futur roi de Suède donnait du cor dans la perfection, et ne dédaignait nullement les pourboires. Il me semble encore voir ce berceau d'une des fortunes les plus étonnantes, sinon les plus enviables de notre siècle; cette gentille maisonnette à deux étages, avec ses trois fenêtres de façade et leurs jalousies vertes, le tout d'un aspect si placide et si modeste!

Dans le Bordelais, nos soldats étaient tellement enchantés du bon vin et de l'accueil des habitants, que beaucoup parlaient de revenir finir leurs jours dans cet aimable pays. Hélas! de ceux qui faisaient ce rêve en mars 1812, pas un seul peut-être n'a pu le réaliser. Moins d'un an plus tard, presque tous étaient morts!

DEUXIÈME PARTIE

RUSSIE (1812)

XXXI

Revue du 22 mars 1812. — *Morituri te salutant!* — Excursion à Vincennes. — Sedan. — Metz. — Symptômes de lassitude en France. — Organisation remarquable du service d'étapes.

Le 22 mars 1812, les régiments polonais, rappelés d'Espagne en toute hâte, étaient alignés sur la place du Carrousel, où l'Empereur allait les passer en revue[1]. Il faut avoir vécu et servi dans ce temps-là pour comprendre combien était grande alors l'importance d'une telle fête militaire, et quelle émotion faisait palpiter le cœur des plus braves à l'approche et à l'aspect de cet homme extraordinaire.

Ceux des officiers du 2e de la Vistule qui avaient assisté à la revue de Bayonne en 1808, n'étaient rien

1. Officiers et soldats avaient fait une bonne partie du trajet en voiture, depuis Montlieu (Charente-Inférieure), jusqu'à Versailles.

moins que rassurés. Nous avions à notre gauche un régiment de la vieille garde, dont les officiers nous montrèrent, sur le balcon du palais, l'Impératrice et plusieurs dames de la cour impériale, célèbres alors par leur beauté.

Après une heure d'attente, le mot : *Attention!* retentit de rang en rang, et nous vîmes arriver Napoléon par la droite de la division, accompagné de Berthier et de plusieurs autres généraux. En passant devant notre bataillon, il s'arrêta juste en face de moi ! et me dit : «Combien as-tu de blessures?

— Deux, sire, plus quelques contusions.

— Eh bien! tu es jeune encore, tu seras capitaine plus tard. »

Un soldat du deuxième rang, d'un embonpoint excessif pour un voltigeur, attira son attention. « Demandez-donc à celui-là où il est devenu si gras, » dit-il au général Krasinski, en lui désignant l'homme du doigt. Le soldat ayant répondu que c'était en France, Napoléon ajouta en souriant : « Dites-lui de se mettre au régime, car d'ici peu de temps ils pourront bien jeûner. »

L'Empereur ne croyait pas dire si vrai!

Suivant son habitude, il goûta du pain de munition, fit sortir des rangs un soldat dont il examina en détail l'équipement. Enfin, s'adressant au colonel : « On ne dirait pas que le régiment vient de faire une si rude campagne. Je suis satisfait de l'habillement, de l'équipement, de la tenue; dites cela au régiment. »

Pendant le défilé, les Polonais, qui attendaient de la nouvelle guerre la restauration complète de leur patrie, crièrent avec enthousiasme : *Vive l'Empereur!* C'était bien, pour la plupart d'entre nous, le salut funèbre des gladiateurs de Rome : *Morituri te salutant!*

Le départ étant fixé au 26, il ne restait aux officiers polonais, logés à Vaugirard, que trois jours pour visiter Paris.

Pendant tout ce temps, comme bien on pense, nous ne posâmes guère dans nos logements; nous n'y paraissions que bien juste le temps nécessaire pour faire toilette. Notre hôtesse, jeune femme qui semblait fort intelligente, nous dit une fois : « Savez-vous, Messieurs, que vous êtes bien moins sages que les Français? ils ne gaspillent pas leur argent et n'abîment pas leur santé comme vous.

— Ce n'est pas étonnant, Madame, répondit l'un de nous. Ils sont du pays; ils peuvent revenir à Paris quand ils veulent; mais pour nous, c'est peu probable! Il faut donc profiter de l'occasion. »

Dans nos excursions, nous n'eûmes garde d'oublier le château de Vincennes. Mais quand l'un de nous prononça le nom du duc d'Enghien, le concierge, ancien sous-officier d'artillerie, nous dit d'un ton rogue : « Messieurs, on vient ordinairement ici pour voir l'arsenal et nos établissements militaires, et je suis prêt à vous y conduire. » En nous tenant ce langage, cet homme obéissait évidemment à une consigne. Seulement, quand il eut fait faire aux visiteurs la tournée réglementaire et pris congé d'eux au pont-levis, sa femme s'approcha et offrit discrètement de faire voir « les curiosités pas essentiellement militaires. » Après avoir montré les cellules où avaient été renfermés divers prisonniers célèbres, elle ajouta à demi-voix : « Si vous voulez voir l'endroit où le sort du jeune homme s'est accompli, je vous y conduirai ; j'y conduis bien du monde. »

Cette visite supplémentaire entraînait naturellement aussi un supplément de gratification. Je crois bien que ce mystère, peut-être obligé pour éluder une consigne, était aussi un expédient pour accroître les profits du ménage.

Je me rappelle aussi la déconvenue comique d'un de mes camarades qui, voyant sur un plan de Paris un quartier désigné sous le nom de *Petite Pologne*, y courut de confiance, et en revint furieux, se plaignant que l'on eût donné de préférence le nom de la Pologne, cette alliée si dévouée de la France, à l'un des plus ignobles endroits de Paris. Quant aux soldats polonais, ils emportaient de la capitale de l'Empire des impressions fort diverses. Plusieurs avaient pris la statue de Napoléon en costume impérial, qui figurait alors sur la colonne Vendôme, pour celle d'un saint quelconque. Quand on leur dit que c'était l'Empereur, qu'ils venaient de voir à la revue avec la redingote grise et le petit chapeau légendaires, ils ne voulaient pas le croire. Ce qui leur fit le meilleur effet, ce fut l'Hôtel des Invalides, où ils avaient retrouvé des camarades éclopés à Saragosse, et qui paraissaient enchantés du régime de l'établissement.

Les suites de la revue n'avaient pas répondu à l'attente générale. On comptait sur une pluie de promotions, de décorations, de gratifications! Il n'y en eut pas, en tout, plus d'une trentaine pour ce 2e régiment de la Vistule qui, depuis quatre ans, vivait ou plutôt mourait dans une atmosphère de balles et de mitraille. Dans ma compagnie, il ne se trouvait pas un soldat qui n'eût été blessé depuis 1809, et elle n'eut pour sa part que deux décorations [1].

Nous eûmes bientôt un autre sujet de mécontentement. Arrivés le 4 avril à Sedan, où se trouvait toujours le dépôt général de la légion de la Vistule, nous apprîmes que le 2e régiment était désigné pour faire partie de la division Claparède, et ce fut ce général qui nous passa en revue. Cette dislocation des troupes polonaises semblait déjà, à plusieurs de mes camarades, de mauvais augure pour la reconstitution de la Pologne. Les manières brusques du général français étaient peu propres à atténuer cette fâcheuse impression [2]. « Celui-là, dit l'adjudant-major Recho-

1. Chaque régiment revenant d'Espagne avait obtenu six décorations et 25 dotations de 500 à 3,000 fr. de revenu, assignées les unes sur l'*Octroi du Rhin*, les autres sur le *Lago de Albufera*. A ces dotations étaient attachés le titre de baron de l'Empire pour les colonels, celui de chevalier pour les officiers. Les nouveaux chevaliers étaient immédiatement en butte aux obsessions des agents d'affaires. Plusieurs d'entre eux, pendant le peu de temps que nous passâmes à Paris, avaient déjà négocié ou engagé leurs titres pour un peu d'argent comptant.

2. Nous laissons, bien entendu, à l'auteur de ces Souvenirs, toute la responsabilité de ses appréciations sur les hommes et les

wicz, qui s'y connaissait, m'a tout l'air d'un mauvais camarade. Nous le trouverons toujours en quête d'une proie, « *quærens quem devoret.* » La vérité est que Claparède ne semblait jamais aussi heureux que quand il trouvait l'occasion de faire quelque mauvais compliment à l'un de ses subordonnés.

J'en fis moi-même l'expérience à notre première rencontre. Comme j'étais le seul officier de mon grade qui eut deux décorations, le général dit avec un air gouailleur : « Tiens, ce *jeune homme* est donc un crâne, qui... — Ce *jeune homme*, mon général, a eu le bonheur de pouvoir remplir ses devoirs sous les yeux de M. le maréchal Suchet et du général Chlopicki, qui l'ont proposé pour les décorations qu'il porte. — Ne vous échauffez pas, monsieur l'officier, » reprit Claparède, qui poursuivit son inspection sans s'occuper de moi davantage. Pour comprendre ma susceptibilité, il faut se rappeler qu'à cette époque la qualification de *jeune homme* équivalait à celle de *blanc bec*, et constituait une grave injure. Entre officiers du même grade, il n'en eût pas fallu davantage pour amener un duel.

On s'occupa de suite à Sedan de former les cadres d'un troisième bataillon, qui devait être organisé en Pologne même. Je fus désigné, comme lieutenant en premier, pour le commandement d'une des nouvelles compagnies de voltigeurs. Un ordre fort sage de l'Em-

choses. Il convient d'ailleurs, avec une louable franchise, que ces appréciations ont souvent varié, dans le cours de la campagne, suivant les événements et les probabilités. (*N. du T.*)

pereur prescrivait de faire prendre les devants aux officiers et sous-officiers chargés de cette tâche. Ils partirent donc dès le lendemain, tandis que le reste du régiment séjournait encore à Sedan.

A Metz, où nous arrivâmes le 11 avril, j'eus beaucoup à me louer de la complaisance d'un jeune officier d'artillerie nommé Robert, qui me fit voir en détail la citadelle. Quelques mois après, je le reconnus parmi les mourants dans la grande redoute de la Moskowa!...

En traversant la Lorraine et l'Alsace, je remarquai pour la première fois, dans l'intérieur de la France, des signes non équivoques de mécontentement. On commençait à se fatiguer de ces passages continuels de troupes, malgré l'argent qu'elles laissaient dans le pays. Pourtant nous ne pouvions nous lasser d'admirer l'ordre parfait qui régnait dans l'organisation des routes d'étape. Partout on retrouvait, jusque dans les moindres détails, l'impulsion du maître encore obéi. Comme tous les ordres relatifs aux troupes en marche émanaient directement du ministère, les fournisseurs, commissaires et entrepreneurs se trouvaient toujours rendus à point nommé aux étapes, et aucun service ne restait en souffrance. Le ministère savait exactement, à chaque heure, quelles étaient les troupes arrivées dans n'importe quel endroit, ou en marche d'un endroit à l'autre. En arrivant à l'étape, les fourriers allaient chercher d'abord le visa du commandant de place ou du commissaire des guerres, puis les billets de logements à la mairie. Là, on leur délivrait aussi les bordereaux de vivres, fourrages et voitures, qu'ils repassaient ensuite aux fournisseurs. La livraison de la viande avait lieu individuellement ou en bloc, au choix des compagnies, celle du pain toujours en bloc. Les compagnies qui avaient des billets de logement pour les villages voisins de l'étape principale, y touchaient leurs rations en y passant; on les leur faisait parvenir quand elles n'y passaient pas. Cette organisation, imitée depuis par toutes les grandes puissances militaires, fonctionnait alors avec une précision et une célérité incroyables. Il était bien rare que les fournitures donnassent lieu à quelque plainte. En ce qui concernait, par exemple, nos Polonais, les fournisseurs n'ignoraient pas que les *Français du Nord* préféraient la quantité à la qualité, et ils prenaient leurs mesures en conséquence.

XXXII

Mayence. — Francfort. — Transport de Hanau à Posen. — Misère du pays. — Formation du troisième bataillon à Szrem. — Entrée solennelle de Napoléon à Posen.

Mayence, où nous arrivâmes le 22 avril, offrait l'aspect d'un immense quartier-général. L'infanterie, la cavalerie, les canons, les équipages, défilaient sans interruption sur le pont de Cassel. Francfort avait absolument l'air d'une ville française. On n'y parlait plus allemand que dans l'intérieur des familles et dans les corps de garde occupés, pour la forme, par les soldats du grand-duc.

Les circonstances devenant de plus en plus urgentes, nous fûmes transportés en voiture à partir de Hanau. Cette dernière partie du voyage ne fut pas la moins fatigante. Les véhicules n'étaient que des charrettes; les routes n'étaient guère pavées à cette époque qu'aux abords des villes et dans certains passages qui autrement eussent été impraticables, et ce pavé était souvent si raboteux qu'on préférait mettre pied à terre. Nous étions tantôt aveuglés par des tourbillons de poussière, tantôt secoués en passant sur de gros cailloux, ou engravés dans des ornières fangeuses. Un voyage fait dans de telles conditions ne disposait guère à admirer le paysage; les bords de l'Elbe, de la Sprée, de l'Oder, nous paraissaient bien insignifiants auprès de ceux des fleuves français. Le ciel, chargé de nuages, contrastait péniblement avec les horizons bleus de l'Espagne, la sombre verdure des sapins avec les palmiers de Valence. Et nous n'étions encore qu'en Allemagne! [1]

Le 5 mai, nous arrivions à Posen. Après quatre ans d'absence, je retrouvai mon pays dans un triste état.

1. A Leipzig notamment, j'éprouvai une déception complète, bien que nous y fussions à l'époque d'une de ses foires si renommées. En parcourant les environs de cette ville, au mois d'avril 1812, je ne prévoyais guère les terribles événements qui devaient s'y accomplir dix-huit mois après!

Le blocus continental avait fait tomber les céréales à un prix si bas, qu'il couvrait à peine les frais de culture. Néanmoins l'espérance d'une entière restauration de la Pologne soutenait le courage des populations. Personne ne faisait de vœux pour le retour de la domination prussienne, et tout le monde pourtant se rappelait avoir été plus heureux dans ce temps-là [1].

Les nouveaux cadres furent installés dans les environs de Posen. Nous fûmes, pour notre part, envoyés à *Szrem* (Schrimm), toute petite ville située comme Posen sur la Warta, à environ cinq lieues en amont. Les logements ne brillaient pas par la propreté, surtout dans le quartier juif, que nos vétérans trouvaient plus sale que les étables espagnoles.

On s'occupa aussitôt de l'armement, de l'équipement et de l'instruction des recrues. Ce travail fut poussé avec une telle activité, qu'au bout de huit jours, ces jeunes soldats, à peine débarrassés de leurs longs cheveux de paysans, comprenaient déjà passablement l'exercice et la manœuvre. Depuis ce temps-là, je me suis souvent occupé de la formation de troupes nouvelles : jamais je n'ai obtenu, dans un intervalle aussi court, des résultats aussi satisfaisants. Toutes les classes de la population montraient une bonne volonté étonnante. Ainsi, comme tous les

1. On comprend toute l'importance historique d'un pareil témoignage de l'auteur de ces Souvenirs, devenu général prussien, mais narrateur sincère du passé.

tailleurs de Posen n'auraient pu suffire à la confection de tant d'uniformes en si peu de temps, on répartit la tâche dans les localités environnantes; on envoya des draps et des modèles jusque dans les plus humbles villages. Tous ceux qui savaient tenir une aiguille se mirent vaillamment à l'ouvrage, et l'habillement de notre troisième bataillon se trouva achevé bien plus vite et mieux qu'on ne l'espérait.

Il y avait bien quelques ombres à ce tableau. Ainsi, dès que nos gens furent habillés, il en déserta un certain nombre. Si l'on avait voulu suivre strictement, dans cette circonstance, les règlements militaires, le nouveau bataillon aurait perdu un tiers de son effectif avant l'entrée en campagne. On employa des moyens mieux appropriés à la situation. Tout déserteur rattrapé (et on les rattrapait promptement presque tous) recevait, en présence du bataillon réuni, de cinquante à soixante coups de baguette *ad posteriora*, après quoi il était renvoyé à sa compagnie. Ce traitement produisit le meilleur effet; la désertion cessa comme par enchantement. Le régime alimentaire de la troupe fut bien aussi pour quelque chose dans cette conversion. Nos nouveaux soldats se trouvaient effectivement beaucoup mieux nourris et logés qu'ils ne l'avaient jamais été chez eux. La plupart n'avaient de leur vie couché dans un lit, et ne connaissaient que de réputation le pain blanc et le café. Quant à nous autres officiers, nous étions beaucoup plus mal qu'en France, tout en payant plus cher. Il n'y avait pas dans toute la ville un local assez grand, ni suffisamment meublé pour nous recevoir tous à table. Nous vivions là comme dans une île déserte, n'ayant de nouvelles du reste du genre humain que par la *Gazette de Posen*, qui nous arrivait deux fois par semaine. Quelques promenades chez les fermiers des environs étaient notre unique récréation. Ces braves gens nous accueillaient avec la plus franche cordialité, nous faisaient manger et surtout boire de leur mieux. L'ameublement de ces habitations était d'une simplicité archaïque; bien souvent il ne s'y trouvait qu'un seul et unique verre, dans lequel on buvait indéfiniment à la ronde.

Le 29 mai, toutes les troupes disséminées autour de Posen, y compris celles en formation, furent brusquement rappelées dans cette ville où l'Empereur était attendu. Il n'arriva néanmoins que le lendemain à neuf heures du soir, escorté d'un détachement des gardes française et polonaise. On lui fit une réception aussi enthousiaste qu'en 1806. Ce n'était partout qu'arcs de triomphe, illuminations, transparents avec devises, où s'exprimaient, en traits de feu, les vœux et la reconnaissance anticipée d'un peuple trop confiant dans l'avenir. A l'entrée du faubourg, l'on avait érigé un premier arc de triomphe portant pour inscription : *Heroi invincibili*. Le héros jusque-là invincible y fut reçu et complimenté par le président Rose, chef de la municipalité, personnage non moins souple que grave, qui depuis en a complimenté bien d'autres. Je le vis encore, en 1831, faire une harangue aussi éloquente au maréchal prussien Gneisenau.

A l'entrée de la rue qui mène au collége des jésuites où allait descendre l'Empereur, on lisait sur un deuxième arc de triomphe : *Restauratori patriæ* ; sur la porte même du collége, en lettres lumineuses : *Grati Poloni Imperatori magno.* Les cinq grandes fenêtres de l'hôtel de ville étaient décorées des armoiries de la ville en transparent, écartelées alternativement des initiales de Napoléon, de Marie-Louise, de l'aigle de France et de l'écusson du grand-duché de Varsovie. Sur la tour de l'église des Bernardins, que l'Empereur pouvait voir de ses fenêtres, l'illumination figurait une gigantesque couronne de lauriers surmontant cette devise : *Napoleoni magno Cæsari et victori!* Un ciel d'une sérénité méridionale concourait à l'éclat décevant de cette solennité : une foule immense parcourait les rues, plus éclairées qu'en plein jour par l'illumination universelle. Les populations des campagnes, accourues pour prendre part à la fête, bivouaquaient sur toutes les places, notamment sur celle qu'on appelait alors place Napoléon, et qui devait, avant la fin de l'année suivante, reprendre le nom de Frédéric-Guillaume! Les vieux soldats, les *grognards*, car nous en avions aussi parmi nos Polonais, demeuraient assez froids au milieu de l'entraînement général. Ils prétendaient que cet enthousiasme était factice en partie, et stimulé par les autorités qui voulaient « jeter de la poudre aux yeux de l'Empereur. »

XXXIII

Napoléon à Posen. — Incidents divers à la réception. — Triste visite chez mes parents. — Napoléon et le *Chant du Départ.* — Désordres commis pendant la marche. — Je rejoins le régiment. — Histoire d'une vachère, d'un curé, d'un troupeau de vaches et de deux bouteilles de liqueurs.

Le lendemain, nous fûmes passés en revue, non par l'Empereur, mais par le maréchal Mortier. Bien qu'il n'y eût encore qu'un tiers de nos nouvelles recrues de complétement habillées, il parut satisfait de leur tenue, et agréablement surpris qu'on eût fait tant de choses en si peu de temps. Napoléon survint tout à coup à cheval pendant le défilé ; il avait l'air soucieux, préoccupé. Il dit à haute voix, avec impatience : « Où est le préfet (comte Poninski) ? » Celui-ci s'étant approché, l'Empereur ajouta, de sa voix brève et stridente des mauvais jours : « Je trouve ces gens trop jeunes ; — il me faut du monde en état de supporter des fatigues ; — les gens trop jeunes ne font que remplir les hôpitaux..... » Comme il continuait de s'éloigner tout en parlant, je n'entendis pas le reste.

Un de mes anciens camarades de l'Université me donna des détails sur la réception du matin, qui avait eu lieu, à l'issue de la messe, dans l'ancien réfectoire du collége. Il s'y trouvait quantité de nobles du pays, en costume de cour. L'Empereur leur dit pour tout compliment : « Messieurs, j'aurais préféré vous voir bottés et éperonnés, le sabre au côté, comme étaient vos ancêtres à l'approche des Tartares et des Cosaques. Nous vivons dans un temps où il faut être armé de pied en cap, et avoir la main à la garde de l'épée [1]. »

Plusieurs incidents comiques égayèrent cette réception. Parmi les nobles venus pour saluer l'Empereur, figurait un comte Szoldrcki, grand propriétaire et juge de paix dans sa contrée. Il portait, comme insignes de ses fonctions, une plaque émaillée, presqu'aussi large qu'une assiette. L'Empereur s'y trompa (ou feignit de s'y tromper), et lui demanda à brûle-pourpoint combien il employait d'ouvriers dans sa *fabrique de porcelaine?* Le pauvre comte restait tout interloqué; le préfet se hâta de répondre : « Sire, c'est le comte Szoldrcki, le plus riche propriétaire du pays. — Ah! c'est très-bien! » dit l'Empereur; et il passa outre.

Quelques moments après, quand le tour des dames fut venu, on lui présenta la comtesse Mycielcka, jeune personne de dix-huit ans, mais qui paraissait bien plus âgée, grâce à un excessif embonpoint. Aussi l'Empereur la prit pour une femme ayant déjà plu-

1. Napoléon avait raison, mais quelques mots dits en passant, à l'extrémité du territoire de l'ancienne Pologne, ne suffisaient pas pour déterminer ce grand ébranlement national. Il aurait fallu que l'impulsion partît de Varsovie. (*N. du T.*)

sieurs années de ménage, et lui demanda, suivant son habitude :

— Combien avez-vous d'enfants?

— Sire,... je n'en ai pas.

— Vous êtes donc divorcée?

— Non, Sire, je suis encore demoiselle.

— Ah! il ne faut pas trop choisir, vous n'avez pas de temps à perdre!

Ce propos fit sourire tout le monde ; excepté, bien entendu, celle à laquelle il s'adressait. Pourtant elle trouva que le conseil était bon à suivre, car elle se maria peu de temps après.

Cette audience laissa, en somme, une impression peu favorable à la noblesse polonaise, aux femmes principalement. L'une d'elles, grande dame et femme d'esprit, dit à cette occasion : « Il n'a pas fait de progrès depuis le 26 novembre 1806! » (jour de son premier passage à Posen.) Elle trouvait que ses manières brusques, son langage tranchant et impérieux, contrastaient péniblement avec l'affabilité gracieuse et la bonté du prince Poniatowski. Et, comme on lui objectait que ce n'est pas l'affabilité qui fonde les États, elle répondit, non sans à-propos, que souvent on fait plus de conquêtes et l'on y voit de plus loin avec le cœur qu'avec la tête.

Un ancien chambellan du roi Stanislas, auquel on demandait son opinion sur Napoléon, l'avait résumée, disait-on, dans cette phrase latine : *Nec affabilis, nec amabilis, nec adibilis* (ni affable, ni aimable, ni abordable).

Peu de jours après cette fête, je reçus l'ordre de rejoindre par la voie la plus directe le gros de mon régiment, en marche sur Gumbinnen. Cette circonstance me permit de passer deux jours avec mes parents, qui habitaient alors Strzelnow, sur la route de Posen à Thorn. La joie de les revoir, après quatre ans d'absence, fut empoisonnée par le spectacle de la gêne à laquelle ils étaient réduits. Cette partie du territoire de l'ancienne Pologne était celle qui avait le plus souffert. Aux maux de la guerre de 1807 avaient succédé, sans désemparer, les misères du blocus continental, des maladies épidémiques sur les hommes et les bestiaux, puis les nouveaux et continuels passages de troupes. Mes parents, propriétaires jadis aisés, avaient eu le coûteux honneur d'héberger tour à tour le maréchal Ney, le prince de Wurtemberg. Tous leurs fourrages avaient été enlevés par les trains d'artillerie; les chevaux de labour étaient mis en réquisition jour et nuit... En un mot, sauf les *bons* remboursables à longue échéance, tout se passait absolument comme en pays ennemi. Les quarante-huit heures que je passai dans la maison paternelle, furent pour moi autant d'heures de torture.

Je retrouvai à Thorn un détachement du 2e de la Vistule laissé en arrière pour escorter les bagages. L'officier qui le commandait me donna de tristes détails sur les désordres commis pendant la marche, sur la confusion et l'indiscipline qui régnaient déjà dans une partie de cette immense armée. « Chacun, me disait-il, fait ce qu'il veut, prend où il peut...

Français, Italiens, Wurtembergeois, Badois, Bavarois, Polonais même, saccagent à l'envie le pays. Si cela continue longtemps, nous finirons par nous manger les uns les autres, comme des rats affamés. Il faut que l'Empereur soit aveugle, pour tolérer de tels excès...[1] »

Napoléon avait passé à Thorn la nuit du 3 au 4 juin. Vers une heure du matin, les officiers de service ne furent pas peu surpris de l'entendre aller et venir pendant assez longtemps dans sa chambre, en chantant à pleine voix cette strophe de l'hymne de Méhul (*la Chant du départ*) :

Et du nord au midi la trompette guerrière
A sonné l'heure des combats !
Tremblez, ennemis de la France ; etc.

Cette évocation inaccoutumée des souvenirs de la Révolution semblait inspirée par le pressentiment

1. La lettre suivante, adressée précisément de Thorn au prince de Neufchâtel, prouve que Napoléon n'était pas si aveugle ; qu'il connaissait bien ces désordres et s'efforçait d'y remédier.

« Mon cousin, écrivez au prince d'Eckmülh que, lorsque vous lui avez donné l'ordre de se procurer pour vingt jours de vivres, vous avez entendu que cela se ferait régulièrement et sans fourrager le pays ; *que la terreur et la désolation sont en Pologne...*, et qu'il prenne les mesures les plus promptes pour que le pays ne soit pas dévasté, sans quoi nous allons nous trouver comme en Portugal. » (*Correspond. de Nap.*, XXIII, 545), Le 22 juin suivant, au quartier général de Wilkkowiszki, il prescrivit la formation de nombreuses colonnes mobiles et de commissions prévôtales à Mariampol, Posen, Varsovie, etc., pour arrêter et juger les maraudeurs. — Il convient aussi d'ajouter que la majeure partie de ces pillards étaient *des Allemands*. (*N. du T.*)

des difficultés et des périls immenses de la nouvelle guerre ; elle produisit une profonde impression sur les assistants, Je tiens ce fait de l'un d'eux, le colonel Malzewski, alors attaché à l'état-major général, et qui prit le commandement de notre régiment après l'occupation de Smolensk.

Le 11 juin, je descendis à Strassburg chez un inspecteur forestier, ami intime de ma famille. Ce fut là qu'au milieu de tant de préoccupations pénibles, j'eus l'inexprimable jouissance de lire pour la première fois le *Faust* de Goëthe... Le 14, je rejoignis le régiment à Liebstadt. Depuis cette étape jusqu'au Niémen, nous trouvâmes les routes encombrées de traînards de l'avant-garde. La plupart des officiers, des soldats recevaient les plus tristes nouvelles de chez eux ; les chemins étaient mauvais, la chaleur accablante, et le service des vivres laissait à désirer sous tous les rapports. Toutes ces circonstances produisaient un fâcheux effet sur le moral du soldat ; nous eûmes quelques désertions, ce qui n'était pas arrivé depuis des années. Pourtant il suffisait du moindre incident favorable pour provoquer un revirement dans les esprits. Ainsi à Insterburg, le 19, nous avions été beaucoup mieux qu'aux étapes précédentes. Il n'en fallut pas plus pour ramener la confiance. Nous nous reprenions à espérer de nouveaux miracles de génie.....

Le 21 juin, à Gumbinnen, nous bivouaquâmes pour la première fois en plein air. Cette nuit-là le temps était magnifique, et les soldats se trouvaient bien plus à leur aise ainsi qu'aux gîtes précédents, où ils étaient tassés comme des harengs dans de toutes petites pièces. Il n'en fut pas de même aux stations suivantes, notamment à Wirballen, où l'on nous fit stationner pendant deux jours et deux nuits. Non-seulement le temps s'était sensiblement refroidi; mais les bivouacs étaient installés dans des prairies marécageuses, et beaucoup d'hommes y attrapèrent la fièvre et des douleurs rhumatismales.

Le 24, nous arrivions à Wilkowiszki, d'où l'Empereur avait lancé deux jours auparavant la fameuse proclamation qui commence par ces mots : « *La seconde guerre de Pologne est commencée...* »

Je fus dans cet endroit le héros d'une aventure burlesque dont j'ai d'autant mieux gardé le souvenir, que ce fut un de nos derniers éclairs de gaieté.

Je reçus dans l'après-midi l'ordre d'aller, avec cinquante de mes voltigeurs, faire une battue dans la forêt qui s'étend entre Wilkowiszki et Mariampol, où l'on savait que des habitants du pays avaient caché leurs bestiaux; de saisir et de ramener ces bestiaux, destinés à l'honneur de faire partie des vivres sur pied de la division. Cette mission n'était pas précisément de mon goût, mais il fallait bien obéir.

Je pars donc avec mes hommes. Nous passons la nuit en forêt sans allumer de feu, pour ne pas donner l'éveil aux gardiens. Au point du jour nous nous mettons en chasse, et au bout d'une heure nous tombons sur un troupeau d'une cinquantaine de vaches, gardées par une jeune fille fort jolie. Désespérée de nous voir faire main basse sur son troupeau, cette Amaryllis pleure, crie, se tord les mains et finalement se jette à mes pieds, me suppliant de lui laisser au moins deux vaches pour ses parents. Elle semblait résignée à faire de grands sacrifices pour m'attendrir, mais je fus aussi généreux et aussi sage que Scipion en Espagne; je lui octroyai sa requête sans exiger de rançon d'aucune sorte.

Vers dix heures du matin, hommes et bêtes étaient rendus à Wilkowiszki. Le régiment était parti, et je me disposais à le suivre, quand je fus accosté par deux individus dont l'un était le curé du lieu. Il me proposa de visiter son presbytère, maison d'une assez belle apparence, où l'Empereur était descendu deux jours auparavant, et d'accepter un léger repas; j'acceptai la première offre et refusai la seconde. Il me montra le lit où Napoléon avait daigné dormir, la table de travail sur laquelle il avait signé sa proclamation, l'endroit où l'on avait mis la baignoire et le reste. Quand la visite fut terminée, le compagnon du curé prit la parole; se dit propriétaire de la plus grande partie du bétail que j'avais pris et en sollicita la restitution, puis se rabattit à demander qu'on lui laissât au moins le taureau. Je n'avais eu que trop d'occasions de manger en Espagne de cette chair coriace et peu ragoûtante[1]. Je crus donc pouvoir faire

1. A cette époque, il n'y avait en Espagne que des vaches et des taureaux, et pas de bœufs. On était souvent obligé, pour faire la soupe, d'aller tuer des taureaux à coups de fusil dans les pâturages, et cette chasse n'était pas sans danger. (*N. du T.*)

encore une fois acte de générosité ; seulement j'exigeai un petit verre de *schnaps* pour chacun de mes hommes. Le marché fut conclu ainsi à la satisfaction réciproque des parties, et le curé me pria d'accepter en sus, à titre d'épingles, deux bouteilles de liqueurs soigneusement cachetées; provenant, me dit-il, de l'office impérial.

Nous arrivâmes très-tard avec notre convoi au bivouac de la division, installé au milieu d'une forêt. J'étais enchanté de mon aubaine, et, après le dîner, j'invitai mes camarades à se réunir chez l'adjudant-major, pour une communication importante. J'obtins un succès d'enthousiasme quant j'annonçai qu'il s'agissait de déguster un précieux échantillon de la cave impériale. Mais mon triomphe ne dura guère; les deux bouteilles décachetées avec précaution, ne contenaient que de l'eau pure ! Le curé avait-il été trompé avant moi, ou bien étais-je le seul mystifié? Cette dernière hypothèse semble de beaucoup la plus probable, et pendant quelques jours on s'égaya fort à mes dépens. Mais il survint bientôt des événements qui nous firent passer toute envie de rire.

XXXIV

Passage du Niémen. — Le château de Zakred. — Un bivouac russe. — Wilna. — Marche pénible sur Minsk. — Je quitte ma compagnie de voltigeurs. — L'odyssée du lieutenant Zorawski.

La division Claparède franchit le Niémen le 26 juin vers trois heures de l'après-midi. Elle bivouaqua ce jour-là dans un bois un peu au delà de Kowno, et le lendemain près d'un village déjà absolument ruiné. Pendant la nuit, la pluie nous prit pour ne plus nous quitter qu'à Wilna. A l'étape suivante, près de Szernicki, on avait coupé à perte de vue les blés presque mûrs, pour couvrir les baraques et faire la litière des chevaux. C'était la jeune garde qui marchait immédiatement devant nous, semant derrière elle des traînards que nous rencontrions à chaque instant, étendus sur le bord et parfois en travers du chemin, pêle-mêle avec les chevaux morts. Les habitants avaient fui dans les bois, sauf quelques pauvres gens qui venaient aux bivouacs nous demander du pain.

Le 30 juin, nous campions, par un temps de plus en plus effroyable, dans ce qui avait été le parc du château de Zakred, ancienne propriété des jésuites qui appartenait alors au général Benningsen. C'était là que, quatre jours auparavant, la nouvelle du passage du Niémen était parvenue à l'empereur Alexandre au milieu d'une fête[1]. Le troupes qui nous avaient précédés dans cette résidence avaient déjà tout saccagé : le rez-de-chaussée de l'habitation n'avait plus ni portes ni fenêtres. Je m'étais organisé, avec des châssis de serre à peu près intacts, une sorte de tente vitrée où j'espérais pouvoir dormir à couvert, pour la première fois depuis notre entrée en Russie. Mais la pluie envahit bientôt mon refuge, et je m'éveillai au milieu d'un bourbier. L'eau tombait avec une telle violence qu'elle éteignait les feux.

Le lendemain, au moment où les régiments se préparaient à passer la revue d'inspection des colonels, on cria tout à coup *aux armes!* Le bruit courait que les éclaireurs de Bordesoulle et de Pajol avaient signalé du côté d'Oszmiana des forces imposantes : on eut un moment l'espoir d'une bataille. La division Claparède, décrivant un demi-cercle autour de Wilna, se dirigea à marche forcée vers une hauteur à l'est de la route de Jedlina, et y prit position. En ce moment le ciel, qui s'était éclairci dans la matinée, s'assombrit de nouveau ; la pluie reprit avec une intensité

1. Les préparatifs de cette fête avaient failli être l'occasion d'une étrange catastrophe. Le parterre du château avait été transformé en salle de danse couverte. Quelques heures avant le bal, la voûte s'écroula ; tous les ouvriers qui y travaillaient encore furent tués ou blessés. L'homme qui avait dirigé les travaux était un Français, qui se suicida de désespoir. La fête n'en eut pas moins lieu ; le temps était si beau qu'on put danser à ciel ouvert, comme on eût fait en Italie. Cet accident aurait pu changer bien des choses, s'il était arrivé quelques heures plus tard. (Nous empruntons ces détails peu connus aux *Souvenirs* d'un témoin oculaire, la comtesse de Choiseul, née de Tysenhaus (1830).

extrême et un brouillard si épais, qu'à quelques pas on ne distinguait plus que confusément les objets.

Au milieu de cette brume, nous vîmes tout à coup apparaître l'Empereur, monté sur un cheval blanc. Le rebord de son petit chapeau, déformé par la pluie, faisait gouttière sur sa redingote grise. Il braqua bien inutilement sa lorgnette sur l'horizon, dit à Berthier, qui chevauchait auprès de lui de fort mauvaise humeur : « Mais c'est une pluie terrible ! » et s'éloigna après avoir échangé quelques mots avec Claparède.

On sut bientôt après que les troupes signalées le matin par la cavalerie faisaient partie du corps de Dochtorov, qui ne songeait qu'à s'échapper pour rallier Barclay. Ce corps avait été manqué de bien près, car la division Claparède, s'étant portée en avant dans la soirée sur la route d'Oszmiana, y bivouaqua dans une position que les Russes avaient occupée quelques heures auparavant, avec l'intention évidente d'y passer la nuit. Leurs baraques étaient encore debout, et l'on y trouva des livrets de solde et d'autres effets militaires abandonnés dans cette retraite précipitée; — plus une forte arrière-garde d'animalcules qui nous laissa de cuisants souvenirs.

On a beaucoup raisonné sur ce qui serait arrivé, si les Russes n'avaient pas voulu céder Wilna sans combattre. Je pense qu'il n'y aurait eu là qu'une bataille indécise dans le genre de celle de Pultusk, parce que l'artillerie, la cavalerie et même l'infanterie n'auraient pu se mouvoir qu'avec une difficulté extrême dans ces terrains profondément détrempés.

Nous restâmes dans ce camp russe jusqu'au 3 juillet. Dans cet intervalle, la température se réchauffa sensiblement; le soleil reparut enfin, salué de joyeux *hurrahs!* Dans la journée du 3, la division fut ramenée sur Wilna, et passa la nuit dans les faubourgs. Wilna était alors une vieille ville de 30,000 âmes, aux rues tortueuses et sombres, remarquable surtout par le nombre de ses églises. Il y en avait trente de catholiques, seize d'orthodoxes, plus deux temples protestants et une mosquée. Les faubourgs avaient l'aspect de villages, et consistaient principalement en cabarets et en tabagies. Tout Polonais que nous étions, la population nous fit un accueil assez froid. Les troupes qui nous avaient devancés, avaient accaparé la primeur de l'enthousiasme, — et celle des vivres aussi. On était d'ailleurs péniblement affecté des déprédations commises dans les campagnes. Je causai avec un gentilhomme lithuanien, ancien militaire, venu pour offrir ses services à l'armée française, et qui se voyait obligé de repartir en toute hâte, pour défendre ses propriétés des pillards. Toutefois on accueillit favorablement la demande du commissaire impérial en Lithuanie (Bignon), dont le zèle pour la cause polonaise était bien connu.

Une grande revue de l'Empereur était annoncée pour le 4 juillet, et l'on s'y préparait, quand nous reçûmes l'ordre de nous diriger de suite sur Minsk. Ce mouvement allait nous rattacher au corps du prince d'Eckmühl, sous les ordres duquel nous restâmes jusqu'à l'occupation de Smolensk. Nous atteignîmes Minsk après six jours de marche forcée, dont je reproduis quelques incidents d'après mon journal.

4 juillet. Marche des plus fatigantes de quatre lieues et demie dans des terres alternativement marécageuses et sablonneuses. Bivouaqué près de Miednicki (ancienne capitale de la Samogitie, aujourd'hui localité insignifiante), dans des terrains boisés éloignés de l'eau.

5. Marche sur Oszmiana. Chaleur tropicale ; eau très-rare. Bivouaqué non loin de la ville, déjà pillée par les maraudeurs. Nous en rencontrons à chaque instant sur la route, emportant effrontément leur butin dans des charrettes attelées de chevaux du pays.

6. Continuation de mauvais chemins ; campé dans un bois, près d'un village entièrement saccagé.

7. Changement brusque de température ; pluie violente et continue. On s'arrête à Wismievo, bourgade où pas un habitant n'est resté. L'endroit où l'on campe est comme un marécage ; le bois si humide qu'il est impossible de faire du feu.

8. La troupe, affamée et trempée, arrive à Rokow, misérable village sur la Kolenka. Pas de distribution de vivres ; on fait la chasse aux maraudeurs pour leur prendre (mais non pas rendre) ce qu'ils ont volé ; des détachements explorent les bois, et ramènent du bétail que les habitants y avaient caché. (Ceci se passait, non en Russie, mais dans la Samogitie, ancienne province polonaise !)

9. Pluie. On bivouaque au milieu des bois; les soldats ont de la viande, mais pas de pain mangeable, etc.

Ce fut pendant cette marche que je reçus l'ordre de quitter la compagnie de voltigeurs que je commandais depuis 1809, pour remplir les fonctions d'adjudant-major, singulièrement ingrates et pénibles dans une pareille campagne. Cette séparation fut pour moi un véritable crève-cœur. Il existait entre moi et mes hommes une sincère affection, née d'une longue communauté de souffrances et de périls. Presque tous étaient du même âge que moi; je connaissais toutes leurs affaires; c'était moi qui le plus souvent leur lisais les lettres qu'ils recevaient du pays, et qui y répondais pour eux. Quand je leur fis mes adieux, tous pleuraient en m'embrassant les mains. De ceux qui survécurent à cette horrible campagne et à celle non moins meurtrière qui suivit, je n'en ai jamais revu qu'un seul. C'était en 1848, au moment de l'insurrection de Posen. J'étais posté avec quelques compagnies au pont de la Wartha. Soudain un vieux paysan s'approche vivement de mon cheval, m'embrasse le genou en s'écriant : « Ah Seigneur! Béni soit Dieu, qui m'a permis de te voir encore une fois! — Qui donc es-tu, frère? lui dis-je; comment t'appelles-tu? — Comment, tu ne reconnais pas Wessilowski? — Oh oui! à présent je te reconnais! Tu t'appelles Casimir; c'était toujours toi le dernier flanqueur de gauche, quand nous marchions par sections; et que fais-tu à présent? » Il était dans une assez bonne position, marié et père de deux grands garçons. La rencontre de cet homme avait réveillé dans mon âme tout un monde de souvenirs..... Je l'avais engagé à venir me voir avec eux à Posen où j'étais en garnison, mais il ne vint pas. Je crains qu'il ne soit mort du choléra, qui sévissait alors dans le pays.

A la dernière étape avant Minsk, nous fûmes rejoints par un de mes bons amis, nommé Zórawski, lieutenant de grenadiers, qui avait obtenu un congé de huit jours pour aller voir ses parents pendant que le régiment était encore en Pologne. Son retour était une véritable odyssée, dont les péripéties peuvent donner une juste idée de la situation du pays. Son père, cultivateur aisé, lui avait fait cadeau de deux bons chevaux pour lui et son domestique. A cinq lieues de là, pendant qu'il faisait une visite, l'un de ses chevaux lui fut volé ; l'autre, pour lequel il ne pouvait plus trouver ni fourrage ni avoine, tomba mort avant d'arriver au Niémen. Au delà de ce fleuve, c'était le chaos ! Forcé de poursuivre sa route à pied par une pluie battante, mon camarade eut la chance d'être rejoint, à deux lieues au delà de Kowno, par un courrier qui, moyennant finance, consentit à le porter jusqu'à Wilna. Pendant ce trajet, il leur fallut plus d'une fois coucher en joue les maraudeurs qui voulaient s'emparer de l'attelage. A Wilna, ce fut encore bien autre chose. On ne pouvait, ni pour or ni pour argent, se procurer de moyens de transports ; les Juifs même y perdaient leur hébreu.

Notre ami dut faire le reste du chemin tout seul à pied, sur nos traces, à travers l'ignoble et dangereuse cohue des maraudeurs.....

Depuis le commencement de la campagne, les soldats de la division Claparède n'avaient encore aperçu d'autres ennemis que quelques bandes de Cosaques à l'horizon. Mais les marches interminables, les mauvais temps, l'insuffisance de nourriture, l'exemple continuel du maraudage, avaient déjà produit des effets déplorables. A Minsk, il manquait en moyenne de quinze à vingt hommes par compagnie. Dans une campagne ordinaire, deux batailles n'auraient pas suffi pour produire une telle diminution d'effectif. Claparède était furieux de ce résultat, auquel il avait contribué par son insouciance pour le bien-être du soldat et le mauvais choix des lieux de campement. C'est ce que lui fit entendre Chlopicki, dans une explication assez vive qu'ils eurent à ce sujet.

XXXV

Incident déplorable à Minsk ; colère de Davout. — Les pressentiments du colonel Clusewicz ; Charles XII et Napoléon. — Les oies de la Bérésina et les ours de Niemonica.

Un fait significatif, dont je fus témoin à notre arrivée, nous montra Davout lui-même, le sévère Davout, débordé par l'indiscipline. Malgré sa réunion déjà ancienne à la Russie, la population de Minsk avait encore le cœur polonais. Par son attitude menaçante, elle avait empêché les Russes d'incendier, en se retirant, d'immenses magasins de fourrages; c'était le plus grand service qu'on pût rendre alors à l'armée française.

On chantait à la cathédrale un *Te Deum* pour la délivrance de la Lithuanie, en présence des autorités civiles et militaires, de députations des divers régiments, etc. Le général Grouchy, en grand uniforme, faisait la quête dans l'église, avec une des dames les plus qualifiées de la ville. Au milieu de la cérémonie, on vint annoncer que plusieurs cuirassiers enfonçaient et pillaient des magasins, comme on eût pu faire dans une ville prise d'assaut! Le maréchal y envoya aussitôt de ses aides de camp; les coupables furent arrêtés, traduits en conseil de guerre et fusillés le lendemain. Mais cet incident déplorable mit le comble à l'irritation de Davout, qui avait déjà assez d'autres sujets de contrariété. Dans une revue générale qui eut lieu le 12 juillet, il déchargea sa colère sur un des régiments allemands de la division Compans, dont l'effectif se trouvait réduit, pour quatre bataillons, à quelques centaines d'hommes, bien qu'il n'eût pas tiré un coup de fusil. Le maréchal adressa aux officiers une allocution foudroyante, et fit manœuvrer ce reste de régiment, la crosse en l'air, devant les troupes rassemblées; châtiment assez peu judicieux, puisqu'il faisait porter l'humiliation méritée par les coupables, précisément sur ceux qui avaient résisté à la contagion du mauvais exemple.

Je causais souvent alors de cette entreprise et de son issue la plus probable avec Chlusewicz, notre colonel, homme instruit et sensé. « Je crains bien, me disait-il, que l'Empereur n'éprouve le même sort que Charles XII, commettant les mêmes fautes. Le voilà qui s'enfonce au cœur de la Russie, laissant derrière lui la Pologne non encore organisée, la Lithuanie saccagée. Le moindre échec, dans cette situation, ne pourrait manquer d'avoir de terribles conséquences. L'Allemagne entière s'insurgera, et les choses se passeront alors comme en Espagne, mais dans de bien autres proportions. Les rois, présentement attelés au char de l'Empereur, s'empresseront de briser le joug... Napoléon, disait-il encore, pèche bien plus par ce qu'il néglige de faire que par ce qu'il fait. »

Il était bien naturel que le souvenir de Charles XII nous revînt en mémoire, car son souvenir était encore vivant dans cette contrée. C'est à Radoszkowicz, dans les environs de Minsk, que fut arrêté le plan de campagne qui conduisit le brillant et aventureux monarque à Pultawa. De plus, nous avions dans nos rangs, en 1812, de nombreux descendants des Lithuaniens qui avaient combattu cent ans auparavant sous les drapeaux de Charles XII; des Radzivill, des Sapieha, des Tysenhaus, des Chodzko, etc.

Après avoir pris à Minsk quelques jours d'un repos bien nécessaire, la division Claparède se remit en mouvement le 14, dans la direction de Borizow. Le beau temps, l'abondance avaient encore une fois ramené la gaieté! Nous campâmes au milieu d'une forêt régulièrement exploitée, à proximité d'un énorme amas de bûches auquel on fit sans scrupule de larges emprunts. Jamais nos feux de bivouac n'avaient encore si joyeusement flambé depuis l'entrée en campagne.

Les Russes avaient eu un instant l'idée de défendre le passage de la *Bérésina*, à Borizow. Ils y avaient commencé une tête de pont qu'ils évacuèrent précipitamment à notre approche, pour se replier sur Mohilew. C'était dans ce même endroit qu'en 1708 leurs ancêtres avaient un moment arrêté Charles XII, qui, les abusant par une fausse attaque, s'en alla passer plus haut, à ce même gué de Stoudinka (Stoudzianka) où Napoléon, trompant Tchitchakoff par une démonstration semblable, devait repasser en sens inverse, le 26 novembre 1812.

Le 15 juillet précédent, un incident comique avait égayé le passage par la division Claparède de cette rivière, dont le nom n'éveille plus aujourd'hui, dans les cœurs français, que de lugubres et glorieux souvenirs. La Bérésina avait précédemment débordé, par l'effet des précédents orages, et laissé dans les prairies voisines de grandes flaques d'eau, sur lesquelles s'ébattaient d'innombrables oies sauvages. La cavalerie de Grouchy, qui formait l'avant-garde, engagea contre elles une attaque qui fut vigoureusement appuyée par les régiments polonais.

En moins de deux heures, chaque soldat eut une ou deux de ces volatiles pendues à son sac.

En quittant la région des oies, nous tombâmes dans celle des ours. Ces animaux sont fort nombreux dans les grandes forêts qui s'étendent de Wilna au Dniéper, et particulièrement aux environs de Niemonica, où la troupe établit ses bivouacs le 17 au soir. Le dressage et l'exhibition des ours étaient alors, dans cette contrée, une industrie aussi répandue que l'élève des marmottes chez les Savoyards. Aussi l'on trouvait, dans la plupart des habitations, un local spécialement disposé pour l'instruction des petits ours pris à la chasse ; les soldats en emmenèrent plusieurs. Peu de temps après, revenant une nuit du quartier général, où m'avaient appelé mes nouvelles fonctions d'adjudant-major, je trébuchai sur un de ces quadrupèdes déjà fort, qui prit mal la chose et faillit me faire un mauvais parti. A la suite de plusieurs accidents du même genre, les ours furent proscrits, au grand regret des soldats qui avaient commencé leur éducation [1].

1. Voltaire a dit irrévérencieusement quelque part qu'il n'existait en Pologne que deux Universités ; celle de Cracovie pour les ecclésiastiques et celle de Smorgoni pour les ours. (Smorgoni est dans la même région que Niemonica.) Aujourd'hui encore, on dit en Pologne d'un homme mal élevé qu'il a pris ses grades à Smorgoni. Le procédé d'éducation est assez simple. On attache solidement aux pattes de derrière de la bête de grosses sandales en bois, puis on l'enferme dans un enclos solidement palissadé, que domine la chaire du *professeur*. L'ours ainsi chaussé se fatigue vite de marcher sur les quatre pieds, et finit par se dresser habituellement

XXXVI

Combat de Mohilew. — Poursuite inutile des Russes. — Passage du Dniéper. — Séjour à Dobruwna. — Mort du sergent Dachowicz.

Mon régiment avait été envoyé d'abord dans la direction d'Orscha, pour assurer la communication du corps de Davout avec la Grande Armée..... Le 19 juillet, nous arrivâmes vers sept heures du soir à Toloczyn, petite ville située sur l'ancienne limite des territoires russe et polonais, déterminée lors du premier partage (1772). Aussi l'on y voyait des bâtiments de douane considérables, construits à cette époque, et devenus inutiles depuis les nouvelles *annexions* russes. Les habitants de Toloczyn n'avaient pas abandonné leurs demeures. Ils se souvenaient de leur origine, et nous firent un accueil fort amical.

Là commençait la grande route de Smolensk, large, bien entretenue, avec une double rangée de grands bouleaux de chaque côté, et des poteaux indicateurs de werste en werste, indiquant les distances de Smolensk, Moskou, etc.

debout de lui-même, puis au commandement. Quand il en est là, on lui passe un anneau dans le nez, et on lui apprend peu à peu à danser en cadence avec accompagnement de tambour, de fifre, et aussi de bons coups de fouet ou de bâton, partie essentielle de l'instruction.

Le 20 nous allâmes camper sur la route d'Orscha, près d'un chétif village nommé Kochanowo, où nous restâmes deux jours, observés d'assez près par les Cosaques. On nous y laissait pour appuyer au besoin l'entreprise de la cavalerie du général Colbert, parti pour se saisir du passage du Dniéper à Orscha, position militaire d'une haute importance, et qui a joué un grand rôle dans l'histoire des guerres des Polonais et des Russes. Cette entreprise ayant pleinement réussi, nous fûmes brusquement rappelés le 22 du côté de Mohilew, où dans ce moment même on se battait. Nous n'y arrivâmes que le lendemain du beau combat victorieusement soutenu par Davout contre les forces très-supérieures de Bagration[1]. Nous trouvâmes le champ de bataille encore couvert de morts français et russes. On me montra une maison dans laquelle Davout avait failli être tué. Il était à une lucarne, observant les mouvements de l'ennemi; un boulet avait pénétré d'un autre côté dans l'appartement, et fracassé une poutre dont les éclats effleurèrent le maréchal. Plus de trente ans après, j'ai eu l'occasion de causer en France de cette affaire avec le général Achard, qui y avait honorablement figuré comme colonel du 108e de ligne. Il me parla avec enthousiasme des savantes dispositions de Davout, et de la valeur déployée par ses troupes dans cette lutte inégale.

1. Voyez Thiers, XIV, 112 et suiv. Cette bataille est le pendant de celle d'Auerstœdt, dans la glorieuse carrière de Davout.

A la suite de ce combat, Davout montra une activité admirable dans la poursuite, quoi qu'en aient dit quelques écrivains mal informés. Malgré le défaut de concours du roi de Westphalie, il espérait encore rejoindre Bagration, empêcher sa réunion à la grande armée russe, ou la lui faire chèrement payer. Pendant les six jours que dura cette poursuite sur la rive droite du Dniéper, dès qu'on rencontrait quelque mouvement de terrain, quelque édifice d'où la vue pouvait s'étendre au loin, on était sûr d'y voir arriver le maréchal, tantôt en voiture légère, tantôt à cheval. Je l'aperçus un jour grimpé à une échelle sur le toit d'une maison isolée, interrogeant de toutes parts l'horizon avec sa lorgnette. On apercevait çà et là au loin quelques détachements de cosaques, mais sans voir ni savoir rien de plus. Le 2 août, tandis que nous revenions sur nos pas après une longue et pénible course en avant, il nous parut que nos flanqueurs devaient être aux prises avec l'ennemi. Nous étions trop loin pour entendre les détonations; mais, cheminant sur un terrain élevé, nous distinguions la fumée, et, par moments, de fortes colonnes en marche. Vers midi, nous franchîmes sur un pont de bateaux le Dniéper qui, à cette hauteur et dans cette saison, n'est ni bien large ni bien profond. Nos soldats ne pouvaient croire que ce fût là le fameux Borysthène; il paraissait surtout bien peu de chose à ceux qui avaient vu le Tage et le Danube. « C'est comme la Russie; de loin quelque chose et rien du tout de près, disaient-ils, » car leur moral était alors singulièrement remonté, non-seulement par le succès de Davout, mais par ceux de la Grande Armée que nous venions d'apprendre (les combats de Witepsk, d'Ostrowno, etc.) Ce fut donc en riant qu'ils franchirent ce fleuve, que bien peu d'entre nous devaient repasser.......

Nous campâmes sur la rive gauche, auprès de Dobruwna, petite ville construite en bois, située au confluent du Dniéper et de la Krupiwna. Ce fut là que Davout acquit la triste certitude que son adversaire était désormais hors d'atteinte.

En attendant la concentration générale pour l'attaque de Smolensk, le prince d'Eckmühl massa toutes ses forces autour de Dobruwna, et resta dix jours dans cette position. Il s'était installé tout près de la ville, au château d'un prince Lubomirski, dont les fils servaient dans l'armée russe[1]. Là, il prit les mesures les plus judicieuses pour le rétablissement de la discipline et l'approvisionnement des troupes.......

Pendant ce séjour, nous fûmes renforcés de plusieurs bataillons de marche, dont les officiers nous firent un tableau effrayant des désordres qui se commettaient sur les derrières de l'armée. L'un d'eux, qui avait servi sous Kosciuzko, paraissait sérieusement inquiet de l'issue de la guerre. « Tout ira bien, encore, disait-il, tant que durera la belle saison; mais la Russie n'entre sérieusement en campagne que

1. Le prince Joseph Lubomirski, qui s'est fait de nos jours une réputation comme romancier, appartient à cette famille. (*N. du T.*)

quand *le bon Dieu lui a fabriqué des ponts* » (c'est-à-dire quand la gelée facilite le passage des marais et des fleuves). Toutefois, depuis les derniers événements militaires, les jeunes officiers avaient repris confiance dans l'étoile de Napoléon. On nous aurait demandé de marcher à la conquête de la lune, que nous aurions répondu : Marchons! Nos anciens avaient beau railler notre enthousiasme, nous appeler des enragés, des possédés, nous ne rêvions que batailles et victoires; nous ne craignions qu'une chose, un trop grand empressement des Russes à faire la paix[1].

Pendant ce séjour à Dobruwna, un brave sergent de mon ancienne compagnie de voltigeurs, nommé Dachowicz, envoyé en reconnaissance avec dix-sept hommes, tomba dans une embuscade de Cosaques. Il n'avait pas perdu la tête, et s'était replié en faisant un feu nourri jusqu'à proximité de nos avants-postes. Au bruit de la fusillade, un détachement fut envoyé au secours, mais, soit qu'il fût parti trop tard, soit qu'il eût marché trop lentement, il ne trouva plus que des cadavres. Je ne pus retenir mes larmes en rendant les derniers devoirs au pauvre Dachowicz,

1. Cet aveu sincère n'est pas sans intérêt pour l'histoire. Il faut se méfier, même à propos de cette guerre et d'autres non moins désastreuses, du penchant qui nous entraîne à juger de ces grandes catastrophes d'après l'événement, à décider que les choses n'auraient pu suivre un autre cours. Si la campagne d'Austerlitz avait été malheureuse, on aurait entendu bien des gens se vanter d'avoir pressenti le désastre des Français, et démontrer savamment qu'il était inévitable. (*N. du T.*)

qui avait fait avec moi les trois campagnes d'Espagne. Dans cette dernière rencontre, il avait reçu onze blessures, la plupart mortelles. C'était un des hommes les plus intelligents et les plus braves du régiment, qui depuis longtemps eût passé officier s'il avait su écrire.

XXXVII

Marche sur Smolensk; assaut et prise de cette ville. — Les incendies; ambulance polonaise consumée avec les blessés. — Dernières paroles d'un Russe mourant. — Napoléon revenant de Valoutina.

La division Claparède avait quitté Dobruwna le 13 août, et suivi le mouvement général sur Smolensk. A partir de ce jour, elle cessait d'être placée sous le commandement de Davout, pour rallier la garde impériale. Nous traversâmes, le 15, Krasnoë, où avait eu lieu la veille ce combat acharné de la cavalerie de Murat contre une division russe, dont tous les historiens ont longuement parlé... Le roi de Naples avait pris quelques canons et un millier de prisonniers, mais il avait lui-même perdu beaucoup de monde en chargeant à outrance sur un terrain des plus défavorables pour la cavalerie. On prétendait que Napoléon avait dit à cette occasion : « Murat a agi comme un élève de Saint-Cyr. »

En cheminant avec la garde sur les hauteurs qui

précèdent Krasnoë, et d'où la vue s'étend au loin de toutes parts, nous avions sous les yeux un spectacle grandiose qu'on a bien rarement l'occasion de contempler, plus de 200,000 hommes de troupes de toutes armes en mouvement à la fois sur un terrain assez restreint...

Placée en réserve sur une hauteur qui domine Smolensk, la division Claparède assista, l'arme au bras, aux péripéties de la grande attaque du 17 août. Vers quatre heures de l'après-midi, tandis que les Russes se défendaient encore vigoureusement sur tous les points, j'entendis notre colonel dire : « Vous verrez qu'ils ne tiendront pas encore cette fois. » Il avait raison ; à la nuit close, l'évacuation commença. Le lendemain, des officiers de l'état-major du corps de Poniatowski me racontèrent que la nouvelle de cette retraite avait été apportée, dès dix heures du soir, à l'un des généraux de Davout, par un aide de camp du prince, le comte Skorzewski. Celui-ci était à la recherche de deux bataillons qui avaient été entraînés très-loin dans le moment où le combat était le plus vif, et dont on n'avait point de nouvelles. Rencontré et poursuivi par quelques éclaireurs russes qui avaient franchi le Dniéper, Skorzewski, en se sauvant, eut la chance de tomber justement dans l'un des bataillons qu'il cherchait. Ce fut le commandant de ce bataillon, nommé Rózycki (le même qui a figuré dans l'insurrection de 1831), qui lui raconta que, s'étant avancé jusqu'au bord du fleuve, il avait entendu distinctement sur l'autre rive un bruit de voitures tel, qu'on ne pouvait l'attribuer qu'à un mouvement général de départ. Skorzewski, qui se trouvait alors fort éloigné du quartier de son général, et très-près de celui du prince d'Eckmühl, crut devoir transmettre d'abord à celui-ci cette communication importante. Il fut assez mal reçu par un général français qu'il trouva installé dans une église, et qui traita son rapport de *bêtise*. Il retourna ensuite rendre compte du tout à Poniatowski; celui-ci se contenta de dire : « Si ces messieurs ne veulent pas nous croire, ce n'est pas notre faute [1]. »

De la hauteur où nous étions placés, nous vîmes distinctement les trois grands incendies qui signalèrent la fin de la journée. Il y eut d'abord celui des magasins de fourrages, que Napoléon lui-même a comparé d'autant plus justement à l'éruption d'un volcan, qu'il se termina pareillement par une pluie de cendres. A gauche de cette éruption, on apercevait un autre embrasement moins brillant, mais qui dura bien davantage, c'était celui des constructions en bois, comprises dans la citadelle. Enfin, un peu plus tard, nous vîmes éclater tout à fait, sur notre droite, dans le faubourg conquis par Poniatowski, un troisième incendie, celui d'un immense hangard dont on avait fait une ambulance, et auquel les projectiles russes avaient mis le feu. Ce feu prit avec tant de violence et fit instantanément de tels progrès, qu'on

1. Ce général incrédule pouvait appartenir au corps de Davout, mais ce n'était pas certainement Davout lui-même. (*N. du T.*)

ne put enlever qu'un petit nombre de blessés; les autres périrent. Ce cruel incident passa presqu'inaperçu au milieu des péripéties rapides et terribles de la campagne.

Le lendemain, la ville semblait déserte. Tous les habitants étaient encore dans les églises ou dans les caves. Une partie des vainqueurs se dirigea vers le Dniéper; les autres s'occupèrent de combattre le feu, qui gagnait du terrain de toutes parts... Je parcourus les endroits où l'on s'était battu la veille avec le plus d'acharnement. Les pertes les plus sensibles avaient porté sur les corps de Ney et de Poniatowski. Celui-ci avait eu à lui seul 60 officiers et au moins 2,000 soldats tués ou blessés. La grange incendiée dont je parlais tout à l'heure offrait un spectacle épouvantable. Sur l'autre rive du fleuve, l'armée russe s'écoulait par la route de Moscou; mais, en face de nous, on distinguait aisément à l'œil nu une forte arrière-garde qui tirait encore sur nous sans relâche, principalement du côté des troupes de Ney.

Tandis qu'on s'occupait autour de moi de relever des blessés de la veille encore confondus parmi les cadavres, je remarquai un jeune Russe de formes athlétiques, qu'on avait dépouillé et laissé pour mort. Il avait reçu un coup de feu à travers la poitrine et ne donnait, en effet, aucun signe de vie. Tout à coup je vis ce prétendu cadavre se redresser sur son séant, puis retomber en murmurant quelques mots inintelligibles. On secourut ce malheureux, qui se débattit encore plusieurs heures contre la mort. Quelques moments avant d'expirer, il avait repris connaissance et paraissait sensible aux soins qu'on prenait de lui : « Vous êtes de braves gens, vous, disait-il en dialecte petit russien aux chirurgiens polonais, mais votre tzar doit être un bien méchant homme. Que lui a fait le nôtre? Que vient-il demander à notre patrie? Lève-toi, sainte Russie, défends-toi, défends notre religion, notre tzar!... » Ce furent ses dernières paroles! « Voilà comme ils sont tous, ces Russes! me dit un de mes camarades, témoin de cette agonie. Décidément, l'Empereur joue gros jeu! »

Le 19 au matin, toute la division Claparède vint à travers la ville, où plusieurs quartiers brûlaient encore, s'établir au-delà du Dniéper, dont les ponts étaient déjà rétablis, à la bifurcation des routes de Moscou et de Pétersbourg. Dès huit heures, nous commençâmes à entendre la canonnade à quelque distance sur notre droite. L'engagement dura toute la journée et parut redoubler de vivacité dans l'après-midi: c'était le fameux combat de Valoutina.

Vers cinq heures du soir, nous vîmes l'Empereur revenir au pas par la route de Moscou. Il avait l'air vivement contrarié, et prit le galop en passant devant la troupe, dont les acclamations semblaient l'importuner. Cette attitude donna lieu à bien des commentaires. On parlait d'un échec essuyé à l'avant-garde; mais alors l'Empereur ne serait pas revenu au pas, et d'ailleurs le bruit de la canonnade s'éloignait visiblement, preuve que l'ennemi continuait sa retraite. Ce qui affectait si fort Napoléon dans ce moment, c'était la regrettable lenteur de Junot, qui venait de faire perdre une nouvelle occasion de succès décisif[1].

XXXVIII

Visite du champ de bataille de Valoutina à la suite de l'Empereur. — L'aigle du 127e régiment. — Napoléon et Poniatowski. — Je suis nommé capitaine. — Pillage et gaspillage à Smolensk. — Histoire d'un colonel, d'un grenadier de la vieille garde et d'un chien barbet.

Dans la matinée du lendemain (20 août), l'Empereur passa encore devant nous et prit la route de Moskou. Mon colonel m'ayant dit de me mettre à la suite de l'escorte impériale pour tâcher de recueillir des nouvelles, je fus bientôt à cheval...

Notre marche fut d'abord rapide, mais nous ne tardâmes pas à rencontrer de nombreux blessés..... Les uns criaient *Vive l'Empereur!* d'autres passaient en silence. Napoléon s'arrêta à diverses reprises pour parler à des blessés; le convoi était long, cruellement long!... Bientôt nous commençâmes à rencontrer des morts, tant Français que Russes. Le chemin suivait un cours d'eau profondément encaissé, auquel

1. Sur la prise de Smolensk et le combat de Valoutina, V. Victoires et Conquêtes, XXI, 183 et suiv.; Thiers, XIV, 207 et suiv., etc.

aboutissaient de nombreux ruisseaux : des accidents de terrain multipliés bornaient presque partout la vue.

Nous atteignîmes enfin une hauteur, d'où l'on pouvait embrasser l'ensemble du champ de bataille de la veille. C'était une sorte de plaine marécageuse, entourée d'un cercle de collines et arrosée par le Stragonbach, sur les bords duquel on s'était battu avec acharnement. De l'autre côté de ce ruisseau campait le corps de Ney, entouré de morts et de mourants.

L'arrivée de Napoléon provoqua, comme d'habitude, de bruyantes acclamations; les hommes les plus grièvement blessés faisaient un dernier effort pour le saluer encore une fois... Il passa près d'un grenadier, occupé à panser une blessure qu'il avait au pied : « Ah! mon Empereur! dit ce brave homme, pourquoi n'étiez-vous hier à notre tête? Nous aurions écrasé les Russes! » L'aspect du champ de bataille était horrible. Nous étions obligés à chaque instant de détourner nos chevaux pour éviter des monceaux de cadavres; et, pour prix de tant de sacrifices pas un trophée, pas une pièce de canon, pas un chariot de munitions! La conquête de ce terrain couvert de morts était l'unique fruit de la victoire. Un soleil radieux inondait de lumière ce champ de carnage.

L'Empereur passa en revue les troupes de Ney, remit une aigle au 127e régiment, qui venait de recevoir le baptême du feu. Cette cérémonie, imposante par elle-même, prenait dans ce lieu un caractère vraiment épique. Le régiment forma le carré; on distinguait dans les rangs bien des faces encore noires de poudre, bien des buffleteries ensanglantées. Le colonel et les officiers étaient rangés en demi-cercle autour de l'Empereur. « Soldats, dit-il, voici votre aigle! elle vous servira de point de ralliement à l'heure du danger. Jurez-moi de ne jamais l'abandonner, de demeurer toujours dans la voie de l'honneur, de défendre la patrie et de ne jamais laisser outrager la France, notre France! » Tous répondirent comme un seul homme : « Nous le jurons! » Alors l'Empereur prit l'aigle des mains de Berthier et la donna au colonel qui la remit au porte-drapeau. Au même instant le carré s'ouvrit, on forma la haie, et le porte-drapeau, précédé des tambours et de la musique, vint prendre sa place de bataille au centre du peloton d'élite...

Un sergent de grenadiers de ce même régiment fut nommé, séance tenante, sous-lieutenant. « Faites reconnaître de suite ce brave homme », dit Napoléon. Le colonel prononça les paroles sacramentelles, mais il s'abstenait d'embrasser le nouvel officier. « Eh bien, colonel ! l'accolade, l'accolade! » dit vivement l'Empereur. Ce n'était pas le cas de l'oublier, en effet. Les décorations, les avancements, les dotations pleuvaient comme grêle. On devinait que Napoléon éprouvait l'impérieux besoin de réagir, chez lui-même et chez les autres, contre de tristes pensées... Arrivé au 95e, il dit au colonel de lui nommer ceux qui s'étaient distingués la veille, et comme celui-ci commençait naturellement par les officiers, au sixième ou septième nom l'Empereur l'interrompit. « Comment, colonel, vos soldats sont donc des capons ! » Et il fit lui-même sortir des rangs les sous-officiers et les soldats qu'on lui désignait comme dignes d'être avancés ou décorés.

En contemplant cette scène, je comprenais, je subissais cette fascination irrésistible qu'exerçait Napoléon quand il le voulait bien, et partout où il était. Mais il ne pouvait être partout!

Il y eut ce jour-là dans Smolensk, et surtout au faubourg de Moscou, bien du pillage et du gaspillage. Ce faubourg contenait de grands magasins de cuirs, de pelleteries, qui furent gâchés et perdus, et qu'on regretta cruellement plus tard. Je vis aussi des soldats jeter au feu des brassées de roubles-papier dont ils ne comprenaient pas la valeur.

Le lendemain (21), l'empereur alla passer en revue le corps de Poniatowski, et s'y montra également prodigue de récompenses. Il voulait sans doute effacer le souvenir de l'objurgation amère et injuste qu'il avait adressée au prince dans les premiers jours de la campagne, en réponse à quelques réclamations à propos de la solde arriérée et des vivres. On avait fait circuler secrètement des copies de cette lettre presqu'injurieuse[1]. On parlait aussi d'une visite faite par le prince et ses généraux au bivouac impérial

1. Le texte de cette lettre, reproduit par Brandt d'après une de ces copies manuscrites, est exactement conforme à celui qu'on trouve dans la *Correspondance* (T. XXIV, p. 43).

avant la prise de Smolensk. L'Empereur les avait d'abord assez bien accueillis. Mais bientôt, mécontent des renseignements qu'on lui donnait sur la diminution de l'effectif depuis l'entrée en campagne, il dit avec emportement au général Fischer, chef d'état-major :

Mais, f....., où avez-vous laissé votre monde?

— Sire, le manque de vivres, les fatigues, les...

— Bah! vous me chantez toujours la même antienne; pourquoi les autres corps n'ont-ils pas laissé la moitié de leur monde en route? Mais je sais bien d'où cela vient; vous tous n'êtes bons qu'avec vos *danseuses* de Varsovie. (Quelques-uns assuraient même qu'il s'était servi d'un mot encore plus caractéristique.)

On ajoutait que Poniatowski, froissé de cette nouvelle algarade, avait été au moment de quitter l'armée. Enfin, on prétendit encore qu'après cette revue du 21, dans laquelle l'Empereur avait paru mieux disposé pour les Polonais, Poniatowski était allé le trouver avec Davout, l'avait supplié *à genoux* de lui permettre de se porter sur Kiew pour organiser la levée en masse des anciennes provinces polonaises, et que l'Empereur avait rejeté sa demande avec emportement, même qu'il l'aurait menacé de le faire fusiller s'il persistait dans ce projet. Je reproduis sous toutes réserves cette scène, telle que je l'entendis raconter ce jour-là même à Smolensk, par des gens ordinairement bien informés[1].

1. Il y a visiblement dans ce récit, des exagérations mêlées à

Cette même journée du 22 est une date mémorable dans ma carrière militaire. L'Empereur passait la revue de ses deux gardes et de notre division sur la place de l'archevêché, celle que les Russes nomment *Blonge*. Je faisais partie des officiers désignés pour l'avancement. Nous étions quatorze, sortis des rangs à l'appel du colonel. L'Empereur s'arrêta à moi, me regarda, m'attira à lui en me prenant, suivant son habitude, par un bouton de l'uniforme, et dit : « Celui-ci devait déjà être nommé capitaine à Paris ; faites-le capitaine adjudant-major....... »

Continuant sa tournée sur le front du régiment, il remarqua un sergent décoré portant trois chevrons, ce qui indiquait vingt années de services. « Comment se fait-il que cet homme ne soit pas encore officier ?

— Sire, il ne sait ni lire ni écrire.

— C'est égal ! ces pauvres gens non lettrés, dont personne ne veut, sont souvent les meilleurs officiers. Faites-le porte-aigle et sous-lieutenant aux grenadiers. Je suis bien sûr qu'il n'a pas été le dernier aux assauts de Saragosse. »

Pendant le défilé, un des chefs de bataillon ayant omis de répéter un commandement, sa troupe prit

une certaine dose de vérité. Poniatowski avait déploré la malencontreuse stipulation du traité avec l'Autriche, qui donnait la Wolhynie pour champ de bataille au contingent auxiliaire de cette puissance. Il est très-vraisemblable qu'après la prise de Smolensk, il aura tenté encore une fois de faire changer la destination du corps polonais. Ce changement était incompatible avec la détermination prise par Napoléon de continuer la poursuite à outrance de la grande armée russe. (*N. du T.*)

une fausse direction et déborda du côté de Napoléon, qui fut forcé de reculer en disant : « Mais, que diable me veulent-ils donc? » Naturellement, nous ne fûmes pas plus tôt sortis de l'atmosphère impériale, que les reproches tombèrent dru comme grêle sur le malheureux officier. « Je vous mettrais aux arrêts pour quinze jours, lui dit Chlopicki, si l'Empereur n'avait déjà pris note de votre sottise inconcevable. »

Après nous, c'était le tour de la vieille garde, que je pus examiner à loisir ce jour-là. J'ai vu depuis des troupes plus belles, jamais de plus imposantes... Une aventure burlesque, qui était arrivée quelques jours auparavant à notre colonel avec un de ces vieux soldats, montre bien quelle était leur situation dans l'armée, situation telle que même les officiers d'un rang élevé étaient obligés de compter avec eux.

C'était au bivouac, deux jours avant Smolensk. J'étais auprès de notre colonel Chlusewicz, qui était en train de se raser à l'entrée de sa tente. Une cuvette pleine d'eau était sur une table auprès de lui. Tout à coup un gros barbet blanc fait irruption dans la tente, et, sans façon, se met à laper l'eau dans la cuvette. Ni le colonel ni moi, n'avions eu le temps de remuer, quand paraît à son tour un grenadier de la vieille garde, qui, tout en murmurant dans sa moustache : « Pardon, Messieurs », se met en devoir d'attacher une corde au cou de son chien. Celui-ci se débat, flanque par terre la cuvette, et il faut ajouter qu'à ce campement il y avait énormément de poussière et fort peu d'eau. « A-t-on jamais vu un insolent pareil? » dit le colonel furieux, en prenant par les épaules et jetant hors de la tente le grenadier tout ébahi, qui disparaît avec sa bête...

Le colonel ne pensait plus à cette histoire, quand, deux heures après, nous voyons reparaître l'homme au barbet avec un officier de l'état-major général, tous les deux en grande tenue. « Monsieur le colonel, dit l'officier, vous avez fortement compromis un honnête homme, qui jouit de l'estime de tout son régiment. Je viens au nom du maréchal Berthier pour arranger cette affaire désagréable, sûr d'avance qu'il suffira d'un mot d'explication de votre part. — Il est vrai, dit le colonel sans se décontenancer, que je me suis emporté tout à l'heure; je l'ai regretté de suite, et je l'aurais dit immédiatement à ce brave homme, s'il n'avait pas si promptement disparu. Je suis fort aise que cette visite m'épargne de le faire rechercher, pour lui dire que je suis fâché de l'avoir rudoyé. Et maintenant, grenadier, n'est-ce pas que vous ne m'en voulez plus? » ajouta-t-il en tendant la main au grognard qui la serra cordialement, en protestant « qu'il avait reçu la plus belle réparation du monde. » Le colonel, qui au fond était content tout juste, me dit ensuite qu'il s'était exécuté de bonne grâce, de peur que cette aventure n'eût des suites désagréables pour le régiment. Peut-être même eût-elle nui à son avancement, car précisément alors il était question de son entrée dans la garde, et il y fut nommé en effet gros-major au 2e régiment de chevau-légers à la suite de cette revue où j'avais été fait capitaine. Il offrit à cette occasion un *dîner solennel* à ses anciens et nouveaux camarades, et à d'autres officiers polonais. On y but au rétablissement intégral de la Pologne, depuis la Wartha jusqu'au Dniéper; puis, on but de nouveau, en très-grand détail, à la fortune particulière de chacun des convives, aux positions administratives et militaires, plus brillantes les unes que les autres, qui ne pouvaient manquer de leur échoir. Malgré les appréhensions de nos anciens, et la réponse évasive de Napoléon aux envoyés de la Diète, nous étions encore sous le charme, nous autres jeunes gens! Il nous semblait difficile que cette guerre, proclamée au début par l'Empereur lui-même « la seconde guerre de Pologne », n'aboutît pas, d'une façon quelconque, à une restauration de la nationalité polonaise. Après tout, cette entrée en campagne n'était-elle pas une des plus belles combinaisons militaires du grand capitaine? Si les Russes n'avaient pas été déjà écrasés deux fois, ils le devaient à Jérôme Bonaparte et à Junot. Et néanmoins, n'étions-nous pas maîtres de Smolensk, cette ville dont la population, assiégée deux siècles auparavant par les Polonais, avait préféré périr plutôt que de se rendre? Était-il donc si insensé d'espérer encore que cette victoire décisive qu'il fallait aller chercher si loin n'en serait que plus complète; que cette laborieuse campagne finirait par un coup de tonnerre semblable à celui d'Austerlitz!

XXXIX

Départ de Smolensk. — Marche pénible de Smolensk à Gjatsk. — Poussière et famine. — On entend enfin le canon. — La redoute de Schwardino. — Mission à l'état-major général ; Desaix et Fabvier. — La nuit d'avant la bataille.

La division Claparède quitta Smolensk le 24 août. Nous passâmes par le champ de bataille de Valoutina encore couvert de ses morts, la plupart dans un état de putréfaction avancée. Pendant cette traversée, je cheminai un moment côte à côte avec Razowski, le capitaine sorcier. Il me dit en français, pour ne pas être entendu des soldats : « Voyez, mon jeune ami, bientôt nous serons tous comme ça! »

La marche de Smolensk à Gjatsk (24 août-3 septembre) fut des plus fatigantes. La chaleur était extrême; des bouffées de vent furieuses faisaient voler des tourbillons d'une poussière tellement épaisse, que souvent nous n'apercevions plus les grands arbres qui bordaient la route. La sainte terre de Russie que nous abordions, semblait, docile à l'appel du jeune fanatique de Smolensk, se soulever contre les envahisseurs.

Cette poussière ardente, continue, était un véritable supplice. Pour s'en préserver au moins les yeux, beaucoup de soldats s'improvisaient des conserves avec des morceaux de vitres. D'autres marchaient le shako sous le bras, la tête enveloppée d'un mouchoir, ne laissant d'ouverture que juste ce qu'il en fallait pour se conduire et respirer. D'autres se faisaient des guirlandes de feuillages; ainsi, dès cette époque, l'armée présentait par moment un aspect étrange; mais alors tout vestige de cette mascarade disparaissait à la moindre averse. Les nuits de bivouac n'étaient guère moins pénibles que les marches. On passait brusquement d'une chaleur trop forte à un froid très-vif: l'eau était en général des plus mauvaises, à moins qu'elle ne manquât tout à fait. Les soldats en étaient réduits alors à faire griller leur viande sur des charbons, et cette viande était presque toujours du cheval, car les paysans emmenaient leur bétail si loin qu'il était impossible de le rattraper.

Le 1er septembre, la division campa non loin de Tzarewo-Zaimisché, localité célèbre dans les fastes militaires de l'ancienne Pologne, par la victoire de Zolkiewski sur l'armée russo-suédoise de La Gardie (4 juillet 1610). Cette victoire, l'une des plus importantes que les Polonais aient jamais remportées sur les Russes, eut pour résultat l'occupation de Moscou, le détrônement et la captivité du tzar alors régnant (Chouiski). Il est vrai qu'à cette époque où les Polonais faisaient la loi à leurs futurs oppresseurs, les discordes intestines étaient du côté des Moscovites. Les Polonais de 1812 comptaient dans leurs rangs plus d'un descendant des compagnons de Zolkiewski. Ils auraient aimé combattre sur le même terrain, et espéraient que l'ennemi tiendrait dans cette position véritablement très-forte. Leur attente fut encore trompée...

Gjatsk, une des plus jolies villes de la Russie, était aussi l'une des étapes les plus importantes de la batellerie, à cause de son heureuse position sur la rivière du même nom, affluent du Volga, et communiquant aussi avec le Dniéper et la Duna par divers petits cours d'eau qui deviennent navigables à l'époque des crues. Les maisons de Gjatsk avaient un aspect de propreté et d'élégance bien rare à cette époque dans les villes russes. Elles étaient en général à deux étages, précédées de portiques, et peintes en blanc avec les corniches et les frises d'un bleu d'azur. Cette étape nous laissa le plus agréable souvenir, à cause de l'abondance des légumes, dont nos soldats étaient depuis longtemps privés, et d'une immense grange, qui fit cette fois l'office de bivouac. Pour la première fois depuis l'ouverture de la campagne, les officiers du 2e de la Vistule passèrent une nuit sous un toit et dans des lits.

Ce fut à Gjatsk qu'on apprit le remplacement de Barclay dans le commandement en chef de l'armée russe, par le vieux Kutusow, que les Français nommaient « le fuyard d'Austerlitz. » Nous savions confusément qu'on avait reproché à Barclay de n'avoir pas assez défendu Smolensk. Aussi, ce changement nous parut de bon augure. Cette espérance s'accrut encore quand nous entendîmes une furieuse canonnade dans la soirée du 5. Napoléon, lui aussi, était impatient d'en finir; il rapprochait les uns des autres les différents corps, en continuant de les pousser en avant. Nous marchions côte à côte avec la garde, emboîtant le pas au 1er corps.

Le pays, depuis Gjatsk, présentait un aspect plus pittoresque, plus accidenté. Parfois, d'un point culminant, nous apercevions une grande partie de l'armée française, et, par delà, des nuages mouvants de Cosaques, et des masses ennemies qui semblaient aussi se concentrer, tout en cédant encore du terrain.

Le 5, pendant toute la marche, nous entendions sans relâche gronder le canon. Après avoir traversé une épaisse forêt de sapins, et gravi, à la suite du 1er corps, la longue montée qui précède le village de Walujewo, nous vîmes se déployer à nos regards un vaste horizon. En face de nous, à une faible distance, apparaissait une éminence fortifiée dont les deux partis se disputaient avec acharnement la possession; c'était la fameuse redoute de Schwardino. On ne pouvait suivre les détails de cette lutte, mais on voyait le fourmillement des masses; on entendait distinctement le crépitement de la fusillade, la grosse voix du canon. Soudain une immense acclamation de victoire parvint jusqu'à nous, apportée par une bouffée d'ouragan; les détonations devinrent plus rares et bientôt cessèrent tout à fait. Vers huit heures, nous bivouaquâmes non loin de cette redoute, dont venait de s'emparer le général Compans.

Comme il n'y avait, ce soir-là, aucune distribution de vivres, j'eus tout le temps d'aller visiter la redoute, dont les abords étaient encombrés de cadavres. De là nous vîmes, à la nuit close, flamboyer les bivouacs ennemis. J'en comptai trente-trois, disposés en amphithâtre, dans l'espace d'une lieue.

Pendant la marche précédente, j'avais aperçu deux fois l'Empereur, d'abord en reconnaissance, puis à son bivouac. Le lendemain matin, je le vis encore alternativement paraître et disparaître, semblable à un fantôme d'Ossian, à travers l'épais brouillard qui dura une grande partie de cette journée, veille de la bataille...

Vers trois heures de l'après-midi, chargé de porter un message à l'état-major général, j'eus l'occasion de voir le portrait du roi de Rome, exposé devant la tente impériale. Les soldats, et surtout les vétérans, semblaient vivement émus de cette exhibition; les officiers se préoccupaient davantage du sort de la campagne, et paraissaient généralement soucieux. Je retrouvai là, dans un des officiers d'ordonnance de l'Empereur, une ancienne connaissance d'Espagne, le capitaine Desaix, naguère aide de camp de Suchet. Il me montra un officier d'apparence assez chétive, et qui semblait accablé de fatigue [1].

1. Tout fatigué qu'était le colonel Fabvier, on le vit le lendemain combattre à pied, en volontaire, dans l'endroit le plus périlleux, comme pour montrer que les soldats de l'armée d'Espagne ne le cédaient point à ceux de l'armée de Russie. (Gourgaud.)

C'était Fabvier, alors aide de camp de Marmont, et célèbre depuis dans l'insurrection hellénique. Il venait d'arriver à franc étrier du fond de l'Espagne, pour annoncer à l'Empereur le désastre des Arapiles. J'appris là, sous le sceau du secret, cette fâcheuse nouvelle, dont beaucoup d'officiers, même de haut rang, n'eurent connaissance qu'au retour de la campagne.

Le manque de vivres se fit cruellement sentir dans cette soirée. On dîna de blé grillé et de chair de cheval. La nuit fut froide et pluvieuse; beaucoup d'officiers et de soldats, transis et peut-être obsédés de tristes pressentiments, essayaient en vain de dormir. Ils se relevaient, et, pareils à des ombres errantes, passaient et repassaient devant les feux de bivouac... [1].

1. Tout en rappelant le mot célèbre de Wellington, « qu'il est aussi impossible de raconter une bataille qu'un bal », l'auteur de ces Souvenirs entre dans de grands détails sur celle de la Moskowa. Nous n'emprunterons à son récit que les circonstances dont il a été le témoin immédiat. Nous en agirons de même pour l'incendie de Moscou et les événements de la retraite. Parmi les nombreux ouvrages sur la campagne de Russie, le général de Brandt recommande l'*Examen critique* de Gourgaud comme l'un des plus exacts.

XL

Épisodes de la bataille de Borodino.

Dès sept heures du matin, la bataille était vigoureusement engagée sur tous les points. Nous étions d'abord postés immédiatement en avant de la garde, dont les plumets et les épaulettes semblaient d'un rouge de sang aux premières clartés de l'aurore.

Nous étions évidemment très-près des endroits où le combat était le plus vif. Des boulets s'enfonçaient en terre devant nous ou passaient sur nos têtes. Le vent, qui nous soufflait fortement au visage, nous apportait tantôt le cri français *en avant!* tantôt les *hurrahs* des Russes, mais nous ne pouvions rien distinguer de la lutte. Bientôt nous vîmes paraître des blessés; ils nous dirent que la redoute la plus voisine de nous venait d'être enlevée...

Vers neuf heures, on cria *aux armes!* La division se porta, sur deux colonnes, à mille ou douze cents pas de Schwardino, jusqu'à un pli de terrain où l'on nous fit faire halte, l'arme au pied. Au delà de cette dépression, le sol se relevait brusquement. De nombreux boulets rasaient la crête de cette hauteur et passaient ainsi au-dessus de nous. Tandis que Chlopicki, aussi impassible qu'en Espagne, gravissait cette pente pour reconnaître la position de l'ennemi, Claparède vint à nous. Il fit ranger en cercle les officiers du 2ᵉ, les engagea à soutenir dignement la vieille réputation du régiment. Cependant la bataille continuait avec fureur, surtout dans les bois que nous avions à droite. De ce côté, elle semblait s'étendre et même nous déborder. Nous entendions sans relâche le sifflement des boulets. Néanmoins aucun homme n'avait été encore atteint; le général avait bien choisi la position pour éviter des pertes inutiles...

Vers dix heures, parut un officier d'ordonnance de l'Empereur, chargé de nous guider... Nous continuâmes de marcher en avant, en obliquant un peu sur la gauche. Nous traversâmes ainsi, à travers des prairies, une portion considérable du champ de bataille. Sur notre droite, on se heurtait avec furie; à gauche, nous apercevions de longues lignes de cavalerie française, dans lesquelles l'artillerie ennemie faisait à chaque instant des brèches. Nous perdîmes aussi quelques hommes dans cette marche à découvert.

On nous fit faire une nouvelle halte dans un vallon, celui de la Séménowka. De ce poste nous ne pouvions rien voir, mais nous étions comme enveloppés par des feux de mousqueterie et d'artillerie. Nous avions rencontré en route de nombreux cadavres d'hommes et de chevaux; maintenant nous touchions presque à l'endroit où la lutte était le plus acharnée. De nombreux blessés passaient près de nous, laissant le long de nos rangs des traces sanglantes. Là, nous étions encore abrités dans un pli de terrain, au delà duquel on n'apercevait que la toiture verte de la tour de Borodino, miroitant aux feux du soleil... Nous vîmes de très-près la charge véhémente de la cavalerie d'Ouwaroff sur Borodino, mouvement judicieux, et qui aurait pu avoir des suites fâcheuses si ces cavaliers avaient eu affaire à une infanterie moins solide qne celle de Delzons [1]. Dans ce moment, le capitaine Desaix parut et s'arrêta un moment près de nous. « Je viens de la droite, nous dit-il ; votre prince Poniatowski ne marche pas ; l'Empereur en est très-peu satisfait. Nos pertes sont énormes ; les Russes se battent comme des enragés [2]. »

Vers deux heures, nous reçûmes l'ordre de continuer à marcher en avant. Nous franchîmes un ruisseau, sans doute la Séménowka, à une place qui semblait avoir été piétinée par un fort passage de cavalerie. Mais, tandis que nous gravissions un monticule de l'autre côté du ravin, soudain une véritable nuit de poussière nous enveloppa. En même temps, un effroyable cri, jaillissant de milliers de poitrines, couvrit le tonnerre de l'artillerie, dont les projectiles labouraient nos colonnes. Et quand cette poussière commença à se dissiper, nous vîmes que la grande redoute du centre venait d'être enlevée, et que la

1. V. Thiers, XVI, 338-9.

2. Ces paroles sont en français dans le texte. Cette fois encore l'Empereur était, comme on va le voir, injuste pour Poniatowski.

cavalerie française était déjà lancée au delà, chargeant sans relâche les Russes qui, tout en se retirant, combattaient encore.

On nous fit masser en arrière de la redoute. Évidemment, nous avions été destinés à soutenir et, au besoin, à remplacer ces premiers assaillants. Ils avaient réussi, mais à quel prix ! La redoute et ses alentours offraient un spetacle qui dépassait les pires horreurs qu'on puisse rêver. Les abords, les fossés, l'intérieur de l'ouvrage avaient disparu sous une colline artificielle de morts et de mourants, d'une épaisseur moÿenne de six à huit hommes, entassés les uns sur les autres. J'ai toujours présente la figure d'un officier d'état-major, homme d'un certain âge, couché en travers d'un des obusiers russes, avec une énorme blessure béante à la tête. Je vis emporter le général Auguste de Caulaincourt, mortellement blessé, enveloppé dans un manteau de cuirassier marbré de larges taches rouges. Il y avait là, étendus pêle-mêle, des soldats d'infanterie et des cuirassiers aux uniformes blancs et bleus, des Saxons, des Wesphaliens, des Polonais, Je reconnus parmi ces derniers un ami, le chef d'escadron Jablonski, le beau Jablonski, comme on l'appelait à Varsovie !

A la suite de cet incident capital, le feu s'était un moment ralenti ; mais, un peu plus tard, la cavalerie française fit un mouvement rétrograde ; l'infanterie russe se rapprocha de nous, sans toutefois nous attaquer... Alors commença l'horrible duel d'artillerie que tous les historiens ont décrit. La redoute, derrière laquelle nous étions, fut de part en part criblée de projectiles. Ils arrivaient ainsi jusqu'à nous et nous occasionnèrent des pertes sensibles dans les premiers moments. Les soldats reçurent aussitôt l'ordre de se mettre ventre à terre, tandis que les officiers « attendaient la mort debout; » comme me dit mon camarade Rachowicz... Il avait à peine prononcé ces mots, que nous fûmes tous deux couverts du sang et de la cervelle d'un grenadier qui venait d'avoir la tête emportée par un boulet, au moment où il se soulevait pour se rapprocher d'un camarade. Ces horribles taches étaient ineffaçables sur l'uniforme; je les eus sans cesse sous les yeux, pendant tout le reste de la campagne, comme un avertissement funèbre. (*Memento mori.*)

Les batteries françaises, qui sont mal indiquées dans tous les plans que j'ai vus, touchaient presque à la grande redoute; de la place où nous étions, nous n'en voyions pas la fin. L'une des plus rapprochées de nous avait perdu tous ses anciens officiers et se trouvait commandée par un très-jeune homme; il paraissait fort bien prendre son parti de ce carnage, qui lui promettait un avancement rapide. Nous apercevions un certain flottement dans les masses ennemies. Selon toute apparence, les Russes avaient projeté un retour d'offensive général, auquel cet immense déploiement d'artillerie les contraignit de renoncer... Cependant, à la chute du jour, ils s'avancèrent de nouveau jusqu'aux abords de la redoute. Nous marchâmes sur eux, et ils se retirèrent définitivement.

après un engagement d'infanterie assez court, mais vif et meurtrier, dans lequel mon régiment souffrit beaucoup. Nous avions eu, en tout, ce jour-là, 257 hommes tués ou blessés, dont plus d'un tiers dans ce dernier choc.

XLI

Une horrible nuit de bivouac. — L'Empereur à la grande redoute; étrange opération mathématique. — Un problème d'histoire militaire. — Chlopicki hors de combat. — Mot caractéristique d'un blessé.

On nous fit bivouaquer à cette même place, parmi les mourants et les morts. Nous n'avions ni eau, ni bois, mais on trouva du gruau, de l'eau-de-vie et d'autres provisions dans les gibernes des Russes. Avec des crosses de fusils et les débris de quelques fourgons, on parvint à allumer assez de feu pour confectionner des grillades de cheval, notre plat de résistance. Pour faire la soupe, il fallut redescendre puiser de l'eau à la Kolotscha. Mais voici ce qu'il y eut peut-être de plus horrible! Autour de chaque lueur qui commençait à briller dans les ténèbres, les blessés, les agonisants furent bientôt plus nombreux que nous-mêmes. On les voyait de toutes parts, semblables à des spectres, se mouvoir dans la pénombre, se traîner, ramper jusque dans l'orbe lumineux du foyer. Les uns, affreusement mutilés, avaient usé dans cet effort suprême ce qui leur restait de forces : ils râlaient et expiraient, les yeux fixés sur la flamme dont ils avaient l'air encore d'implorer le secours; les autres, ceux qui avaient conservé un souffle de vie, semblaient les ombres des morts! Ils reçurent tous les soins possibles, non-seulement de nos braves médecins, mais des officiers et des soldats. Tous nos bivouacs étaient devenus des ambulances.

Nous nous tenions soigneusement sur nos gardes, et la précaution n'était pas inutile; car, vers deux heures du matin, nous reçûmes la visite d'un détachement de Cosaques auquel on fit une réception des plus chaudes, et qui s'éloigna plus vite qu'il n'était venu.

Un peu avant le jour, le canon se fit entendre de nouveau, mais à une grande distance. La matinée était claire, le froid piquant. Vers neuf heures, nous vîmes paraître l'Empereur. Il resta bien certainement trois quarts d'heure tout près de nous, les yeux fixés sur ce théâtre de carnage. Je le vis faire approcher un des officiers de sa suite et lui parler. Aussitôt cet officier entra dans la redoute avec des chasseurs qu'il disposa en carré, de manière à circonscrire un certain espace dans lequel on compta les morts. La même manœuvre fut répétée sur différents points, et je compris qu'on avait voulu, par cette sorte d'opération mathématique, se rendre compte approximativement du nombre des victimes. Pendant ce temps, la physionomie de l'Empereur demeura impassible, seulement il était très-pâle...

Ce jour-là (8 septembre), notre mouvement ne commença que vers trois heures de l'après-midi et nous n'avançâmes guère. On fit halte vers sept heures du soir, à quelques werstes de la petite ville de Mojaïsk, que l'arrière-garde russe occupait encore. Notre campement était voisin de celui du 13e régiment de hulans polonais, appartenant au 5e corps. Les officiers nous racontèrent que pendant la bataille de la veille, à la suite d'une attaque heureuse contre les Cosaques, ils avaient percé à travers les bois, sur les derrières de l'armée ennemie, jusqu'à cette même ville de Mojaïsk, où leur apparition avait répandu la terreur. Ceci se passait entre trois et quatre heures, au moment où les divisions Kniacewicz et Krasinski attaquaient vigoureusement les Russes de front. Cette charge de cavalerie était commandée par un officier supérieur nommé Gawroncki. On sait que Davout avait eu l'idée de porter de ce côté le principal effort de l'armée; qu'il avait demandé à diriger ce mouvement en joignant ses troupes à celles de Poniatowski, et qu'il fut fort irrité du refus persistant de l'Empereur. Un autre témoin oculaire, attaché à l'état-major de Poniatowski, a dit aussi que le général Tulinski, envoyé avec ses hussards du côté de Mojaïsk, s'était frayé un passage dans les bois et avait débouché inopinément sur le revers de l'armée ennemie, dans une plaine encombrée de fuyards, de blessés, de voitures de munitions et de bagages. Tulinski, n'ayant pas d'ordre et n'étant pas appuyé par de l'infanterie, se contenta d'enlever ce qui était à sa portée et n'alla pas plus avant. Le général Toll, qui avait dans l'armée russe une position considérable, dit aussi, dans ses Mémoires, que les Polonais essayèrent de tourner cette armée par sa gauche, mais que ce mouvement n'eut pas de suite, parce qu'ils ne purent y employer que de la cavalerie. Il est positif que le 5e corps fit deux mille prisonniers, c'est-à-dire un plus grand nombre à lui seul que tout le reste de l'armée.

A tort ou à raison, nous restâmes convaincus que, si l'empereur avait renforcé Poniatowski seulement d'une division et lui avait donné toute latitude d'agir, il aurait atteint et enlevé Mojaïsk avant la chute du jour. L'armée russe, ayant sa principale ligne de retraite interceptée, aurait perdu pour le moins la plus grande partie de son matériel... Quel eût été alors le résultat définitif de la campagne? C'est ce que personne ne saurait dire ; mais, à coup sûr, le résultat immédiat de la bataille eût été tout autre. Nous aurions poussé les Russes *tambour battant,* et occupé Moscou sous l'impression d'un avantage décisif [1].

1. M. Thiers (XIX, 310) a exposé les motifs de la proposition de Davout et ceux du refus de Napoléon, en se défendant, avec une modestie chez lui assez rare, de prononcer entre de pareils contradicteurs. Si l'opinion exprimée par l'auteur de ces Souvenirs est fondée, ce ne sont pas les Polonais qui ont manqué à Napoléon dans cette grande occasion ; c'est encore lui qui leur a manqué, pour leur malheur et le nôtre. L'enlèvement de Mojaïsk aurait placé l'armée russe dans une situation exactement semblable à

Pendant la marche de Mojaïsk à Moscou, nous fûmes sérieusement engagés dans l'attaque d'un bois de bouleaux qui commandait la descente de la grande route sur le village de Krimskoje. Un choc assez vif eut lieu d'abord sur notre droite. Une partie de la cavalerie française engagée fut repoussée par une première charge des Russes; mais ils ne tardèrent pas à être ramenés jusqu'à la bouche de leurs canons par d'autres cavaliers placés en réserve. Ceux-ci, dans leur élan, passèrent littéralement par-dessus un carré d'infanterie des nôtres, que l'ennemi avait dépassé d'abord. En approchant du bois dont j'ai parlé, nous fûmes à notre tour salués par un feu nourri. Les ennemis étaient nombreux, bien postés; deux attaques consécutives échouèrent. Le général Chlopicki, furieux, s'obstina à emporter la position de haute lutte, en revenant à la charge à la tête de deux bataillons polonais. Cette fois, les Russes se décidèrent à battre en retraite, mais après nous avoir envoyé de la lisière du bois, à cent pas tout au plus de distance, une décharge générale qui coucha par terre une centaine d'hommes. Chlopicki reçut là au pied une grave blessure qui le mit hors de combat pour le reste de la campagne. Il ne devait plus reparaître dans les rangs de l'armée française, où il a laissé la plus honorable réputation. Je ne le revis qu'en 1814, quand tout était fini! Malgré sa sévérité excessive, nos soldats de

celle où se trouva l'année suivante l'armée d'Espagne à Vittoria. (*N. du T.*)

la Vistule étaient désolés ne ne plus l'avoir à leur tête. « Sans lui, disaient-ils, nous serions tous morts en Espagne. Maintenant, qui nous sortira de cette Russie maudite !... »

Une trentaine d'hommes, plus ou moins grièvement blessés, mais ayant encore la force de marcher, préférèrent, à tout hasard, faire route avec nous. Voyant un de ces malheureux qui pouvait à peine se traîner, je lui conseillai vainement de rester dans une ambulance. « En ne quittant pas le régiment, me répondit-il, j'ai quelque chance de sauver ma peau; au pis aller, je serai au moins enterré par les camarades. Autrement, vivant ou mort, je suis bien sûr d'être mangé des loups. »

J'allais oublier une circonstance caractéristique. Pendant trois journées consécutives, il n'y eut aucune distribution de vivres; on vécut des provisions trouvées sur les morts russes. A diverses reprises, de furieux coups de vent bouleversèrent nos feux de bivouac. On disait déjà que ces ouragans présageaient un terrible hiver.

XLII

Moscou.

Le 14 septembre, à une heure de l'après-midi, la division Claparède arrivait à la porte de Moscou nommée *Drogomilov*, à laquelle aboutit la route de Smolensk. Le roi de Naples nous y avait précédés avec une nombreuse troupe de cavalerie dans laquelle figuraient un régiment de hussards polonais, et un régiment de hulans *prussiens*. Jusqu'au dernier moment, nous avions cru que les Russes ne nous abandonneraient pas leur Ville Sainte sans risquer encore une bataille. Il était même évident qu'ils y avaient songé, car en approchant de la ville, nous avions rencontré, dans diverses positions susceptibles de défense, des retranchements ébauchés.

En arrivant à proximité de Moscou, l'Empereur avait mis pied à terre. Nous l'aperçumes debout sur un monticule, interrogeant l'horizon avec sa lorgnette. Vu du haut de cette dernière côte, Moscou présentait un aspect oriental ou plutôt féerique, avec ses cinq cents dômes dorés ou bariolés des couleurs les plus vives, surgissant çà et là dans un véritable océan de maisons. C'était un magnifique spectacle ; néanmoins je remarquai bien des physionomies inquiètes parmi les officiers français. On s'étonnait de ne voir apparaître aucune députation... « Ils attendront longtemps, dit un *grognard* de notre régiment. Tous ces Russes émigreront en Sibérie plutôt que de céder. »

Il était deux heures à peu près, quand nous franchîmes la barrière, à la suite de l'avant-garde de cavalerie. On suivit d'abord une longue et large rue de faubourg non pavée, bordée de maisonnettes basses en boue, toutes soigneusement closes. L'intérieur de la ville, au-delà du pont de la Moskowa, nous offrit des rues moins larges et pavées, des maisons plus hautes et plus élégantes, mais toujours hermétiquement fermées, partout la solitude la plus complète. Nous traversions la ville dans sa plus grande largeur. Notre marche était lente et fréquemment interrompue, si bien qu'on mit plus de six heures à faire ce trajet d'environ huit werstes. Pendant tout ce temps, nous ne rencontrâmes qu'un seul habitant, un Russe d'une taille gigantesque, qui, au moment où nous défilions, sortit brusquement d'une maison pour passer dans une autre en face. En traversant la rue, il bouscula rudement quelques soldats et même un officier qui le menaça de son épée. Aussitôt cet homme, qui semblait fort échauffé, ouvre violemment son caftan et s'écrie : « Plonge ton fer dans cette poitrine russe. » Comme il nous avait été recommandé de traiter les habitants avec les plus grands égards, on laissa aller celui-là, qui se précipita dans une maison dont il referma et verrouilla bruyamment la porte. « S'ils sont tous comme celui-là, me dit un sergent, nous ne sommes pas au bout de nos peines. »

De temps en temps, nous rencontrions des traces évidentes d'un défilé récent et précipité de troupes nombreuses, notamment des chariots de vivres abandonnés, auxquels les soldats faisaient sans scrupule de larges emprunts. Nous entendîmes quelques coups de canon (tirés sur le Kremlin); puis, de temps à autre, des détonations lointaines, qui pouvaient bien être aussi le retentissement de portes fermées avec fracas. Plus nous avancions au cœur de la ville, plus nous rencontrions de maisons considérables et opulentes. Ce n'étaient que jardins, serres, fontaines, élégantes vérandas. La plupart de ces demeures d'apparence si belle, étaient construites exclusivement en bois; on s'en aperçut trop bien deux jours après. Le Kremlin, auprès duquel nous passâmes, nous fit l'effet d'une seconde ville encore plus magnifique, comprise dans la première.

Nous atteignîmes enfin, vers huit heures du soir, la porte Semenofski, où l'on fit bivouaquer la troupe en rase campagne, près de quelques moulins à vent. De cette position, très-rapprochée des avant-postes, nous distinguions facilement les feux des bivouacs de la cavalerie française et ceux des Russes.......

Le lendemain matin, des hulans polonais arrivant de la ville, assurèrent qu'elle était au pillage. Cette nouvelle fut bientôt confirmée par les hommes qu'on avait envoyés aux vivres, et qui revinrent avec d'amples provisions de thé, de rhum, de sucre, de vins et d'objets précieux de toute espèce. Dès lors, il n'y eut plus moyen de retenir les soldats. Tous ceux qui n'étaient pas de service disparurent. Les cuisines furent abandonnées; les gens de corvée pour le bois, l'eau et la paille, et même des hommes partis en patrouille, ne revinrent pas. A l'attrait du pillage se joignait, chez les Polonais, le désir de se venger d'anciennes injures. Je vis un hulan qui faisait marcher devant lui, à grands coups de cravache, un Russe qu'il contraignait de lui porter son butin, et qui pliait sous le faix. Comme je lui reprochais sa brutalité, il me répondit avec colère: « Savez-vous bien, Monsieur, qu'à Praga mon père et ma mère ont été massacrés? »

Un seul homme aurait pu, dans ce moment, empêcher les régiments de la Vistule de commettre bien des excès; mais depuis trois jours, cet homme n'était plus à notre tête. Ceci me rappela une prédiction que m'avait faite un nommé Danusz, le loustic de mon ancienne compagnie de voltigeurs, quand Chlopicki fut blessé: « Les souris vont s'en donner à présent que le chat n'y est plus! »

Ce pillage était la conséquence logique, inévitable de l'ordre donné tout d'abord de loger les troupes militairement dans la ville, et de la disparition des autorités qui auraient pu régler cette installation. Aucune précaution n'avait été prise contre le désordre, si ce n'est aux abords du Kremlin. Enfin il ne se trouva pas là, comme dans d'autres grandes villes, une foule de gens des classes inférieures, servant de guides et d'auxiliaires aux envahisseurs. De ce concours de circonstances, il résulta que les soldats, cherchant à se loger, à manger et à boire, pénétrèrent par effraction dans un grand nombre de maisons, de boutiques fermées et désertes. Ainsi le pillage avait commencé par les magasins de comestibles, de vins et de spiritueux; il s'étendit avec une rapidité foudroyante aux habitations particulières, aux édifices publics, aux églises. Je vis apporter, rien qu'à notre campement, une quantité considérable d'argenterie, d'orfèvrerie émaillée, de linge de table, des étoffes précieuses et des fourrures sur lesquelles s'étendaient les soldats; puis encore une foule d'objets mobiliers, comme chaises, flambeaux, etc., que les pillards faisaient déménager par des Russes ivres comme eux. La plupart de ces objets étaient rachetés à vil prix par de ces ignobles brocanteurs, juifs pour la plupart, qui, en pareille occasion, semblent tout à coup surgir de dessous terre. L'excès de l'abondance succédait brusquement à la famine. Toutes les baraques regorgeaient de victuailles et de liquides de toute espèce; viandes fraîches et salées, poissons fumés, vin, rhum, eau-de-vie, etc. Autour de tous les feux on cuisinait, on mangeait et surtout on buvait à outrance; chaque nouvel arrivage d'objets pillés était salué de joyeux *vivats!* Je vis aussi amener des blessés russes. La plupart sans doute étaient des voleurs de profession, qui avaient voulu prendre leur part de butin; mais il s'y trouvait aussi, hélas! de pauvres gens restés en ville, et frappés en voulant défendre leur bien.......

Tout ce désordre, d'abord général, diminua bientôt

par l'effet de la satiété, et surtout quand on vit que nombre de pillards ne rapportaient plus d'autre aubaine que des horions. Un couvent voisin de l'enceinte, dans lequel notre général Claparède s'était installé, dut à cette circonstance d'être à peu près épargné : toutefois on fit une large brèche au garde-manger et à la cave de ces bons moines. L'un d'eux fut même assez rudement étrillé en voulant s'opposer à cette invasion. Ceci mit tout à fait hors de lui un de ses confrères, le bibliothécaire du couvent, avec lequel j'avais fait connaissance, et qui jusque-là m'avait paru assez résigné. Il me dit que ce sacrilége nous porterait malheur, que tous les prêtres et les moines marcheraient à la tête des armées russes le crucifix en main, à commencer par lui-même..... Je le quittai en lui souhaitant bon voyage.

La plus funeste conséquence du pillage fut le développement des germes de démoralisation qui existaient depuis le passage du Niémen. Quand l'ordre fut rétabli, il resta néanmoins dans chaque corps un certain nombre de mauvais sujets qui s'échappaient la nuit pour continuer leurs maraudages. D'autres, pires encores, s'abstinrent de rejoindre leurs drapeaux. Lors de l'évacuation de Moskou, il y en avait déjà six à huit mille de cette espèce; des isolés, comme on les appelait dès lors. Ils formèrent le premier noyau de ces traînards dont le nombre s'accrut dans d'effroyables proportions par suite des malheurs de la retraite, et parmi lesquels les hommes armés devinrent finalement l'exception.

On a beaucoup disserté sur les causes de l'incendie de Moscou; je me bornerai à dire ce que j'ai vu. J'étais constamment, soit au camp, soit dans un moulin du voisinage où j'avais élu domicile, et d'où l'on apercevait la ville entière. Je puis certifier que depuis le 14 septembre au soir jusque dans la nuit du 15, aucun indice partiel ne fut visible. Je ne remarquai non plus aucune de ces fusées, de ces raquettes dont tant d'écrivains ont parlé, et qui auraient servi de signaux aux incendiaires. Le 15, vers midi, on entendit une espèce d'explosion du côté du sud-ouest; c'étaient quelques caissons du 5e corps qui sautaient. Un accident du même genre eut lieu dans l'après-midi sur la route de Kalouga. Il n'y avait à se tromper ni sur l'emplacement, ni sur la nature de ces explosions, dont la fumée blanche ne ressemblait nullement à celle de maisons qui brûlent. Très-tard dans la soirée, on remarqua en ville quelques feux isolés les uns des autres, et qu'il semblait facile de maîtriser. Ce fut seulement le 16 vers midi, qu'un embrasement considérable se déclara au centre de Moscou. Favorisé par un furieux ouragan d'équinoxe, il fit en peu de temps d'effrayants progrès. De mon observatoire, où tous les officiers de la division étaient accourus, la ville semblait submergée dans un lac de flammes. On sait le reste[1].

1. Personne, même en Russie, n'a pris au sérieux les dénégations ultérieures du gouverneur Rostoptchine. S'il n'a pas directement soudoyé des incendiaires, il avait multiplié à dessein les chances d'incendie en ouvrant les prisons, et assuré le triomphe

Tout a été dit sur la faute que commit Napoléon en s'obstinant à demeurer si longtemps dans cette ville plus qu'à demi détruite, dans l'espoir d'y traiter de la paix. J'ai toujours pensé que l'Empereur, même au milieu de ces ruines, aurait pu encore fixer ou ramener la fortune, en proclamant sans équivoque le rétablissement de la Pologne, et en dirigeant enfin sur Minsk le corps de Poniatowski. Celui-ci aurait rallié les divisions de Bronikowski et de Dombrowski, contraint les Autrichiens d'agir avec vigueur, entravé les opérations de Tormasov et de Tchitschakov, et amené à Napoléon un sérieux renfort sur la Bérézina. Il n'en fallait pas plus pour changer le destin de la campagne. Mais Napoléon craignait, en agissant ainsi, de se faire d'Alexandre un ennemi irréconciliable, comme si ce n'était pas déjà fait[1] !

du fléau en faisant enlever les pompes. Il a prévu le sinistre, et tout fait pour le rendre inévitable. (*N. du T*).

1. Tout ceci est conforme à l'opinion des plus judicieux historiens de cette époque, notamment à celle de Bignon. Toutefois, des révélations ultérieures de source authentique nous ont appris que le parti de la paix fut bien près un moment de l'emporter à Pétersbourg, sous l'impression de la défaite de Borodino et de l'entrée des Français à Moscou. (V. notamment M. Schnitzler, *Rostoptchine et Koutousov*, p. 325 et suiv.) Le découragement avait gagné plusieurs même de ceux qui avaient poussé à rompre avec la France, comme les Wolkonski, les Araktchéief. Ce fut l'entrevue d'Abo, tache ineffaçable dans la vie de Bernadotte ; ce furent surtout les intrigues de gens qui n'avaient rien à perdre et tout à gagner, comme l'Allemand Stein, qui raffermirent le courage un moment ébranlé d'Alexandre. (*T.*)

XLIII

Départ. — Poursuite des Russes dans une fausse direction. — Mission au quartier général réinstallé au Kremlin ; excursion dangereuse dans Moscou. — Retour au régiment. — Continuation de la poursuite. — Une reconnaissance hasardeuse. — Escarmouche du 2 octobre. — Le château de Rostoptchine et sa véritable inscription.

Dans la soirée du 16, la division Claparède reçut l'ordre de se porter du côté de Panki, sur les traces présumées de l'ennemi. Je demeurai en arrière pour quelques heures, avec la mission de « recueillir les pillards, d'organiser le parc des vivres, le convoi de bagages, et de rallier le plus tôt possible la division. » L'accomplissement de cette tâche me conduisit jusqu'à minuit. L'un des derniers pillards qui rejoignirent au moment du départ était un de mes anciens voltigeurs, un certain Jedrzyewski, très-brave au feu, mais indiscipliné. Comme il m'arrivait ivre à ne pouvoir se soutenir, je jugeai à propos de lui faire administrer la bastonnade pour le dégriser. Bien que prohibé par les règlements français, ce châtiment était encore fort usité parmi les troupes auxiliaires. Je ne me doutais guère alors que, trois mois plus tard, ce vaurien me sauverait la vie.

Nous étions déjà en marche depuis quelque temps,

quand je reçus un message du colonel qui m'indiquait une voie plus courte pour rallier le régiment. Bien que nous fussions à près d'une lieue de Moscou, je pus facilement déchiffrer cette lettre à la clarté de l'incendie. Nous rejoignîmes dans la matinée du lendemain. La division se portait au sud-est de Moscou, du côté de Riazan : on ne voyait et on ne savait rien de l'ennemi. Le 20, nous avions bivouaqué à Miaczkhowo (27 werstes de Moscou). Le lendemain, nous passâmes la Moskowa. Un parlementaire russe s'était déjà présenté le 17, au point du jour; il en vint un autre le 21. Plusieurs de mes camarades se reprenaient à croire à la paix; les vieux officiers n'étaient nullement de cet avis. Jusque-là, nous n'avions aperçu au loin que quelques Cosaques et paysans armés.

Le 22, je fus chargé de dépêches pour l'Empereur, déjà réinstallé au Kremlin. Il me fallut traverser, non sans péril, des quartiers qui brûlaient et surtout qui fumaient encore. Dans certains endroits, cette fumée était si noire, si âcre, qu'on ne pouvait ni respirer, ni voir à deux pas devant soi. Je n'en serais probablement pas sorti de sitôt, si je n'avais eu la chance de rencontrer un Russe qui semblait ivre-mort, mais que l'exhibition d'un rouble ressuscita, et qui me conduisit jusqu'à la place du Kremlin. Je trouvai l'Empereur, avec son costume et sa physionomie ordinaires, passant la revue de sa vieille garde dans une des cours du Kremlin, absolument comme il eût fait aux Tuileries. Je fus assailli de questions par les officiers de l'état-major; ils étaient tout étonnés d'apprendre que nous étions partis dans la direction de Riazan ; ils nous croyaient du côté de Toula, tout à fait au sud de Moscou. Le sous-chef de l'état-major général (Monthyon) me fit subir un interrogatoire en règle sur tout ce que je pouvais avoir appris. Il tenait surtout à savoir si les paysans armés que nous avions entrevus n'avaient pas l'air de « former le noyau de quelque armement national. »

Avant de repartir, j'entrai pour déjeuner dans un restaurant à la française assez convenable, installé dans une baraque sur la place du Kremlin. On m'y servit un beefteak aux pommes, une bouteille de vin et le café, pour la somme assez peu modeste de 8 fr. J'appris là, par le maître d'hôtel, sur l'incendie et la continuation du pillage dans les quartiers détruits, et aussi un peu dans les autres, de tristes détails, que j'ai retrouvés depuis dans bien des livres. Au retour, j'eus encore quelque peine à me retrouver au milieu des décombres fumants. Je fus plusieurs fois insulté et forcé de me frayer passage le pistolet à la main, à travers des groupes de pillards ivres...

Au retour, le général Claparède, que je trouvai « très-bien niché, comme il disait, dans une maisonnette, » à une demi-lieue de la Moskowa, me reçut avec une amabilité peu ordinaire ; il m'offrit même à déjeuner. Naturellement j'eus à subir un nouvel interrogatoire sur ce que j'avais vu et entendu dire à Moscou. Mon colonel, homme instruit et clairvoyant, m'exprima des appréhensions qui ne devaient être que trop tôt et trop complétement justifiées. Attaché à l'état-major général avant la prise de Smolensk, il avait souvent entendu raconter que Berthier, Murat, Duroc, Daru, Narbonne et bien d'autres, avaient fait de vains efforts pour empêcher cette pointe aventureuse sur Moscou. « Nous voici arrivés, me dit-il, à cette guerre de l'espace et du temps, que nous prophétisait Narbonne. » Ce qui l'inquiétait surtout, c'était l'analogie singulière de notre situation avec ce qui s'était passé deux siècles auparavant (en 1613), quand les Polonais, à la suite d'éclatantes victoires, occupaient pareillement le Kremlin et Moscou. Ralliés à Toula et Kalouga, les Russes avaient bientôt recommencé la lutte et contraint les Polonais à la retraite. Le colonel craignait, non-seulement que nous ne fussions obligés d'en faire autant, mais que notre retraite ne fût interceptée, comme, en effet, elle faillit l'être.

On décampa le 24 septembre, et l'on prit la direction de l'ouest, en remontant la vallée de la Pachra, affluent de la Moskowa. Après une marche longue et pénible, on bivouaqua auprès d'un petit bois. Nous restâmes deux jours dans ce nouveau campement, poussant de toutes parts des reconnaissances pour avoir des nouvelles de l'ennemi. Lui-même se chargea de nous en apporter dans la soirée du 26. Plusieurs détachements de cavalerie vinrent caracoler très-près de nous; une batterie qu'ils accompagnaient nous envoya quelques volées de canon, auxquelles on répondit avec usure.

Le 27, on se porta de bonne heure en avant, mais

nous n'eûmes pas à aller bien loin pour rencontrer l'ennemi, qui démasqua une nombreuse cavalerie. Après diverses escarmouches où l'artillerie avait joué le principal rôle, les Russes nous cédèrent le terrain quand ils virent qu'on se préparait à les attaquer à fond. Nous campâmes à quatre heures, près de Czeskowica. Je fus envoyé à la découverte avec trois compagnies. Le pays était boisé, accidenté et propice aux surprises. Bien m'en prit d'être sur mes gardes ; nous tombâmes sur trois régiments de cavalerie ennemie en retraite, mais qui ayant aperçu à travers les arbres ma petite troupe, revinrent aussitôt sur elle. J'avais le choix entre deux refuges, un bois de jeunes bouleaux, plus rapproché du camp, mais assez *clair* pour que des cavaliers solides pussent l'aborder, et un fourré impénétrable, mais plus rapproché de l'ennemi. Je n'hésitai pas à me jeter dans le fourré. J'y disposai mes hommes en tirailleurs; quand cette cavalerie arriva à portée, courant à l'autre bois où elle croyait nous trouver, nous la saluâmes au passage d'un feu bien nourri qui tua ou démonta une quinzaine de cavaliers. Les Russes, lancés à fond de train, traversèrent de part en part l'autre bois où nous eussions été infailliblement écrasés, puis se rallièrent et disparurent sans demander leur reste. Cette brusque retraite me fit penser qu'ils avaient aperçu quelque chose du côté de notre camp. Quelques instants après, en effet, retournant vers nos avant-postes, je rencontrai le roi de Naples en personne avec une brigade de cavalerie.

Nous restâmes encore deux jours dans cette position, cherchant en vain de quel côté pouvait être le gros des forces ennemies. *On ne faisait que droguer*, comme disaient les soldats. Quant aux Cosaques, on ne les rencontrait que trop : ils semblaient se multiplier, et devenaient chaque jour plus gênants. Ils ne tenaient nulle part contre notre infanterie ; mais en empêchant notre cavalerie de fourrager, ils l'épuisaient et la réduisaient à l'inaction.

Le 29, tandis que Poniatowski obtenait, non loin de nous, un assez sérieux avantage à Cyrykowo, nous eûmes de notre côté une chaude escarmouche d'avant-garde, dans laquelle Murat courut un grand danger. Il était déjà tard, et les Cosaques se tenaient toujours « à la barbe de nos colonnes. » Le roi de Naples voulut les charger avec une partie de la cavalerie. Les Cosaques firent d'abord mine de fuir, et prirent une grande avance sur la plupart de nos cavaliers. Bientôt ils firent volte-face et fondirent sur Murat, qui les poursuivait presque seul d'assez près. « Aujourd'hui, Tzar, lui criaient-ils, tu ne nous échapperas pas ! » La faible escorte du roi fut forcée de tourner bride ; Murat lui-même, après avoir de sa main tué ou mis hors de combat plusieurs ennemis, dut chercher son salut dans la fuite. Mais deux Cosaques mieux montés que les autres l'atteignirent de nouveau, et le roi, dont les forces s'épuisaient, allait succomber dans cette lutte inégale, quand survint à la rescousse un capitaine polonais, cousin de mon colonel et portant le même nom (Malszewski), qui remplissait auprès du roi l'office d'interprète. D'un coup de sabre, Malszewski abattit un des Cosaques, l'autre prit la fuite. Le roi le nomma sur le champ baron et officier de son ordre, avec une dotation de plusieurs milliers de livres, avantages dont mon pauvre compatriote ne jouit guère. Les événements de 1815 emportèrent baronnie, ordre et dotation « où sont les neiges d'antan. »

La division Claparède, tenue en réserve pendant la première partie de la campagne, était passée en première ligne. Elle opérait ainsi que la division Dufour, de concert avec le corps de Poniatowski, celui-ci, envoyé par Napoléon du côté de Toula, avait su retrouver les Russes plus promptement que Sébastiani et Murat.

Le 2 octobre, nous eûmes une nouvelle et chaude rencontre avec l'arrière-garde ennemie, toujours commandée par le Murat russe, l'infatigable Miloradowitsch. On se préparait à jeter un pont sur la Moscha, quand survint Sébastiani. « Allons donc, voltigeurs, dit-il, depuis quand avez-vous besoin de pont pour franchir de pareils ruisseaux ? » Sur ce, tout le monde se jeta bravement dans ce *ruisseau* où l'on avait de l'eau à peu près jusqu'au cou ; il y eut même un homme qui s'y noya. Grâce au concours de l'artillerie volante polonaise, à manteaux blancs, l'ennemi fut débusqué successivement du village d'Islowa-Michalowa où il s'était fortement retranché, et d'une autre position à peu de distance en arrière. A la suite de cet engagement, les Russes se replièrent derrière le bourg de Woronowo.

Là se trouvait la résidence seigneuriale du fameux Rostoptchine (Spass-Kouplia), qu'il venait d'incendier de ses propres mains. L'habitation principale et toutes les dépendances n'étaient plus que des ruines ; une tour ronde, située à l'angle d'un long mur, et surmontée d'une gigantesque effigie de cheval, avait seule échappé à la destruction. A l'entrée de ce qui avait été le château, était attaché un écriteau portant en gros caractères une inscription française, que des milliers de personnes ont lue ce jour-là comme moi. Elle était ainsi conçue :

« J'ai mis le feu à mon château qui me coûte un million, pour qu'aucun chien (de) Français n'y loge. »

Il n'y avait pas autre chose, et toutes les paraphrases qui ont été publiées depuis sont absolument inexactes. Je puis d'autant mieux l'affirmer, que longtemps après j'ai revu cet écriteau chez un ancien officier de mon régiment, nommé Madalinski, qui avait emporté cette pièce, et la conservait précieusement[1]. Le bourg de Woronowo avait été également livré aux flammes.

1. Le commissaire britannique, sir Robert Wilson, a raconté en détail cet incendie du château de Rostoptchine, qui s'était accompli sous ses yeux. Mais il devait être déjà parti quand le terrible gouverneur de Moscou rédigea son écriteau. Le texte qu'il en donne est évidemment une de ces paraphrases dont parle notre auteur. Celui dont le général de Brandt atteste l'authenticité *de visu* est bien plus conforme au caractère de Rostoptchine. Le récit d'ailleurs très-curieux de Robert Wilson a été reproduit par M. Schnitzler, dans l'ouvrage précédemment cité (p. 249 et suiv.).

XLIV

Combat indécis et sanglant du 4 octobre. — Murat et le 2e de la Vistule. — Je suis grièvement blessé. — Une *carte de visite* russe. — Transport à Moscou.

Pendant toute la journée du 3 octobre, nous avions poursuivi notre marche, serrant toujours de près l'arrière-garde russe. Dans la soirée même, nous envahîmes un village qui n'était pas encore complètement évacué ; on y ramassa des bagages et un certain nombre de malades et de blessés. Mais le lendemain, nous rencontrâmes une résistance sérieuse qui commença au passage de la Tschernitschnaja. C'est la dernière action de cette campagne à laquelle j'aie assisté. L'artillerie joua un grand rôle dans cette affaire chaudement disputée, qui mit plus que jamais en évidence l'affaiblissement de notre cavalerie et même de l'artillerie, par suite de l'état pitoyable des chevaux. Murat lui-même s'en rendait bien compte :

Nous croyons seulement que cet estimable écrivain se trompe en assignant à cet incendie la date du 3 octobre, qui est précisément le jour de l'arrivée de l'avant-garde française à Woronowo. Ceci est contredit non-seulement par le récit de Brandt, qui parle de ruines et non de flammes, mais par la relation anglaise, qui dit formellement que Rostoptchine se mit à l'œuvre « quand les escarmouches commencèrent à se rapprocher. » (*N. du T.*)

en passant sur le front de l'infanterie formée en carré pour repousser au besoin la nombreuse cavalerie russe, il dit au commandant de notre deuxième bataillon, qu'il connaissait personnellement : « Eh bien! nous voilà comme en Égypte. » Nos fantassins l'aimaient toujours, à cause de sa prestance et de son intrépidité, mais les officiers de son arme le jugeaient sévèrement. « C'est un bon soldat, disaient-ils, mais il a abîmé notre cavalerie. »

Nos voltigeurs et ceux du 94e franchirent résolument la Tschernitschnaja, sous le feu des canons russes. L'ennemi recula un peu, mais seulement pour prendre une meilleure position, d'où son artillerie nombreuse et bien postée ouvrit sur nous un feu épouvantable. Un bataillon du 94e, très-maltraité, recula sur un des nôtres ; il y eut là un moment de confusion pendant lequel je fus effleuré d'un obus qui m'arracha mon shako et me donna une telle secousse que j'en tombai de cheval. Ce désordre fut bientôt réparé ; le combat continua sur toute la ligne avec des chances diverses. Plusieurs charges des Russes vinrent échouer sur nos carrés, mais quand nous voulions nous porter en avant, le feu de leur artillerie nous contraignait de reculer. Vers la fin de l'action, dans un moment où nous avions l'avantage, Murat parut de notre côté, et essaya de charger avec une partie de la cavalerie, qui jusque-là n'avait guère joué qu'un rôle passif. Mais ses escadrons plièrent sous le feu persistant des canons ennemis. Dans ce moment même, les Russes, qui voyaient le Roi et espéraient le prendre, firent un vigoureux retour offensif; Murat et son état-major furent obligés de se réfugier dans le plus proche carré d'infanterie; c'était précisément le nôtre. Une masse de grosse cavalerie arriva sur nous au galop, comme pour charger; mais, à cinquante pas de distance environ elle s'arrêta brusquement. Il y eut là un instant de silence terrible, pendant lequel on n'entendait plus que le souffle haletant des chevaux. Puis, voyant sans doute à notre attitude qu'il n'y ferait pas bon pour eux, les Russes tournèrent bride et repartirent, en aussi bel ordre qu'à la parade.

Murat félicita chaleureusement le 2e de la Vistule de sa fermeté, qu'il ne manquerait pas, disait-il, de signaler à l'Empereur. Il s'en souvenait encore longtemps après; nous en eûmes la preuve au mois d'août 1813. Je faisais alors partie d'un régiment polonais de nouvelle formation, dans lequel étaient rentrés presque tous les derniers survivants de la légion de la Vistule, décidés, comme moi, à suivre jusqu'au bout la fortune de la France. Comme nous défilions dans Dresde sous les fenêtres du roi de Naples, il reconnut notre chef, qui n'était autre que l'ancien colonel du 2e. Il cria d'arrêter, descendit précipitamment pour serrer la main au colonel, et parcourut nos rangs, heureux, disait-il de revoir « ses braves camarades. » Il n'en restait, hélas! qu'un bien petit nombre!...

Le 4 octobre 1812, j'espérais bien en être quitte pour cette accolade d'obus que j'avais reçue au début de l'affaire. Mais la fortune en avait décidé autrement.

Après la retraite de la cavalerie russe, le colonel m'ordonna de prendre deux compagnies de voltigeurs et de débusquer un détachement d'infanterie ennemie d'un bois voisin qu'il occupait encore. Je fis battre la charge, et m'élançai avec mes hommes vers ce fourré malencontreux. Les Russes se replièrent, mais après nous avoir salués d'un feu trop bien dirigé qui nous fit beaucoup de mal. Je reçus une balle à la cheville, et deux autres officiers furent aussi grièvement blessés. Notre régiment, à lui seul, avait eu 268 hommes tués ou mis hors de combat, dans cette action meurtrière et indécise.

On me porta avec d'autres blessés dans une maison de Winkowo. La balle était restée dans la plaie, et l'on ne put l'extraire que par fragments, tant mon pied avait enflé dans le trajet. Après l'opération, j'étais tombé dans un anéantissement dont je fus brusquement réveillé par un vacarme étrange. Un boulet perdu avait passé, en brisant une solive, dans la chambre que nous occupions, sans atteindre personne heureusement. « C'est une carte de visite des Russes, me dit en riant un officier du 3e de la Vistule, mon compagnon d'infortune ; nous nous serions bien passés de leur politesse. »

Je fus transporté à Moscou... La douleur m'avait réduit à un tel état de prostration, que je ne me rappelai que vaguement plus tard le long et pénible trajet fait parmi les quartiers détruits, et le préau de l'hôpital Saint-Paul, où nombre d'officiers convalescents, appuyés sur des béquilles, essayaient de se réchauffer aux pâles rayons d'un soleil d'automne. Je fus l'objet des soins les plus empressés d'un officier français auquel j'avais moi-même sauvé la vie un mois auparavant, l'ayant fait ramasser mourant dans la grande redoute de Borodino. Un bienfait n'est pas toujours perdu !

XLV

Départ de Moscou. — Aspect du champ de bataille de Borodino au mois d'octobre 1812. — Smolensk. — Orscha. — Borisov. — Attaque et prise du pont de Borisov par les Russes. — Les blessés et les isolés rétrogradent sur Bobr. — Désordre inexprimable dans cette ville. — Incidents divers de notre séjour. — La garde impériale à Bobr.

Je venais de subir une nouvelle opération, le débridement et le sondage de ma blessure pour rechercher d'autres morceaux de plomb, quand on nous annonça que l'armée se préparait à quitter Moscou, et que l'évacuation sur Smolensk des 400 officiers et des 12000 soldats blessés et malades allait avoir lieu immédiatement. Je fus compris dans le premier convoi, circonstance à laquelle j'ai dû probablement la vie.

Nous partîmes le 14 octobre. J'étais en voiture avec deux autres officiers de mon régiment, dont l'un, appartenant à mon ancienne compagnie, avait été blessé en même temps que moi. Pendant les premiers jours du voyage, je souffris cruellement; mais, les secousses de notre véhicule ayant expulsé les derniers « corps étrangers, » j'éprouvai un soulagement inexprimable, et je commençai, pour la première fois, à pouvoir remuer les doigts sans douleur. Quand le convoi passa à la hauteur du champ de bataille de Borodino, j'avais déjà recouvré assez de liberté d'esprit pour me rendre exactement compte de l'aspect de ce lieu sinistre, encore couvert de morts. Vus en perspective du haut des collines, ces entassements de cadavres entièrement dépouillés semblaient d'immenses troupeaux de moutons. L'air était froid, le ciel couvert; déjà on voyait voltiger par moments quelques flocons de cette neige fatale, qui allait servir de linceul à tant de malheureux...

L'abbaye de Kolotzkoi, voisine du champ de bataille, était occupée par des soldats polonais qui nous accueillirent en frères. Il en fut de même à Viazma, où nous rencontrâmes le 3e bataillon de mon régiment, à l'organisation duquel j'avais travaillé au début de la campagne. Le convoi s'arrêta un jour entier dans cette ville; je profitai de cette halte pour essayer de marcher avec des béquilles, et j'y réussis à merveille.

Nous repartîmes pour Smolensk, escortés par 200 hommes de ce troisième bataillon, sous la conduite d'un capitaine nommé Wandorf, vétéran de l'armée d'Égypte. C'était un petit homme très-intelligent et très-actif, malgré son excessif embonpoint; il s'acquitta parfaitement de sa mission.

Le 4 novembre dans l'après-midi, par un temps de neige, nous entrions à Smolensk. Dans l'espace de vingt et un jours, nous n'avions donc fait que 384 werstes ! Là encore, nous eûmes la chance de rencontrer en arrivant des compatriotes qui avaient été avec nous en Espagne, et qui voulurent absolument nous héberger. Il étaient installés tant bien que mal dans des maisons abandonnées depuis l'occupation, et se procuraient des vivres *au jour le jour* en battant le pays, où déjà se manifestaient quelques symptômes d'insurrection.

Nous avions espéré pouvoir rester jusqu'à notre entier rétablissement dans cette ville, qui semblait devoir faire une excellente tête de cantonnement pour les troupes revenant de Moscou. Mais cette illusion ne dura que quelques heures. Des bruits sinistres commençaient à circuler. On parlait d'une marche de la grande armée russe, de Kalouga sur Smolensk ; d'autre part, on assurait que les communications seraient prochainement interrompues entre Smolensk et le Dniéper. Cette ville n'avait reçu ni l'armement ni les approvisionnements nécessaires dans de telles circonstances ; aucune mesure n'avait été prescrite non plus pour le séjour et le transport des blessés. Il nous fallut donc pourvoir nous-mêmes à notre salut. Un bataillon polonais partait le 7 dans la direction de Krasnoë, pour protéger les communications et ramasser les « isolés. » Quelques centaines de blessés et d'éclopés profitèrent de l'occasion : nous étions du nombre. Wandorf fut également autorisé à nous accompagner avec sa troupe jusqu'au Dniéper, parce que l'on avait signalé des Cosaques de ce côté. Nous nous séparâmes le 9 de cet excellent homme, à Dobruwna. « Mes amis, nous dit-il, le diable va nous dévorer tous dans ce maudit pays. Vous autres vous partez à temps, vous aurez peut-être quelque chance de revoir notre patrie. Pour moi, c'est bien fini ; en passant à Kalish, vous direz à ma famille où vous m'avez vu pour la dernière fois. Que Dieu vous accompagne, mes frères ! » Heureusement Wandorf n'était pas sorcier comme Rakowski. Ses pressentiments le trompaient. Nous devions le retrouver sain et sauf à Wilna.

A Orscha, où nous arrivâmes le 10, tout était dans le désarroi le plus complet. On parlait d'une bataille perdue du côté de Minsk, de l'approche imminente des Russes. Le commandant de la place était ce général Jomini, si célèbre depuis par sa défection en 1813 et ses écrits militaires. Pour lors, il était parti en découverte[1], et pendant son absence tout s'en allait à la débandade. Comme on disait que tous les hommes à peu près capables de marcher avaient été dirigés antérieurement sur Borisov, par Toloczyn et Bobr, nous nous décidâmes à suivre cette route déjà couverte d'isolés. Le voyage se fit sans encombre jusqu'à Borisov où nous arrivâmes le 15. Là allaient commencer nos grandes tribulations.

Nous étions descendus chez un compatriote, vieux

1. Ou, si nous l'en croyons, mandé par l'Empereur. (V. sa *Vie de Napoléon*, IV, 193.)

soldat de Kosciuzko, qui nous avait accueillis de son mieux. Nos arrangements étaient faits pour repartir dès le lendemain : mais l'homme propose et Dieu dispose ; le diable aussi, quelquefois ! Le lendemain matin à huit heures, quand nous arrivâmes sur la place du marché, tout y était en émoi. Quelques fugitifs d'un convoi surpris par l'ennemi sur l'autre rive de la Bérésina, à peu de distance de Borisov, venaient d'apporter en ville la nouvelle trop sûre que la communication avec Minsk et Wilna était interceptée : il n'y avait plus moyen de passer ! C'était un coup d'autant plus inattendu, que nous venions de faire 614 werstes depuis Moscou, c'est-à-dire la plus grande partie du trajet, et celle qu'on aurait pu croire la plus exposée.....

Nous restâmes cloués à Borisov pendant six journées, qui nous parurent bien cruelles ; pourtant ce n'était rien encore auprès de ce qui nous attendait. Pendant cet arrêt forcé, je m'exerçais sans relâche avec mes béquilles ; quelque chose me disait que bientôt j'en serais réduit à ce moyen de transport. La situation s'assombrissait d'heure en heure. Nous vîmes arriver successivement le général Bronikowski, auquel les Russes venaient d'enlever sans trop de peine Minsk et ses magasins (perte irréparable), puis le général Dombrowski avec sa petite division, chargée de la garde du Dniéper. La conduite de ces généraux était jugée sévèrement. On disait que Bronikowski s'entendait mieux à organiser de bons dîners qu'au métier de la guerre et s'était laissé surprendre ; que

Dombrowski, qui ne précéda l'ennemi que de vingt-quatre heures, avait perdu un temps précieux à escorter sa femme jusqu'à Mohilew. J'ai retrouvé depuis ces accusations consignées dans le journal de Prodzynski, témoin oculaire des événements[1].

Cependant la ville s'emplissait de réfugiés de toutes les couleurs, provenant des cadres de régiments en formation ; d'émigrants lithuaniens et wolhyniens, et d'une foule de vauriens qui encombraient les cabarets, les tabagies, ne songeant qu'à jouer aux cartes et à boire. L'anarchie la plus complète régnait dans cette cohue, et nous fûmes obligés plusieurs fois de mettre le pistolet à la main, pour préserver notre hôte de visites plus que suspectes. Sa maison n'était pas dans la ville, mais sur une hauteur voisine, dominant la Bérésina. De là nous voyions les dispositions prises à la hâte pour la défense du pont, qui nous paraissaient absolument défectueuses. Aussi nous jugeâmes à propos de ne pas attendre l'issue du combat, et de suivre le refoulement qui déjà s'opérait sur Bobr, au devant de l'armée française. L'événement ne justifia que trop nos prévisions, car les Russes se rendirent bientôt maîtres du pont et de la ville[2]. Nous prîmes

1. Cette appréciation nous semble injuste. Suchet, qui s'y connaissait, a fait l'éloge de Bronikowski ; Dombrowski, l'un des plus valeureux compagnons de Kosciuzko, servait depuis 1797 dans les armées françaises, et y a laissé les meilleurs souvenirs. (*N. du T.*)

2. Les historiens les plus autorisés, russes aussi bien que français, s'accordent à dire que Dombrowski défendit héroïquement le pont de Borisov, et ne céda qu'au nombre. Les Russes perdirent

affectueusement congé de notre excellent hôte, que nous ne devions plus revoir. Quelques jours après, quand je revins à Borisov avec les débris de l'armée, je trouvai cette demeure hospitalière dévastée et abandonnée. Les portes, les fenêtres avaient été arrachées; le propriétaire était disparu, mort peut-être!

Cette retraite sur Bobr avait toute l'apparence d'une déroute. A chaque instant les isolés, qui dans ces circonstances se réunissaient et s'entendaient pour mal faire, exploitaient l'alarme causée par le bruit du canon que nous entendions derrière nous à la Bérésina. Ils criaient : *Voici les Cosaques! Sauve qui peut!* et donnaient à la colonne de violentes poussées, qui leur permettaient de fourrager à l'aise dans des voitures renversées.

A Bobr, où nous arrivâmes très-tard, tout était dans une confusion indescriptible... Mes deux compagnons et moi nous parvînmes non sans peine à nous loger assez mal, mais fort chèrement à l'extrémité du faubourg, chez un ex-artilleur russe, qui avait bien la femme la plus sale que j'aie jamais rencontrée. Le lendemain matin, j'envoyai notre homme aux renseignements, mais j'eus l'imprudence de lui donner d'avance un *pourboire* qui n'alla que trop directement à sa destination. Le malheureux revint ivre à ne pas

beaucoup de monde dans cet endroit; deux de leurs généraux y furent grièvement blessés et l'attaque eût peut-être échoué sans un émigré français, le comte de Langeron. Il fit preuve, dans cette occasion, de talents qui auraient été plus dignement employés contre d'autres adversaires. (*N. du T.*)

se tenir, bredouillant des phrases inintelligibles. Comme je commençais à marcher assez facilement avec mes béquilles, je pris le parti d'aller moi-même en reconnaissance, tandis que mes compagnons restaient à la garde de notre voiture et des deux chevaux, que nous aurions été bien sûrs de ne pas retrouver sans cette précaution.

Ce fut alors seulement que je connus toute l'étendue du mal. Les rues, les maisons étaient encombrées de gens plus singulièrement accoutrés les uns que les autres, et qui pourtant venaient du côté de Smolensk, et ne précédaient que d'un jour la vieille garde et l'Empereur ! La nécessité de se préserver d'un froid déjà assez vif pouvait bien expliquer cette bigarrure de costumes ; mais ce qu'il y avait de vraiment effrayant, c'est que tous ces hommes, étrange avant-garde de la grande armée, étaient sans armes ; et pourtant la plupart semblaient n'avoir pas beaucoup souffert de la fatigue ni de la faim ! Ils formaient des groupes nombreux autour de placards récemment affichés, qui menaçaient les traînards de peines sévères, et n'avaient pas l'air de s'en tourmenter beaucoup.

D'autres, tout en abandonnant leurs régiments et rompant tout lien de subordination, avaient conservé leurs armes, mais ne s'en servaient que pour piller : cette classe d'isolés était la plus dangereuse. Cette démoralisation effrontée, s'étalant aussi ouvertement dans un endroit où l'Empereur était attendu d'un moment à l'autre, indiquait assez qu'il n'y avait, pour ainsi dire, plus d'armée ! J'entendis raconter que les gendarmes d'élite avaient été obligés de mettre le sabre à la main pour faire évacuer le logement où allait descendre l'Empereur.

J'errai longtemps dans cette cohue, demandant en vain des nouvelles de l'armée, et surtout de la division Claparède. Je finis par mettre la main sur un officier de la garde, qui m'apprit que ma division escortait le trésor et les trophées, et que, selon toute apparence, elle arriverait prochainement. En revanche, il apprit de moi avec stupéfaction que, selon toute apparence, les Russes étaient présentement maîtres du pont de la Bérésina et de Borisov....

Ayant horriblement souffert du froid la nuit suivante, et dégoûtés outre mesure de la popote de notre *artilleuse,* nous nous étions mis le lendemain matin en quête d'un gîte moins répugnant. Après bien des recherches, nous avions trouvé moyen de nous glisser dans une écurie d'auberge, où beaucoup d'autres blessés étaient déjà blottis dans la paille, ou plutôt dans le fumier. On ne nous y laissa pas longtemps tranquilles! Bientôt parurent des officiers du grand état-major, qui prétendaient faire place nette dans l'auberge et l'écurie pour le prince de Neufchâtel et sa suite. Il y eut là une altercation cruelle; on alla jusqu'à menacer de déloger de vive force de pauvres blessés, dont plusieurs criaient qu'ils aimaient mieux qu'on les tuât tout de suite. L'arrivée de Berthier mit un terme à cette scène odieuse; il dit qu'il se contenterait d'une seule chambre, et d'un passage pour son service personnel.

Même dans ces conditions, son voisinage n'avait rien d'agréable; il donnait lieu à des allées et venues continuelles qui nous empêchèrent de fermer l'œil. Pendant ces longues heures d'insomnie, nous échangions des réflexions sur le présent et sur l'avenir, qui n'avaient naturellement rien de folâtre. Je comparais cette étape à celle que nous avions faite dans le même endroit au mois d'août précédent, quand nous marchions, pleins d'ardeur et de confiance, sous les ordres de Davout. Je me souvins d'un mot de Bossuet, d'une concision éloquente et terrible, et qui semblait fait exprès pour nous. « Quel état! et quel état[1] !! »

Le lendemain, en sortant, nous nous sentîmes un peu consolés et rassurés, à l'aspect de soldats qui avaient conservé leurs armes et une certaine attitude militaire. L'Empereur était arrivé ; il logeait précisément dans une maison que j'avais occupée avec d'autres officiers, lors de notre premier passage. C'était une construction plus que modeste, à un seul étage, avec une sorte de portail soutenu par deux colonnes de bois. Deux grenadiers de la vieille garde étaient en faction à la porte. Un piquet de quarante ou cinquante de ces grognards, plus grognards que jamais, stationnait devant la maison. Sous leurs uniformes en lambeaux, ces vétérans, réserve de l'honneur français, gardaient intact le

1. Dans l'exorde de l'oraison funèbre d'Henriette d'Angleterre.

prestige de la discipline. Leurs physionomies héroïques portaient l'empreinte d'une fermeté qui semblait défier de plus grands malheurs.

XLVI

Arrivée de la division Claparède. — Nous repartons avec elle. — Marche nocturne de Borisov sur Studenka. — Épisodes du passage de la Bérésina.

Dans cette cruelle situation, nous éprouvâmes un soulagement inexprimable en voyant arriver à Bobr, le 24 novembre, les restes de la division Claparède. Réduits à moins de mille baïonnettes, les soldats de la Vistule avaient encore une attitude aussi martiale que la vieille garde elle-même. Ils accueillirent avec un empressement fraternel leurs pauvres camarades. « Eh bien ! me dit le capitaine Lichnowski, l'un de ceux qui avaient toujours mal auguré de la campagne, vous ne vouliez pas en croire les anciens, vous autres ! Sachez bien que cela n'est pas fini ; cela ne fait que commencer. » Il n'avait que trop raison, et lui-même fut tué trois jours après.

Dès le lendemain, la division repartait vers Borisov, et nous avec elle. Les chefs des régiments avaient fait pour les blessés tout ce que permettaient les circonstances. Les soldats grièvement atteints avaient été chargés sur des voitures, ceux légèrement blessés et les officiers devaient faire route avec les régiments auxquels ils appartenaient. Nos bagages, comme tous les autres, furent réduits au plus strict nécessaire. J'étais bien joyeux, malgré ma blessure non encore cicatrisée, de me retrouver avec mes camarades. Prévoyant que d'un jour à l'autre, je serais contraint de poursuivre la route à pied, je m'arrangeai de mon mieux pour affronter cette épreuve. J'avais emporté de Moskou une fourrure très-belle, mais bien trop lourde pour un marcheur invalide; je trouvai à l'échanger avantageusement contre un caftan russe. Je fis garnir de peau d'agneau mes béquilles, et j'achetai d'un soldat un grand morceau de gros drap pour m'entortiller le cou et la tête.

Le 26 au soir, après une marche longue et pénible, par un temps clair mais froid, nous avions fait halte près de Borisov [1]. Dès dix heures, au moment même où la neige commençait à tomber avec violence, l'ordre vint de repartir. Après avoir traversé Borisov, nous cotoyâmes en amont la Bérésina jusqu'à un village où l'on fit une halte d'environ quatre heures. Sur l'autre rive, nous voyions briller les feux des bivouacs russes. La neige continuait à tomber; il y en avait déjà plus d'un pied de haut quand nous

1. Cette ville avait été reprise dès le 23 par Oudinot. Mais les Russes, en se retirant, avaient détruit le pont de la Bérésina ; et pour comble de difficulté, cette rivière n'était pas gelée, et charriait d'énormes glaçons qui mettaient à la confection des ponts un obstacle sérieux, insurmontable pour d'autres hommes qu'Éblé et ses héroïques pontonniers! (*T.*)

nous remîmes en mouvement. Le temps était heureusement des plus calmes. Nos chefs ne comprenaient rien à ce mouvement; ils croyaient encore que Napoléon essayerait de rétablir le pont de Borisov.

Enfin, après avoir encore plusieurs fois interrompu et repris notre marche, toujours dans le plus grand silence, nous arrivâmes, aux premières lueurs du jour, en vue d'un hameau d'une vingtaine de maisons, dispersées sur les dernières déclivités d'un amphithéâtre de collines dominant la Bérésina. Ce hameau à jamais fameux, c'était Studenka. Nous aperçûmes aussi les deux ponts jetés sur la terrible rivière, et beaucoup de troupes, les unes en deçà des ponts, les autres déjà parvenues sur l'autre rive. A ce spectacle, nous éprouvâmes, malgré nos souffrances, un sentiment de joie et d'admiration profondes...

Nous fîmes halte à peu de distance du village. Quelque temps après, je vis sortir d'une maison l'Empereur et la plupart des maréchaux et généraux. Il s'entretenait avec l'un d'eux, vieillard qui se tenait devant lui, le chapeau à la main; c'était l'héroïque Éblé. La physionomie de Napoléon était aussi impassible qu'au Kremlin et aux Tuileries : il portait un surtout de fourrure gris entr'ouvert, laissant voir son uniforme de campagne ordinaire. Murat, qu'aucune circonstance n'empêchait de viser à l'effet dans ses costumes, avait ce jour-là un bonnet de fourrure surmonté d'une grande plume de héron. Il se dirigea de notre côté et échangea quelques mots avec le colonel du 2e de la Vistule.

La cicatrice d'un coup de sabre qu'il avait reçu au visage à Aboukir, à peine visible d'ordinaire, était très-apparente dans ce moment par l'effet du froid.

— Que pensez-vous faire de vos blessés? dit-il au colonel.

— Ma foi, répondit celui-ci, ils nous suivront autant qu'ils pourront. Voilà, poursuivit-il, en me désignant, le commandant qui a si vaillamment conduit la dernière attaque dans l'affaire du 4 octobre; je ferai mon possible pour le garder avec moi.

— C'était un beau fait d'armes, reprit le roi; une attaque héroïque! je m'en souviendrai à l'occasion. En attendant, je lui accorde ma décoration.

Cette décoration, naturellement, je ne la reçus jamais. Le brave et infortuné roi de Naples eut constamment, depuis ce temps-là, bien d'autres sujets de préoccupation.

Berthier et le vice-roi avaient des manteaux fourrés. Ney, bien reconnaissable à son énergique figure vivement colorée et à ses favoris roussâtres, portait une espèce de surtout vert foncé. Je reconnus aussi Mortier à sa taille presque gigantesque; Narbonne, aussi soigneusement poudré et frisé ce jour-là que naguère à Versailles; Duroc, l'un des serviteurs les plus honnêtes, les plus dévoués de Napoléon, et bien d'autres encore.

Cependant la neige avait cessé, le froid diminuait sensiblement; la journée promettait d'être belle. Il pouvait être dix heures quand notre division, ployée en colonnes, franchit à son tour la Bérésina. Notre voiture se présenta à la suite, mais fut arrêtée par les gendarmes d'élite qui gardaient les abords du pont : « les voitures ne passaient pas. » Il nous fallut mettre pied à terre, abandonnant ce véhicule qui nous servait depuis Smolensk, et que nous ne devions plus revoir! Les gendarmes nous repoussaient encore: « il n'y a que les combattants qui passent, » nous disaient-ils. — C'est une infamie, m'écriai-je, de confondre les blessés avec les traînards. Mieux vaudrait nous brûler la cervelle! » J'en aurais probablement été pour mes frais d'éloquence, si un officier supérieur n'eût pris sur lui de lever la consigne pour nous, « comme appartenant au régiment qui venait de passer. » On sait que toutes les voitures laissées sur la rive gauche furent interceptées : ce fut une perte irréparable, mortelle pour la plupart des blessés.

La Bérésina, dans cet endroit, est large d'au moins cent cinquante pas. Elle avait bien huit à dix pieds de profondeur à certaines places et charriait des glaçons, dont plusieurs avaient dix et jusqu'à quinze pieds carrés. Le plancher du pont ne présentait nulle part une surface continue; au moment de notre passage, plusieurs poutres avaient déjà manqué, surtout aux approches de la rive droite. Là, le plancher tout entier avait fléchi au-dessous du niveau de l'eau, et nous en eûmes jusqu'à la cheville...

En tant qu'ouvrage d'art, ce pont était certainement des plus défectueux. Mais quand on considère dans quelles conditions il fut établi, quand on pense qu'il sauva l'honneur français d'un épouvantable naufrage, que chacune des vies sacrifiées à son établissement a valu à des milliers d'hommes la vie ou la liberté, — on est amené à reconnaître que la confection de ce pont a été l'œuvre la plus admirable de cette guerre, peut-être de toutes les guerres.

XLVII

De la Bérésina à Molodeczno.

Ce que nous avions enduré jusque-là n'était rien en comparaison de ce qui nous restait à souffrir...

Mes pauvres camarades de la Vistule, d'abord campés dans un bois, sur la rive droite de la Bérésina à peu de distance des ponts, reçurent l'ordre, dans la soirée du 27, de suivre le mouvement du corps d'Oudinot. Les blessés devaient rester en place jusqu'à nouvel ordre. Dans cette soirée, et jusqu'à une heure avancée de la nuit, nous entendîmes d'assez près, sur l'autre rive, le bruit du canon. C'était le combat qui décidait du sort de la division Partouneaux, sacrifiée pour assurer, par une démonstration sur Borisov, le salut du reste de l'armée [1].

Le lendemain matin, nous entendîmes de nouveau la canonnade dans deux directions à la fois. D'un côté, c'était Victor qui disputait aux Russes de Witt-

1. V. Thiers, XIV, p. 619 et suiv.

genstein les abords des ponts; de l'autre, l'avant-garde, composée de quelques milliers de braves, débris des corps d'Oudinot, de Ney, de la légion de la Vistule, de Poniatowski, livrait à l'avant-garde de Tchitchakov le combat sanglant et glorieux qui rouvrit la communication sur Wilna. Pendant toute la journée, des bouffées d'ouragan nous apportèrent de différents côtés des détonations lointaines d'artillerie qui ressemblaient à des chutes d'arbres dans la forêt.

Dès le matin, nous avions vu revenir quelques blessés qui nous avaient appris que la bataille était chaudement engagée. Nous restâmes ensuite longtemps sans nouvelles, en proie à une anxiété dévorante. Puis on vint nous parler de la blessure d'Oudinot, de son remplacement par Ney. Celui-ci, disait-on, avait fait défiler la légion de la Vistule devant l'Empereur, qui l'avait félicitée de sa belle et mâle attitude. *Morituri te salutant!*

Mais bientôt nous vîmes paraître des blessés en plus grand nombre, porteurs de sinistres nouvelles. On affirmait que la plupart des officiers de la Vistule étaient tués ou blessés. Parmi les premiers, on citait le capitaine sorcier Rakowski; il était bien mort en effet! J'ai raconté ailleurs comment la veille, à cette place où j'étais encore, il avait, par un hasard assurément bien étrange, si c'était un hasard, confié ses dernières dispositions, précisément à l'un des rares officiers qui devaient survivre à la retraite[1]. Un peu

1. V. ci-dessus, ch. XVII.

plus tard, nous vîmes arriver cet exécuteur testamentaire, le lieutenant-colonel Regulski, et Claparède, légèrement blessés tous deux. Leur seule présence disait assez qu'il n'y avait plus de légion de la Vistule... On entendait encore, par moments, le bruit de la bataille qui semblait toutefois s'éloigner. Enfin on vint nous annoncer qu'une vigoureuse charge de cavalerie nous avait encore donné la victoire...

Le jour baissait déjà sensiblement, quand l'ordre arriva de marcher sur Zembin, où nous ne parvînmes que très-tard. Nous traversâmes tout d'abord, sur un long pont de bois, la Goina, affluent de la Bérésina, qui va s'y réunir en amont de Studenka. Cette rivière, qui traverse une vaste étendue de terrains marécageux, n'était alors guère moins large que la Bérésina elle-même, et j'en suis encore à comprendre que les Russes n'aient pas eu l'idée de rompre le pont. A Zembin, beaucoup de feux étaient encore allumés; c'étaient ceux des soldats de Davout, qui avaient franchi la Bérésina la veille, immédiatement après ceux de Claparède. Çà et là, autour de ces feux, il y avait des hommes endormis... pour toujours ! Il faisait froid, cruellement froid ! Nous étions à peine assis, qu'on entendit crier : « alerte ! le torrent des traînards arrive ; en avant, ou nous sommes perdus !... »

Notre petite colonne marchait avec assez d'ensemble, mais s'affaiblissait à chaque halte. A l'approche du jour, le froid devint encore plus vif. Nous dépassâmes un convoi de caissons, dans lesquels on avait entassé des hommes grièvement blessés. Il en sortait des plaintes déchirantes; ces malheureux nous conjuraient d'abréger leurs souffrances.

On avançait toujours, mais l'angoisse tournait insensiblement au désespoir. A chaque instant on trébuchait sur des soldats ou des officiers qui venaient de s'abattre pour ne plus se relever, Le soleil apparaissait d'un rouge de sang; le froid devenait intolérable. Nous fîmes halte à l'entrée d'un village où il y avait des feux allumés, et beaucoup de gens étendus autour. *Nous nous y fîmes place, en retirant ceux qui étaient déjà morts...* J'eus la chance de trouver un pot que je remplis de neige fondue. Je le mis sur le feu, j'y fis infuser quelques croûtes de pain que j'avais dans ma poche, et confectionnai ainsi une panade bouillante qui nous fit un bien infini.

Il faut avoir passé par de semblables épreuves, qui ramènent l'homme à l'état sauvage, pour comprendre à quel point toutes les autres préoccupations s'effacent devant celle de la nourriture.....

Mais, tandis que nous digérions sans peine ce repas, survinrent quelques soldats de notre division. Ils nous racontèrent qu'elle n'existait plus, ce qui n'était que trop vrai; que tous les colonels étaient morts, presque tous les autres officiers morts aussi, que des quelques hommes valides qui restaient encore, on avait formé de petites escouades autour des drapeaux.

Nous restâmes là plusieurs heures, absorbés dans les plus lugubres pensées. Il fallut bien se relever enfin, mais nous n'arrivâmes qu'assez tard à Pleszenice, n'ayant fait guère plus de trente werstes en trente heures, depuis la Bérésina! Ce bourg était encombré de soldats valides, de mourants et de morts. On nous fit voir la maison où le maréchal Oudinot, blessé, avait eu à se défendre la veille contre des Cosaques. Les portes et les fenêtre étaient criblées de balles. Nous passâmes une partie de la nuit dans cet endroit. Après un dîner composé d'orge grillée et de cheval, nous essayâmes de dormir; mais le souvenir des choses effrayantes que nous avions vues, le regret de nos amis morts, l'incertitude poignante de l'avenir, chassaient bien loin de nous le sommeil.

A une heure de l'après-minuit, par un froid qui nous faisait claquer les dents, nous repartîmes vers Molodeczno. Nous étions guidés par la lueur des feux allumés qu'on rencontrait à chaque village, sur la lisière de chaque bois, toujours entourés de cet horrible pêle-mêle de vivants et de morts. D'autres cadavres nous traçaient la route. L'éblouissante sérénité du ciel semblait insulter à nos douleurs; le froid devenait de plus en plus pénétrant; notre petite colonne diminuait toujours...

Vers huit heures du matin nous aperçumes un clocher; tout le monde cria : « Molodeczno enfin! » Hélas! nous n'étions encore qu'à Ilia, c'est-à-dire seulement à moitié chemin. Dans ce village, nous pûmes du moins nous reposer sur de la paille, dans une chambre à peu près close, mais la plupart de nous se trouvaient sous l'empire d'une surexcitation nerveuse qui nous empêchait de fermer les yeux. Nous avions l'idée fixe que si le sommeil nous prenait, ce serait pour toujours.

Cependant, comme ce repos relatif nous faisait un bien sensible, on décida de ne repartir qu'à la nuit. Nous fîmes là un repas dont le menu m'est resté bien présent à la mémoire :

Bouillie de sarrasin ;
Blé et orge grillés ;
Beefsteaks de cheval ;

le tout sans sel.

Nous profitâmes aussi de cette station pour faire dégeler et sécher nos effets et les bandages de nos blessures, opération des plus nécessaires. Ainsi, dans le morceau de drap que j'avais acheté à Borizov, et dont je me couvrais non-seulement les épaules et la poitrine, mais aussi la figure, hormis les yeux, toute la partie en contact avec mon haleine gelait en route, et devenait raide et dure comme du carton. Je me souviens aussi qu'à cette étape, un brave soldat m'apporta un morceau de cuir dont j'enveloppai mon pied malade.

Nous repartîmes enfin vers minuit, mais non pas tous. Plusieurs étaient déjà complétement à bout de forces et de courage. Un voltigeur de mon ancienne compagnie, excellent soldat, qui avait reçu un coup de feu dans l'avant-bras, résista à toutes mes instances. « Ah! capitaine, me dit-il, un jour plus tôt, un jour plus tard, qu'importe, puisque nous y passerons tous! »

Sur la route, nous rencontrions de distance en distance des bivouacs éteints, et, autour de ces bivouacs, des cadavres, les uns déshabillés en partie, les autres encore affublés de ces étranges costumes dont tous les historiens ont parlé. Après quelques heures de marche dans cette voie douloureuse, plusieurs d'entre nous commencèrent à ralentir le pas, et bientôt restèrent hors de vue. On ne pouvait les attendre : un arrêt en rase campagne, sans feu, par ce froid horrible, pour nous tous eût été la mort. Enfin, on rencontra un bivouac dont le feu brûlait encore. Nous fîmes là une longue halte; mais aucun des retardataires ne reparut ni n'a reparu jamais!

XLVIII

De Molodeczno à Oszmiana.

Dans la matinée du 1er décembre, nous atteignîmes Molodeczno, d'où Napoléon devait dater, deux jours après, son trop célèbre 29e bulletin. Un certain ordre relatif régnait dans cette localité; j'y vis des soldats qui avaient conservé leurs armes et une bonne attitude militaire. On s'installa passablement dans quelques-unes des dernières maisons du pays, du côté de Smorgoni, puis on se préoccupa de la question archi-capitale des subsistances. Je trouvai un soldat allemand qui consentit, non sans peine, à nous vendre un pain de munition moyennant deux napoléons, qu'il fallut payer sans marchander. Avec ce pain, un peu de lard et de sel qu'on parvint à se procurer ailleurs, je confectionnai une nouvelle soupe qui obtint le plus grand succès.

Quelques soldats de notre division qui se trouvaient là, nous donnèrent de navrants détails sur les péripéties multipliées de la journée du 28 novembre. Ils prétendaient que la plupart des officiers, et notamment le colonel Cousinowski, portant des fourrures semblables à celles des Russes, avaient été victimes d'une fatale méprise des cuirassiers français. Vers la fin de l'engagement, ceux-ci avaient, disait-on, chargé avec une rage aveugle sur les Polonais et les Russes luttant à l'arme blanche, et sabré indistinctement amis et ennemis [1]. On ajoutait qu'un certain nombre d'hommes échappés à cette boucherie avaient tenté de se rassembler, mais qu'ils n'avaient pas reçu d'ordres, tous leurs officiers étant morts ou hors de combat. Alors quelques-uns avaient voulu se réunir à la garde ; mais, comme on ne leur distribuait rien et qu'on n'avait pas l'air de s'occuper d'eux, ils s'étaient dispersés de nouveau.

Nous passâmes la journée et la nuit entières à Molodeczno, et ne repartîmes que le lendemain matin, 3 décembre, dans la direction de Smorgoni. Ce trajet fut un des plus pénibles sous tous les rapports.

1. Aucun historien n'a mentionné cet incident sinistre, peut-être apocryphe. (*N. du T.*)

Nous fûmes assaillis en route par une tempête de neige qui heureusement ne dura guère, car nous y aurions tous péri.

Parmi les horribles scènes qui se succédaient sous nos yeux, il y eut surtout un incident auquel je ne puis encore penser sans frémir. A la tombée de la nuit, nous avions atteint un village où il nous fut impossible de trouver place à cause de l'encombrement[1]. Mais un peu au delà, nous avisâmes un feu qui brûlait encore, et autour duquel il n'était resté qu'un petit nombre de cadavres. L'emplacement nous parut d'autant meilleur, qu'il était abrité du côté du nord par une sorte de butte assez haute, et couverte de neige. On mit de côté les morts ; les vivants prirent leur place, et on s'installa le plus commodément possible. Les passants enviaient notre bonheur ; plusieurs même se glissèrent parmi nous.

La nuit se passa assez tranquillement ; aussi, le matin, quand nous nous levâmes pour partir, il ne resta autour de ce foyer que treize hommes endormis pour toujours. Mais alors nous vîmes ce qu'était en réalité ce tas de neige protecteur. Il était tout composé de soldats gelés : français, allemands, italiens, polonais, reconnaissables à leurs uniformes, dans les attitudes diverses où la mort les avait surpris. Plusieurs avaient les mains convulsivement étendues.....

1. Probablement Benitsa, où l'Empereur coucha deux jours après, arrivant de Molodeczno, après avoir une dernière fois refoulé l'avant-garde russe. (*N. du T.*)

« C'est à nous qu'ils font signe, dit un de mes compagnons d'infortune. N'ayez pas peur, camarades, nous vous rejoindrons bientôt! »

Un peu plus loin, dans un autre village en grande partie incendié, un spectacle peut-être plus hideux encore frappa nos regards. Le feu avait pris dans une vaste grange où se trouvaient entassés quantité de malheureux qui n'avaient pu fuir. Des brèches ouvertes dans les murs déjà en partie effondrés, laissaient voir les cadavres carbonisés. Des tourbillons d'une fumée dont l'horrible odeur me rappela celle de Saragosse, se dégageaient lourdement de ces ruines embrasées...

A un mille environ de Smorgoni, nous fûmes rejoints et dépassés par une sorte de voiture soigneusement close, marchant assez vite et précédée d'un cavalier habillé de vert. Un peu plus loin, je vis ce cavalier dégaîner et renverser d'un coup de plat de sabre un traînard qui l'avait insulté au passage. On m'affirma à Smorgoni que l'Empereur était dans cette voiture.

Suivant une tactique de mon invention, qui nous réussissait assez bien, nous traversâmes le pays dans toute sa longueur, pour aller nous installer à l'extrémité opposée, où nous trouvâmes un gîte passable. Notre hôte n'était rien moins qu'un des professeurs les plus renommés de l'Université de cette ville, — celle des ours[1].

1. Voy. ci-dessus, ch. 35. On comprend que dans une telle retraite, le côté de l'arrivée se trouvait ordinairement encombré le premier. (*N. du T.*)

A Smorgoni, au moins, on pouvait se procurer quelques vivres pour son argent, et même à un prix pas trop exorbitant. Je trouvai du pain, du riz et même un peu de café chez une vieille juive, qui eut toutes les peines du monde à se séparer de sa marchandise, même après en avoir empoché le prix. Dans la soirée, on nous affirma de nouveau que l'Empereur venait d'arriver. Depuis le passage de la Bérésina, c'est-à-dire depuis huit jours — huit terribles jours! — nous n'avions pas entendu parler de lui. Ceci nous décida à passer à Smorgoni la nuit entière, pour nous reposer à fond, et pouvoir être le lendemain au soir à Oszmiana. Mais le départ eut lieu plus tard que je n'aurais voulu. De plus, la route était difficile; les plus solides d'entre nous commençaient à perdre courage. Tout ce que nous pûmes faire ce jour-là, ce fut de nous traîner jusqu'à un bivouac qui se trouvait à moitié chemin. Nous avions rencontré dans cette marche plus de morts que jamais, et, pour la première fois, des cadavres de soldats armés! Le froid fut terrible cette nuit-là; heureusement le feu de ce bivouac était encore allumé, et le combustible ne manquait pas pour l'entretenir.

Le lendemain, vers onze heures du matin, presqu'à l'entrée d'Oszmiana, je fus témoin et même, je dois l'avouer, quelque peu acteur dans une de ces scènes que tant d'historiens ont décrites, la prise d'assaut d'un convoi de vivres par une cohue d'affamés. Le commandant de l'escorte était un jeune lieutenant mecklembourgeois, qui fit de son mieux pour préserver ses voitures, mais il fallut céder au nombre. Pour ma part, je mis la main sur une certaine quantité de biscuits, qui un peu plus loin nous sauva la vie, à moi et à plusieurs de mes compagnons d'infortune.

Arrivés en ville, nous allâmes, toujours suivant mon système, nous loger à l'autre extrémité, du côté de la station suivante, mais avec moins de succès qu'à Smorgoni. Tout était plein et archi-plein; il fallut nous contenter d'une sorte de construction attenant à un jardin où l'on fit du feu, car dans le bâtiment il n'y avait pas même de cheminée. On y passa la nuit sur du fumier légèrement recouvert de paille... En partant de la Bérézina, nous étions une cinquantaine ; nous avions été ensuite jusqu'à soixante-dix. A Oszmiana nous étions réduits à vingt-neuf, dont dix-huit éclopés.

XLIX

D'Oszmiana à Wilna.

Le lendemain de très-bonne heure nous étions en route, mais il nous fut impossible d'aller tout d'une traite à Miednicki, comme nous l'espérions. Il fallut faire halte à moitié chemin. Jamais le froid n'avait été encore si rigoureux. C'est dans cette partie du trajet que je vis pour la première fois de nombreux exemples d'hommes en marche, littéralement foudroyés par le froid. Ils ralentissaient le pas insensiblement, chancelaient comme des gens ivres, puis tombaient pour ne plus se relever. La route était jonchée de cadavres gelés. Plusieurs avaient les pieds nus et la chair des doigts arrachée, parce que les chaussures et les bas étaient la partie la plus convoitée des dépouilles des morts. On les enlevait quelquefois à des malheureux qui n'avaient pas encore rendu le dernier soupir...

Après les souliers, ce qu'on recherchait le plus, c'étaient les manteaux, dont on croyait n'avoir jamais assez. J'ai vu des piétons qui en avaient jusqu'à trois sur le corps, et qui n'en mouraient pas moins. Il est vrai que la plupart s'y prenaient on ne peut plus mal pour se garantir. Ils se surchargeaient de manteaux, de couvertures, s'entortillaient les pieds dans des tas de chiffons, ce qui n'avait d'autre résultat que d'alourdir leur marche, et de faciliter ainsi l'action de la gelée sur le nez et les oreilles, qu'ils négligeaient de couvrir. C'était par là qu'entrait la mort.

Miednicki, où nous n'arrivâmes qu'à la nuit close, regorgeait de traînards. Notre installation eut lieu en plein air, dans un jardin encore clos de haies, qui naturellement servirent pour alimenter le foyer. Les vivres faisaient absolument défaut; sans la petite provision de biscuits que j'avais prise à l'assaut du convoi d'Oszmiana, nous serions certainement morts de faim.

Cette nuit (celle du 7 au 8 décembre) fut une des plus froides. Le thermomètre y descendit, dit-on, à plus de 30 degrés au-dessous de zéro. Nous étions tout près de la rue, où l'on faisait un tel tapage, que pas un de nous ne put fermer l'œil un instant. Plusieurs de mes compagnons blessés étaient dans un état voisin de la folie; l'un d'eux, depuis Smorgoni, n'avait pas proféré une parole. « Nous ne sommes plus qu'à huit heures de Wilna, lui dis-je; y arriverons-nous? » Il secoua dubitativement la tête, et demeura immobile, les yeux fixés sur le foyer. Plus tard nous entendîmes, à peu de distance en arrière du bourg, une vive fusillade et des cris de terreur. L'un de mes plus robustes compagnons d'infortune, un sergent du 2e, nommé Wasilenka, alla aux informations. Cette fois, ce n'était plus une fausse alerte, comme nous en avions tant eues les jours précédents. Pendant nos longues haltes forcées, le torrent de la retraite nous avait rejoints, depassés. Nous nous trouvions maintenant à l'arrière-garde, et c'était bien un premier détachement de Cosaques qui venait de faire irruption tout près du bourg au milieu des traînards, et en avait tué ou enlevé plusieurs.

Ce bon Wasilenka nous rapporta quelques mesures de pommes de terre, qu'il avait déterrées dans un silo. « Il y en a beaucoup d'enfouies ici, nous dit-il, qu'on retrouverait sans grande peine, mais tous ces gens-là sont absolument démoralisés; il n'y a plus rien à en faire. » Il avait appris aussi, de source certaine, que l'Empereur venait de quitter l'armée.

Cette nouvelle redoublait la consternation, et donnait lieu aux commentaires les plus injurieux[1].

Nous étions en route avant le point du jour, nous et bien d'autres... Il y avait quelque chose de sinistre, d'implacable, dans la sérénité du ciel. A travers un brouillard transparent de poussière de neige diamentée qui nous faisait l'effet de pointes d'aiguille dans les yeux, le soleil apparut semblable à un globe de feu, mais d'un feu sans chaleur. Les maisons, les arbres, les champs disparaissaient sous une couche de neige éblouissante, aveuglante! Les dernières heures de trajet furent atrocement pénibles. La fatigue de la marche avait envenimé ma blessure, non pansée depuis huit jours, et j'avais les aisselles profondément excoriées par l'usage continuel des béquilles. La neige amortissait les pas de cette foule éperdue qui précipitait sa marche, tentant de se dérober par un effort suprême à la poursuite des Russes, aux étreintes mortelles du froid, leur terrible auxiliaire. Le silence n'était troublé que par les gémissements et les râlements d'agonie de ceux qui succombaient dans cette dernière étape; — hommes éprouvés pourtant, puisqu'ils étaient arrivés jusque-là, mais auxquels il manqua un jour de courage.

1. Il y avait, pour et contre cette résolution, des raisons bien puissantes, que M. Thiers a résumées avec sa lucidité ordinaire. On remarque que deux des serviteurs les plus intelligents et les plus dévoués de Napoléon, le duc de Bassano et le comte Daru, étaient fort opposés à ce départ. Napoléon lui même n'y eût peut-être pas songé, sans la tentative révolutionnaire au moins inopportune de Mallet. (*N. du T.*)

Enfin, — vers trois heures de l'après-midi, nous arrivons en vue de Wilna..... ; mais c'est pour en trouver l'accès barré par un détachement qui avait pour consigne de ne laisser entrer que des troupes en bon ordre! On savait que les magasins d'Orscha et de Smolensk avaient été pillés ; on croyait possible de soustraire au même sort les immenses approvisionnements réunis à Wilna. Dans d'autres circonstances, c'eût été là une sage mesure. Mais le 8 décembre 1812, cette consigne était inhumaine et inutile.

Heureusement nous connaissions les localités. Au lieu de nous engager dans l'effroyable cohue qui se pressait à la porte principale ; — cohue dans laquelle il y avait déjà des mourants et des morts ; — je fis un détour, et, au bout d'une demi-heure, je parvins à entrer en ville avec mes compagnons.

On ne pouvait circuler qu'avec beaucoup de peine dans les rues, remplies de soldats en armes, de fuyards, de bagages. L'embarras était grand pour trouver un gîte au milieu d'un tel encombrement. Je me souvins d'un habitant, proche parent de mon colonel, et chez lequel j'avais été cordialement accueilli, lors de mon premier séjour à Wilna. J'allai lui demander l'hospitalité, et j'eus tout lieu de m'applaudir de cette idée, car je retrouvai chez lui le colonel Malzewski lui-même, et plusieurs de mes camarades, notamment Gordon, celui qui avait été blessé en venant nous rejoindre à Teruel, quand nous soutenions un siége dans un couvent de cette ville, en 1810. (V. ci-dessus, ch. 19.)

Il y avait onze jours que je n'avais changé de linge, quitté mes vêtements, ni couché dans un lit. Nettoyé, pansé, réconforté de plusieurs verres de bière bouillante au gingembre, à défaut de café, je dormis jusqu'au lendemain matin d'un sommeil profond, et me retrouvai, pour ainsi dire, un autre homme au réveil.

L

Sortie de Wilna. — Dernières péripéties.

Il me restait encore une dernière et rude épreuve à subir.

Mon colonel était le seul officier supérieur de la légion de la Vistule qui n'eût été ni tué ni blessé. Il avait sauvé le drapeau du régiment : depuis son arrivée à Wilna, il avait ramassé, secouru, réarmé une soixantaine de ses soldats, sauvés comme lui du naufrage ; obtenu même un peu d'argent de Berthier, pour subvenir à ce commencement de réorganisation.....

Mais, le 9 au soir, on apprit tout à coup l'approche de l'ennemi, et, presqu'en même temps, la fusillade commença. Au milieu du tumulte effroyable qui régnait dans la ville, le colonel courut demander des ordres à Murat. Napoléon avait mis le comble aux malheurs de l'armée, en remettant le commandement en chef à l'homme le moins capable de le remplacer dans de telles circonstances. Le colonel trouva Murat dans le faubourg de Kowno, en conférence avec Berthier, Eugène et les maréchaux. Murat lui dit : « Il n'y a pas moyen de résister; il faut continuer *la retraite*. On va donner l'ordre à l'armée de se mettre en mouvement. Tâchez d'abord de gagner le Niémen, et puis nous verrons. »

Cette nouvelle fut un coup de foudre pour moi et les autres invalides. Tous firent immédiatement leurs préparatifs de départ. Le colonel eut un moment l'idée de laisser à Wilna les blessés. « Ici, m'écriai-je, nous serions bien plus sûrs de périr[1] ! »

Ce fut dans cette dernière partie de la retraite que je courus le plus grand danger.

Nous étions sortis à quatre de Wilna en traîneau, par une nuit splendide. Jamais peut-être pareille scène de confusion n'avait été illuminée par un si beau clair de lune. On apercevait pêle-mêle, se succédant à perte de vue sur la route, des canons, des caissons, des voitures, des traîneaux, des détachements d'hommes armés et sans armes. Le froid était plus rigoureux que jamais.

1. Cette appréhension était bien fondée. « Wilna fut pour les Français une autre Bérésina. » Le nombre des malades blessés et non combattants que les Russes y trouvèrent, ne fut pas moins considérable. Mais là il se passa des scènes d'une férocité inouïe jusqu'alors. Il y eut pour la spoliation de malheureux incapables de se défendre, une exécrable complicité de barbarie entre la canaille juive et les cosaques. (Bignon, XI, p. 187).

Tout à coup, le mouvement subit un temps d'arrêt. C'était la suite de l'effroyable encombrement de voitures occasionné par le verglas à la montagne de Ponari, l'un des plus funestes incidents de la campagne. Au milieu de cette bagarre, nous eûmes l'idée, trois de mes amis et moi, de nous jeter sur la gauche à travers champs. Il fallut faire bien des détours dans une région fort accidentée où la marche était bien autrement pénible qu'en plaine, surtout pour les deux blessés, moi et mon camarade Gorzcynski, atteint aussi à l'affaire du 4 octobre. Non-seulement nous avions dû mettre pied à terre, mais il avait fallu dételer le traîneau. Nos compagnons valides, Garlicki et Wandorf, deux hommes des plus robustes, surtout le premier, s'étaient bravement attelés à la place des chevaux. Mais c'était déjà un tour de force que de traîner à vide un véhicule de ce genre par monts et par vaux. Nous fûmes donc contraints d'aller à pied tout le temps, et nos forces étaient presqu'épuisées quand, après avoir pendant plusieurs heures gravi des collines, franchi des ravins, nous rejoignîmes enfin la grande route, un peu au delà du fatal obstacle[1].

1. Le meilleur récit de l'accident de Ponari est celui du baron Bignon, témoin oculaire, qui traversa à pied cette affreuse bagarre. Brandt et ses amis avaient eu une mauvaise inspiration en se jetant *à gauche* avec leur traîneau. S'ils avaient pris du côté opposé, comme firent quelques conducteurs de voitures qui connaissaient mieux le pays, ils auraient trouvé à peu de distance un chemin carrossable qui rejoignait la grande route bien au delà de Ponari. (V. Bignon, XI. p. 180, 181.)

Mais nos peines n'étaient pas finies!

Le jour commençait à luire alors que nous débouchions en pleine cohue. Au même instant on entendit des coups de feu du côté de Wilna. Une immense clameur s'élève : *les Cosaques!* Saisie d'une folle terreur, cette masse désordonnée se précipite, et nous nous trouvons séparés, Gorzcynski et moi, de nos camarades entraînés dans le torrent. On sut depuis que ce n'était qu'une fausse alerte donnée par les maraudeurs qui pillaient les voitures abandonnées.

Il fallut suivre le mouvement, ou plutôt nous traîner encore, incessamment rejoints, bousculés, dépassés. Nous marchions ainsi depuis assez longtemps, quand mon compagnon me dit : « Capitaine, je ne puis aller plus loin. »

Nous nous arrêtâmes sur une élévation d'où la vue s'étendait au loin de toutes parts. Nous nous y assîmes, n'espérant plus nous relever. De cette hauteur, la procession des fuyards semblait un immense serpent noir, se déroulant sur la neige. Dans la direction de Wilna, nous entendions encore, par intervalle, le bruit du canon. Bientôt, à la multitude des non combattants succédèrent, en bien petit nombre, hélas! les soldats encore en état de combattre. Tandis que le défilé tirait à sa fin, mon compagnon reprit : « J'attends ici mon sort; je ne saurais faire un pas de plus.

— Eh bien ! lui dis-je, il en arrivera ce qu'il pourra ! D'ici à une heure, j'en serais où vous en êtes ! le mieux est de ne pas nous séparer. »

Mais je songeais, à part moi, qu'il était bien cruel d'avoir fait tant de chemin, et quel chemin! d'avoir, contre toute espérance, atteint Wilna, retrouvé nos camarades, et de faire naufrage au port!

Les derniers hommes avaient passé devant nous, indifférents, comme nous avions passé nous-mêmes devant tant d'autres misérables. Nous restions seuls, à la merci des Russes et du froid mortel qui nous gagnait déjà... Soudain, tandis que nous regardions encore machinalement du côté de Wilna, notre attention se fixa sur un point noir qui grossissait rapidement à l'horizon. Bientôt il nous sembla distinguer deux cavaliers. « Des Cosaques! » dit Gorzcynski, et je le croyais aussi. Mais ce que nous avions pris pour des cavaliers, n'était autre chose que deux chevaux lancés à fond de train, attelés à un traîneau. Puis, quelques instants après, j'éprouvai une sensation inexprimable, en reconnaissant le conducteur de ce traîneau. C'était un soldat de mon ancienne compagnie, ce Jedrzyewski que j'avais fait châtier à Moscou, mais qui m'était néamoins très-attaché (Voir ci-dessus, ch. XLIII).

Dès que cet homme nous aperçut, il s'arrêta brusquement et nous cria : « Au nom du ciel, que faites-vous là? montez vite, nous n'avons pas une minute à perdre; dans un quart d'heure les Cosaques seront ici. » Il nous aida à monter, et repartit aussitôt ventre à terre. Bientôt nous rejoignîmes la cohue, à travers laquelle notre conducteur se fit jour avec une dextérité singulière. Pendant le trajet, nous pleurions de joie, de reconnaissance ; mon ami me dit : « C'est ici le doigt de Dieu. »

Mon ex-vaurien ne laissa pas sa bonne œuvre imparfaite ; il acheva de nous ressusciter, chemin faisant, avec un chiffon de pain et un bon coup d'eau-de-vie. Vers onze heures du matin, nous atteignions l'entrée du village d'Iťvie (Ewe), encombrée de traînards. « Il ne faut pas rester là, nous dit notre sauveur. J'aperçois des drôles qui ne se gêneraient pas pour nous prendre chevaux et voiture, et nous faire un mauvais parti. Nous ne pouvons être en sûreté qu'avec les camarades. »

Et nous eûmes la chance de les retrouver, bivouaquant près de la dernière maison de l'autre côté du pays.

Cette fois, j'étais bien sauvé !!!...

Le journal du général de Brandt est interrompu ici, ou plutôt ne contient plus que des notes très-sommaires jusqu'en 1828. Elles nous apprennent qu'après la retraite de Russie il concourut à l'organisation d'un régiment formé des débris de ceux de la Vistule, et réuni au corps de Poniatowski. A la première journée de Leipzig (16 octobre, bataille de Wachau), Brandt reçut deux blessures graves et fut fait prisonnier par les Russes. Il ne quitta l'hôpital de Leipzig qu'à la fin de décembre, et fut interné, jusqu'à la paix, dans le duché de Posen, son pays natal. Il n'entra au service de la Prusse qu'en 1816, alors que la lutte était finie, et Posen rendu à cette puissance par le traité de Vienne. L'origine allemande de M. de Brandt explique sa conduite ; mais il est regrettable que des considérations impérieuses de famille et de fortune aient séparé de nous un officier qui avait si souvent versé son sang pour la France. Lui-même n'eut pas d'abord à s'applaudir du parti qu'il avait pris. Il était un peu là comme un Grec dans les remparts de Troie; on lui en voulait d'avoir trop longtemps suivi la fortune de nos armes. Ces rancunes injustes le retinrent longtemps dans des grades inférieurs, malgré son mérite reconnu.

On le retrouve, à partir de 1828, professeur d'art militaire à l'École des Cadets de Berlin; plusieurs d'entre ses élèves, aujourd'hui généraux, n'ont que trop bien profité de ses leçons... Mais nous n'avons pas le droit de lui en vouloir. En leur enseignant ce qu'il avait appris dans nos armées, il ne faisait alors que son devoir, comme il l'avait fait jusqu'au bout, dans des circonstances bien différentes, avant 1815.

Les derniers chapitres de ces Souvenirs contiennent des particularités intéressantes sur l'insurrection polonaise de 1831. Le fameux général prussien Gneisenau, qui commandait alors le corps d'observation de Posen, avait pris de Brandt pour chef d'état-major. Un de ses vieux camarades de la Vistule, Rechowicz, qu'on a vu plusieurs fois figurer dans ces récits, l'avait engagé à refuser ces fonctions. Brandt avoue qu'il aurait bien fait de suivre ce conseil. Sa tâche devint surtout ingrate quand les Polonais, parmi lesquels il comptait plus d'un ancien compagnon d'armes, vinrent chercher un asile sur le territoire de la portion de l'ancienne Pologne annexée à la Prusse. Il dut surveiller l'internement, éloigner les patriotes les plus exaltés, s'efforcer de décider les autres à profiter de l'amnistie offerte par les Russes. Brandt se sentait moralement gêné dans ce travail de dislocation, qui mettait aux prises ses anciennes affections avec ses nouveaux devoirs...

Son journal, ou plutôt la partie publiée de ce journal, se termine par le récit d'une mission militaire en France (1833). Il visita les camps de Saint-Omer, de Rocroi, de Wattignies, et s'y retrouva avec plusieurs généraux français qu'il avait connus dans d'autres temps; — des temps auxquels Brandt ne pouvait encore penser sans émotion. En dépit de lui-même, il n'était devenu Prussien qu'à demi.

Par un hasard singulier, les dernières lignes de ce livre, publié en 1869, se rapportent à l'un des hommes les plus éminents de l'armée française actuelle. Au camp de Wattignies, Brandt remarqua un jeune lieutenant du 20e de ligne, officier d'ordonnance du général Jamin. Il montait un cheval anglais, très-beau, mais très-fougueux, qui le jeta deux fois par terre dans la même revue. On disait de lui : « C'est un officier plein de zèle, mais il a le malheur de se détacher bien souvent de son cheval. » Brandt s'informa de son nom; il s'appelait *de Mac-Mahon*. Ces mésaventures équestres ne l'ont pas empêché de faire un assez beau chemin.

FIN.

TABLE DES MATIÈRES

PREMIÈRE PARTIE

ESPAGNE.

Page

I. — Premières années. — Le collége de Kœnigsberg. — Funérailles de Kant. — La reine de Prusse à Memel (1807). — Conversation avec le maréchal Davout. — Blücher et Schill. — Je suis nommé sous-lieutenant dans la légion de la Vistule (1808). — Départ pour la France. — Sedan. — Arcis-sur-Aube; souvenir de Danton. — Bordeaux, la maison de Montaigne et les grisettes. — Bayonne et les ouvrières de l'arsenal. — Les bains de mer de Napoléon à Biarritz. — Entrée en Espagne. 1

II. — Aspect sinistre du pays. — *Non saber!* — Étape à Oubiri; conversation latine avec le bachelier don Juan de la Torre. — Arrivée à Pampelune. — La citadelle et les balles de neige. — Le 2e régiment de la Vistule. — Victoire de Lannes à Tudela. — Consternation à Saragosse. — Attaque de cette ville deux fois ajournée. — Motifs de ce retard et ses fâcheuses conséquences. — Souffrances des soldats à Alagon. — On reprend enfin l'offensive. — Combat du 21 décembre ; le *gouffre de la mort*. — Premières journées du siége. 12

Pages.

III. — Mission à Alagon. — Le *pavillon improvisé.* — Grave maladie. — L'hôpital, le typhus et les fossoyeurs espagnols. — Un horrible réveil. — Guérison et retour au camp. — Une nuit dans la tranchée. — Le maréchal Lannes. — Le foyer de la cantinière. 23

VI. — Assaut du 27 janvier. — La *Casa Gonzalès.* — La guerre des rues. — Lacoste et Rogniat. — Le couvent de Sainte-Monique. — Scène épouvantable à l'hospice des aliénés ; les morts, les mourants et l'incendie. — L'attaque du Cosso. — Le capitaine Boll. — Journée décisive du 18 février. — Enfin! 30

V. — Reddition. — Départ de Palafox. — Un peu de pillage. — Excursion dans l'intérieur de la ville. — Notre-Dame del Pilar. — La *Calle de Toledo.* — Le réfectoire de Saint-Joseph. 40

VI. — Physionomies militaires. — Lannes. — Junot. — Leval. — Habert. — Messe militaire à l'église del Pilar. — Réflexions. 45

VII. — El Borgo et ses chats. — Guadalupe. — Une exécution militaire. — Alcañiz. — Monzon et son château. — Fin tragique d'un alcade mélomane. — L'artillerie improvisée. — Une chaude escarmouche et un bain froid. — Le rapport du capitaine Solnicki. 50

VIII. — Barbastro. — Sentinelles perdues. — Marche dans la vallée de la Cinca. — Sage et inutile conseil d'un batelier. — Passage de la rivière interrompu par une crue subite. — Désespoir d'Habert. — Désastre de son avant-garde. 57

IX. — Le pont du Gallego. — Prise de la Perdiguera. — Visite du nouveau général en chef. — Dîner chez un chanoine. — Un prêche sous le portail de l'église del Pilar. — Le lieutenant Ratkowski et sa gourde. — Combats de Maria et de Belchite. — Les *Riz-pain-sel.* . . 63

X. — Séjour à Belchite. — Hôte et hôtesse d'humeurs diverses. — Les guérillas. — Prise de Notre-Dame d'Aquila. — Le souterrain de Daroca. — Son château miné ; ascension involontaire évitée par grand hasard. — Occupation d'Almunia et de Catalayud. — Une chevauchée aventureuse. 70

Pages.

XI. — Séjour à Catalayud. — Les décorations. — Surprise d'un poste français. — La Puerta San Martin. — Retour à Catalayud. — Fâcheuse distraction d'un aide de camp. 76
XII. — Espagnoles et Français. — La *Monjita* Miguela. — Une exécution singulière. — Mésaventure de deux médecins. 81
XIII. — La *Monjita* de Catalayud. 87
XIV. — La *Monjita* de Catalayud (fin). 94
XV. — Combat d'Ojos-Negros. — Etrange aventure d'un cuirassier. — La vérité sur le combat de la Tremedad. — Occupation de Teruel. — Prise et pillage d'Albaracin. — Singulière découverte dans un couvent. 104
XVI. — Les mulets espagnols. — Séjour dans la vallée du Xiloca. — Histoire tragi-comique d'un chirurgien amoureux. — Un duel pour rire et un duel sérieux. — Une partie de traîneau en Espagne. — Destination nouvelle et imprévue d'un objet comestible. 112
XVII. — Opérations dans la vallée du Guadalaviar. — Histoire étrange et véritable d'un officier visionnaire. . . . 118
XVIII. — Combat de Villel (16 février 1810). — Blessure presque mortelle — Transport à Teruel. — Visite du général en chef. — Décoré! 122
XIX. — Belle défense, et heureuse délivrance de la garnison de Teruel. — Le colonel Plicque et le capitaine du génie Leviston. — Physionomie de Teruel; son aqueduc, son marché 129
XX. — Encore des guérillas. — Préparatifs du blocus de Tortose. — Marche sur cette ville par Morella. — Défilé dangereux. — Descente dans la Huerta. — Arrivée devant Tortose. — Une brûlante escarmouche. 136
XXI. — Blocus ou demi-blocus de Tortose. — Sortie du 3 août victorieusement repoussée. — Ma mission auprès du gouverneur de la place. 144
XXII. — Transport du général Leval mourant. — Une invasion de moustiques. — Marche sur Berceyte et sac de cette ville. — Furieuse attaque des Espagnols au retour; énergie du colonel Pascal. — Siége et prompte capitulation de Tortose 152
XXIII. — Transport des prisonniers espagnols de Tortose à Bayonne. — Incidents divers. — Saragosse en 1811.

Pages.

— Visite à l'hôpital d'Alagon. — Pampelune. — Bayonne. 159

XXIV. — Deux jours de vacances à Bayonne. — Aventure burlesque au théâtre de cette ville. — Rentrée en Espagne; escorte d'un convoi. — Mauvais temps et bonne fortune. — Opinion d'un grognard et du cardinal de Richelieu sur la manière de faire la guerre aux Espagnols. 167

XXV. — Opérations contre Mina, dans les montagnes de la Navarre. — Aybar. — Lumbier et le val de l'Irati. — Un alcade bâtonné. — Sanguessa. — Sadova. — Surprise de La Carbonara. — Une sédition militaire. . . . 174

XXVI. — Belle campagne de Chlopicki dans les Cinco-Villas. — Excursion pénible à Tiermas. — Une exécution militaire. — Une soirée dramatique et chorégraphique à Saragosse. 182

XXVII. — Une tertulia à Sadava. — Bizarre aventure d'un juif alsacien. — Fête en l'honneur de la maréchale Suchet. — Précautions pour sa sûreté. — Une dernière expédition dans les Cinco-Villas. — En route pour Valence. . . . 188

XXVIII. — Dernière entrevue avec Suchet. — Je suis chargé de conduire le général Blake en France. — Incidents divers de cette conduite jusqu'a Tortose. — Intervention et langage désobligeant du colonel Pépé, qui me décident à tomber malade 196

XXIX. — Séjour à Tortose. — Les prisonniers espagnols. — Nouvelle d'une guerre probable avec la Russie. — Escorte d'un dernier convoi de prisonniers. — Traversée pénible des Pyrénées. 204

XXX. — Arrivée à la frontière française. — Un dernier regard sur l'Espagne. — Encore le capitaine sorcier. — Incident burlesque. — Napoléon et le capitaine Smitt. — La cantinière du 2e de la Vistule. — La maison de Bernadotte. 209

DEUXIÈME PARTIE

RUSSIE (1812).

XXXI. — Revue du 22 mars 1812. — *Morituri te salutant!* — Excursion à Vincennes. — Sedan. — Metz. — Symp-

Pages.

tômes de lassitude en France. — Organisation remarquable du service d'étapes. 215

XXXII. — Mayence. — Francfort. — Transport de Hanau à Posen. — Misère du pays. — Formation du troisième bataillon à Szrem. — Entrée triomphale de Napoléon à Posen. 222

XXXIII. — Napoléon à Posen. — Incidents divers à la réception. — Triste visite chez mes parents. — Napoléon et le *Chant du Départ*. — Désordres commis pendant la marche. — Je rejoins le régiment. — Histoire d'une vachère, d'un curé, d'un troupeau de vaches et de deux bouteilles de liqueurs. 228

XXXIV. — Passage du Niémen. — Le château de Zakred. — Un bivouac russe. — Wilna. — Marche pénible sur Minsk. — Je quitte ma compagnie de voltigeurs. — L'odyssée du lieutenant Zorawski. 237

XXXV. — Incident déplorable à Minsk; colère de Davout. — Les pressentiments du colonel Chlusewicz; Charles XII et Napoléon. — Les oies de la Bérésina et les ours de Niemonica. 244

XXXVI. — Combat de Mohilew. — Poursuite inutile des Russes. — Passage du Dniéper. — Séjour à Dobruwna. — Mort du sergent Dachowicz. 249

XXXVII. — Marche sur Smolensk; assaut et prise de cette ville. — Les incendies; ambulance polonaise consumée avec les blessés. — Dernières paroles d'un Russe mourant. — Napoléon revenant de Valoutina. 254

XXXVIII. — Visite du champ de bataille de Valoutina à la suite de l'Empereur. — L'aigle du 127e régiment. — Napoléon et Poniatowski. — Je suis nommé capitaine. — Pillage et gaspillage à Smolensk. — Histoire d'un colonel, d'un grenadier de la vieille garde et d'un chien barbet. . 259

XXXIX. — Départ de Smolensk. — Marche pénible de Smolensk à Gjatsk. — Poussière et famine. — On entend enfin le canon! — La redoute de Schwardino. — Mission à l'état-major général; Desaix et Fabvier. — La nuit d'avant la bataille. 268

XL. — Épisodes de la bataille de Borodino 274

XLI. — Une horrible nuit de bivouac. — L'Empereur à la grande redoute; étrange opération mathématique. —

Pages.

Un problème d'histoire militaire. — Chlopicki hors de combat. — Mot caractéristique d'un blessé. 279

XLII. — Moscou. 285

XLIII. — Départ. — Poursuite des Russes dans une fausse direction. — Mission au quartier général réinstallé au Kremlin; excursion dangereuse dans Moscou. — Retour au régiment. — Continuation de la poursuite. — Une reconnaissance hasardeuse. — Escarmouche du 2 octobre. — Le château de Rostoptchine et sa véritable inscription. 293

XLIV. — Combat indécis et sanglant du 4 octobre. — Murat et le 2e de la Vistule. — Je suis grièvement blessé. — Une *carte de visite* russe. — Transport à Moscou. . . . 301

XLV. — Départ de Moscou. — Aspect du champ de bataille de Borodino au mois d'octobre 1812. — Smolensk. — Orscha. — Borisow. — Attaque et prise du pont de Borisow par les Russes. — Les blessés et les isolés rétrogradent sur Bobr. — Désordre inexprimable dans cette ville. — Incidents divers de notre séjour. — La garde impériale à Bobr. 305

XLVI. — Arrivée de la division Claparède. — Nous repartons avec elle. — Marche nocturne de Borisow sur Studenka. — Épisodes du passage de la Bérésina. . . . 315

XLVII. — De la Bérésina à Molodeczno. 320

XLVIII. — De Molodeczno à Oszmiana. 326

XLIX. — D'Oszmiana à Wilna. 331

L. — Sortie de Wilna. — Dernières péripéties. 336

FIN DE LA TABLE DES MATIÈRES.

Paris. — Imp. E. Capiomont et V. Renault, rue des Poitevins, 6.

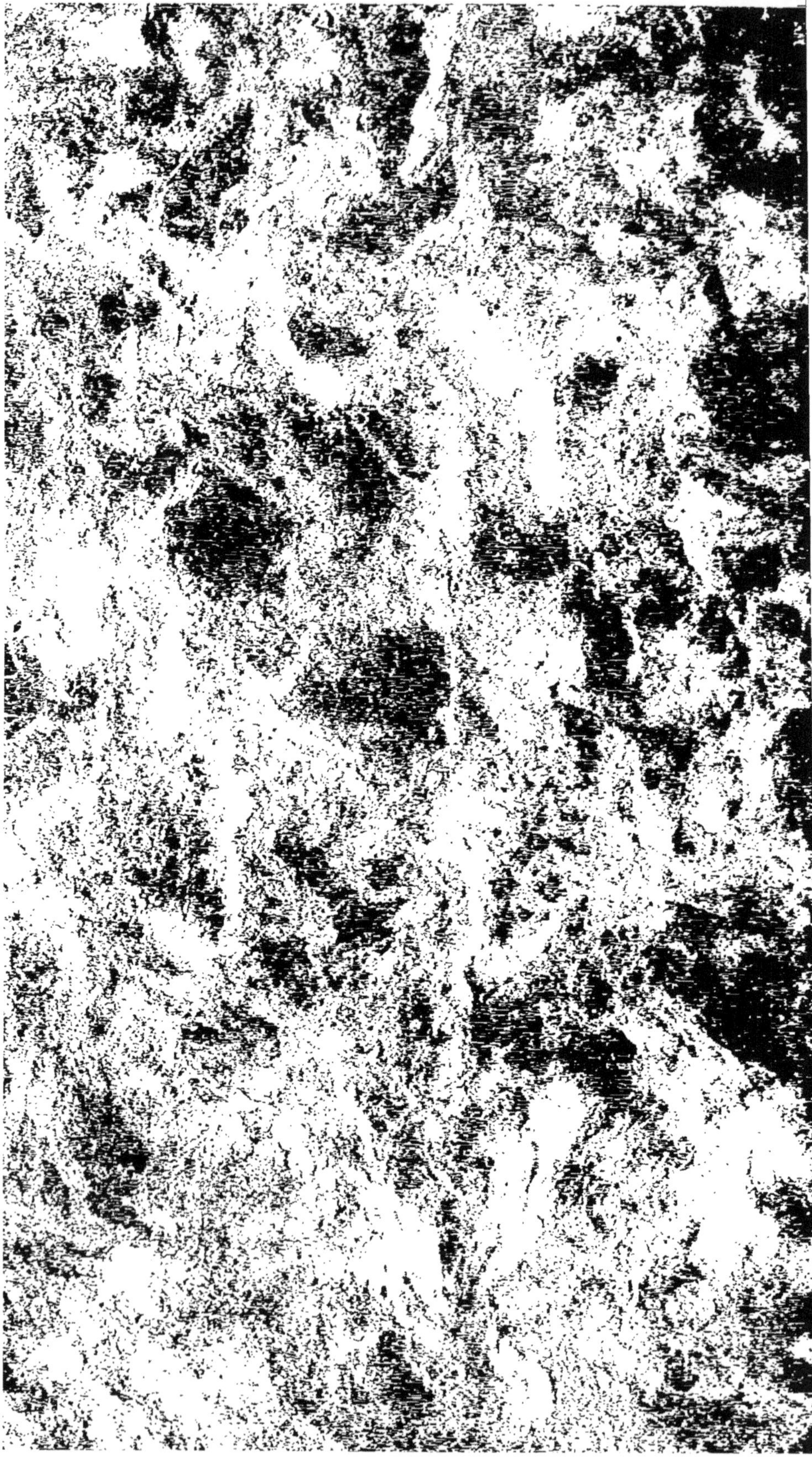

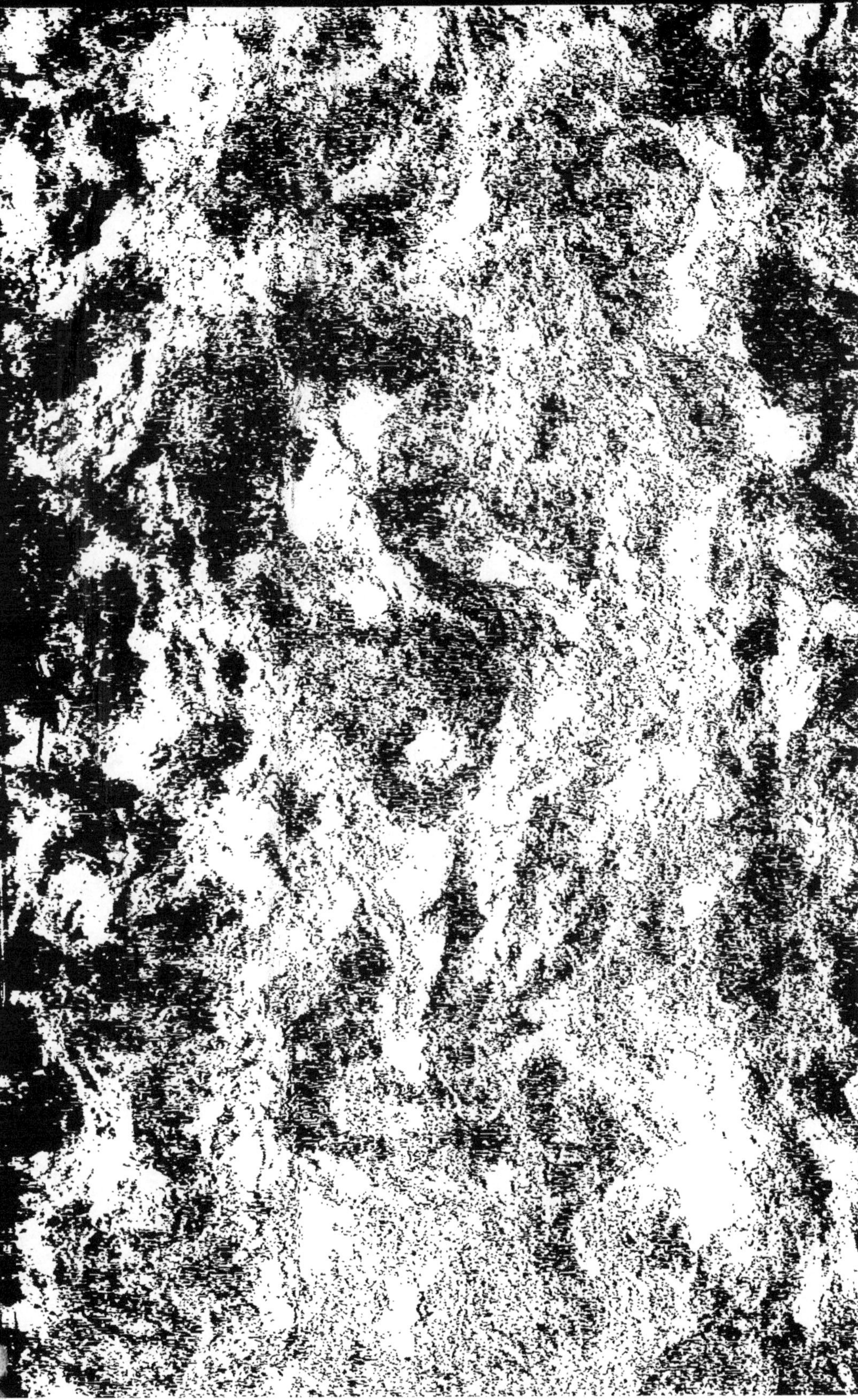

BIBLIOTHEQUE NATIONALE DE FRANCE
3 7531 00110521 3

www.ingramcontent.com/pod-product-compliance
Ingram Content Group UK Ltd.
Pitfield, Milton Keynes, MK11 3LW, UK
UKHW020424200726
13857UKWH00002B/276